让法律被信仰

U0831975

貿大法學

UIBE LEGAL SCIENCE

第 3 卷 · 2018

对外经济贸易大学法学院《贸大法学》编委会
石静霞 主编

法律出版社
LAW PRESS · CHINA

《贸大法学》编委会

• 卷首语

《贸大法学》(原《贸大法律评论》)第3卷与大家如期见面了！一如既往，首先感谢本卷的责任编辑、助理编辑、编务、英文编辑及本科生编辑助理们，同时也感谢法律出版社各位编辑们的帮助。由于贸大法学院2018年获批了《经贸法律评论》(双月刊)，为了不产生混淆，也为了更好地统筹管理，《贸大法律评论》从本卷起正式更名为《贸大法学》，出版周期不变，感谢大家对《贸大法律评论》的支持，也希望《贸大法学》能继续得到大家的关爱。

本卷基本延续了以往设置的各个栏目。

"主题研讨"栏目关注的是"搭伙做饭是否构成单位食堂"问题的法律分析，由对外经济贸易大学法学院的在读本科生张仪如方同学撰写的《〈食品安全法〉语境下关于"单位食堂"具体定义的探讨》，从实体角度对"搭伙做饭是否构成单位食堂"中的主要法律问题进行了研究。这个主题研讨论文的初稿，来自作者在当期贸大学生法律沙龙中的发言，也体现出沙龙在"孵化"论文上的功能。

在"各科专论"栏目中，我们刊发了不同专业的代表性论文。中国政法大学的李伟同学和中国人民大学法学院的包丁裕睿同学围绕《违约方解除权理论批判》和《股权让与担保效力论》对民法中的合同法和担保法问题进行了新的探讨。中国政法大学的贺文奕同学和中国人民大学法学院的林威同学分别撰写的《标准必要专利禁令救济的限制》和《论商业秘密侵权的行为主体——以反不正当竞争法修订为背景》为本卷贡献了知识产权法领域的两篇佳作。在经济法部分，对外经济贸易大学法学院的郭彦利同学撰写了《拆与立:"竞配建"模式下自住房小区"隔离墙"的法律规制》，对外经济贸易大学法学博士、管理学博士后，现就职于北京采安律师事务所的石伟律师和渤海大学法律硕士研究生石岩撰写了《论商品房销售中的信息披露法律制度——以美国法为参考》，暨南大学法学院的李冬同学和中央财经大学法学院的柳叶同学分别撰写了《个人网络求助的法律监管探析——以网络公益平台为中心的观察》和《我国商业银行不良贷款资产证券化的风险及法律防范》,对外经济贸易大学法学院的在读本科生郭军麟同学撰写了《我国个税递延型养老保险的完善探析》,围绕房地产法、金融法与财税法领域的新问题提出了不少新颖的见解。深圳大学法学院的田佳平同学和西南政法大学的方铮同学分别撰写了《新时代背景下人民调解制度的研究——以深圳为例》和《论诉讼系属中标的物移转的程序对策》,对民事诉讼法学中的相关问题进行了探讨。

本期"国际法论坛"栏目推出了三篇高质量的论文,分别是复旦大学法学院的刘燕彬同学撰写的《国际法院管辖权:是否存在争端?——评"马绍尔诉英国案"》、美国圣约翰大学法学院的黄健昀同学撰写的《瑕瑜共存之下的国际软法——国际软法作用和局限之反思》和西北大学法学院副教授田海撰写的《论最惠国条款适用于国际投资争端解决程序对东道国利益的减损》。

由于本卷专题性论文来稿较多,所以在前述主题研讨之外,我们又编辑了一组"PPP研究专栏",作为对当下热点问题的持续性关注,三篇论文分别是对外经济贸易大学法学院在读硕士研究生呼娜英同学、洪娴同学和南京财经大学法学院唐安然同学撰写的《政府与社会资本合作项目中的风险及法律规制》、《PPP中政府信用风险的控制及法律对策》和《PPP契约的公法性质及其合同规则研究——以欧盟指令为借鉴》。特别值得一提的是,前两篇论文初稿均是作者向我院2018年5月举行的"第三届贸大法学研究生学术论坛"提交的论文,经过编辑部后期的完善"孵化"而成。

本卷"实务论坛"栏目刊发了华东政法大学的晏夏同学撰写的《恋爱关系解除后登记共有房屋分割之诉的法律适用》和对外经济贸易大学法学院的在读研究生黄紫玉同学撰写的《患者自我决定权的现有阻碍及其完善方法》两篇论文。

最后的"贸大法学院学生法律沙龙综述"照例刊发了本次出版周期内举行的两期法律沙龙的综述,由对外经济贸易大学法学院的在读研究生王晓雯同学和姜雪如同学完成。沙龙活动每月一次,每次均由不同的学生独立负责从策划选题、征文通知、组织发言、举行活动、后续报道、论文评奖、论文孵化等各项工作,涌现出一批有思想也有干劲的同学,这既是我们资助学生科研活动的最大初衷,也是这些活动能够得以持续的最大希望。

平心而论,在现有的种种约束条件下,《贸大法学》能够坚持做到第三年,离不开学院坚定的支持和投入，更离不开编辑部各位同学们的付出和奉献。世上万事，无非认真二字，可喜的是，我们的努力也逐渐获得了作者的认可。相比前两卷，本卷来稿明显增多、整体质量明显提升，编辑部的同学们在感到工作压力骤增之余，也感觉到莫大的欣喜和愉悦。学生科研事业，无关乎名利，但在于成就感。贸大法学院和编辑部的所有成员会加倍珍惜、继续努力，改进编辑部的工作能力，不断提升《贸大法学》的学术水平。最后的感谢依然留给本卷论文的各位作者，也期望大家多加交流、多提意见，把《贸大法学》办得越来越好！

石静霞*

2018 年 10 月 26 日

---

* 对外经济贸易大学法学院院长，教授，法学博士(武汉大学、耶鲁大学)。

目 录

● 主题研讨:“搭伙做饭是否构成单位食堂”问题的法律分析

● 各科专论

• 国际法论坛

• PPP 研究专栏

• 实务论坛

• 贸大法学院学生法律沙龙综述

• 主题研讨:“搭伙做饭是否构成单位食堂”问题的法律分析

《食品安全法》语境下关于“单位食堂”具体定义的探讨

张仪如方*

摘　要:搭伙做饭,还是单位食堂不仅仅是一项法律规制上的缺陷问题,更是一项涉及民生的社会问题。通过明确单位食堂经营的界限,使民众有法可依,使执法有法可依,才能更好地促使监管执法得民心。所以,笔者将主要从《食品安全法》和相关法律法规的法条规定中分析单位食堂的具体含义,同时简略结合立法目的,以此判断案件中搭伙做饭的行为是否属于单位食堂经营。

关键词:单位食堂;搭伙做饭;具体含义

Discussion on the Specific Definition of Unit Canteen Under the Food Safety Law

Zhang Yirufang

Abstract:Defining the difference between the behavior of cooking together or a canteen is not only a legal problem that need to be solved, but also a social issue involving people's livelihood. Thus, it is important to clarify the specific meaning of the canteens under the "Food Safety Law" so that the people have the law to follow and law-enforcing departments have the law to obey, promoting better regulatory enforcement. In this article, the author will mainly analyze the specific meaning of the "canteen" adjusted under the "Food Safety Law" from laws and legislative purposes

---

* 对外经济贸易大学法学院法学本科生。

in order to determine whether the behavior of cooking in the case can be regarded as a canteen.

Keywords:canteens;cooking together;specific meaning

一、案件争议焦点

近日农民工搭伙做饭被重罚事件一度成为争议焦点。据报道,2017年5月,为了承接一项工程,来自河南建筑公司的柳先生和十几名工人被派到南京成立项目部做前期筹备工作,租住在南京市建邺区的几个住宅小区内。同时,众人商量决定采取AA制的方式凑钱搭伙,在出租房里做饭来解决大伙的吃饭问题。几名工人当中,张师傅的手艺不错,柳先生和同事们便决定把钱交给张师傅,由其负责买菜、做饭。据柳先生介绍,大伙吃饭流动性大,人数最多15人,最少时只有2~3人,搭伙点从不对外营业,张师傅也从没赚过同事的钱。

但2017年11月,南京市建邺区市场监督管理局在检查中要求他们不得在出租房内做饭。并在12月21日,认为该公司项目部的行为违反了《食品安全法》第35条,在未取得《食品经营许可证》的情况下开设员工食堂从事食品经营活动,并依照《食品安全法》第121条第1款对建筑公司进行了15万元罚款的处罚。但公司表示这是员工的个人行为,这笔罚款最终由农民工自己买单。

由此,我们从案情中可以知悉,人数最多为15人的搭伙做饭行为被监督管理局认定为公司开办单位食堂,因未办理许可证而受到了相应的行政处罚。那么在排除报道中对于公司是否承认了此搭伙点就是食堂的这一情况事实不清的情形下,讨论仅由15人协议形成的小型提供餐饮的行为是否能够被认定为单位食堂即成为本案纠纷解决的主要焦点。因此,本文将从《食品安全法》等法律条文文字阐述以及法律立法目的的角度,分析认定单位食堂的法律要件,并以此对比案件中的相关事实,探讨搭伙做饭是否属于单位食堂这一问题的答案。

二、从法条解释看单位食堂的具体含义

对于界定一个行为是否属于法律上所调整的对象,首先应当了解法律调整对象的构成要件。所以,对于判断案件中农民工搭伙吃饭的行为是否属于单位

食堂经营活动，笔者将首先从法律法规的各项条文入手，分析单位食堂的具体定义以及法律所规制的单位食堂的各方面特点。

（一）单位食堂的法律定义

首先，何为单位食堂？我国对于单位食堂的直接定义出现在，由国家食品药品监督管理总局颁布的部门规章效力层级的法律文件《食品经营许可管理办法》第52条中，其中直接阐述了“单位食堂，指设于机关、事业单位、社会团体、民办非企业单位、企业等，供应内部职工、学生等集中就餐的餐饮服务提供者”。即单位食堂是一种被认定为餐饮服务提供者这一被法律规制的客体。同时也就是说，单位食堂属于餐饮服务提供者的类型之一。

因此，对于单位食堂的主要经营行为则可以通过餐饮服务行为进行定义。那么，何为餐饮服务？根据《食品安全法实施条例》第62条规定，餐饮服务，指通过即时制作加工、商业销售和服务性劳动等，向消费者提供食品和消费场所及设施的服务活动。而其中强调餐饮服务需存在商业销售这一行为要件，正是区别于同样具有即时制作加工以及服务性劳动表现的家庭自主餐饮活动的关键。笔者通过在我国现存法律法规以及司法判决中对“商业销售”一词的检索与总结，发现商业销售与商业转售是具有并列关系的两个行为。也可以说，商业销售也就是一种在商品市场下，存在于生产者与消费者之间进行直接买卖的行为。因此，从这一角度上看，餐饮服务活动则要求在餐饮生产者与餐饮消费者之间构建买卖关系。

可是现实中，许多机构的单位食堂对于员工只是负担一种提供餐饮的义务，并非如上述商业销售的特点一般，在食堂与员工之间存在以食品价值为标的而构建的买卖关系。由此，则产生了法律条文与现实中的矛盾，因为此种类型的单位食堂也是《食品安全法》调整的经营主体。因此，可以看出，在某些情况下，在即时制作加工以及服务性劳动的特点必须满足之外，商业销售并不是判断某一个行为是否属于单位食堂的必要标准。

（二）单位食堂的组织主体

《食品经营许可管理办法》第9条第3款规定“机关、事业单位、社会团体、民办非企业单位、企业等申办单位食堂，以机关或者事业单位法人登记证、社会团体登记证或者营业执照等载明的主体作为申请人”。从申办单位食堂的主体来看,虽然有“等”一字对范围进行扩大,但是法条中所列举的机关、事业单位、社会团体、民办非企业单位、企业都具有一个共同特点,都属于我国非法律概念“单位”的类型,从“单位食堂”的措辞也可同样证实这一观点。而单位是指组织机构,换言之是非自然人个体的一种主体类型。由此,单位食堂的组织主体只能是组织机构而非个人,单位食堂提供的餐饮服务是体现组织机构共同意志的行为。通常可以表现为:其一,由组织机构提供单位食堂经营的场所并对食堂经营进行管理和掌控,①或是在组织机构的指示下达到提供食堂服务目的的行为。其二,食堂内的餐饮工具由公司提供,或是在公司的指示下实现提供的结果。其三,对于提供食堂场所或是提供餐饮服务的花销费用,由组织机构统一开支结算。

同时根据我国两起司法实践案例,②从法院表示“单位食堂是工作场所不可分割的组成部分,应当视作工作场所的合理延伸”的观点中也可以看出,工作场所作为组织机构为了实现员工完成工作任务而提供的空间,那么单位食堂作为工作场所的延伸,其提供主体也自然而然地应为组织机构,而并非个人。

(三)单位食堂的服务对象

依据上述提及的《食品经营许可管理办法》第52条规定,食堂是供应内部职工、学生等进行集体用餐的地方。那么对于这些以食堂形式提供餐饮的人群有何特别需要保护的特点,则可以结合《食品安全法》的立法目的进行探究。

《食品安全法》第1条开宗明义地写到“为了保证食品安全,保障公众身体健康和生命安全”,也就是说,《食品安全法》的相关规范,是为了保障公众健康权等合法利益。那么,何为《食品安全法》中所谓的公众?首先,从字面意义上进行解释,公众是指社会上大多数的人。而针对某一特定领域而言,公众是指对该领域有着实际或潜在利益关系的群体或个人。其次,从数量上来看,基于上述字面意思,实际或潜在的并集关系则意味着囊括了所有可能涉及的个体,其人数必然是

---

① 吴举平与曲靖市人力资源和社会保障局劳动和社会保障行政管理(劳动、社会保障)案一审行政判决书,云南省沾益县人民法院(2017)云0328行初47号。

② 鄂州市恒立重型工矿设备有限公司诉鄂州市人力资源和社会保障局等复议案一审行政判决书,湖北省鄂州市鄂城区人民法院(2016)鄂0704行初42号;王某某诉晋中市人力资源和社会保障局确认行政行为案一审行政判决书,山西省晋中市榆次区人民法院(2016)晋0702行初14号。

无法准确预测的多数，也绝非仅有15人的小额数值。最后，从商事主体与公众的紧密程度上看，因为服务对象数量上的大必然造成了生产具有一定规模，那么在这样的情形下餐饮服务提供者必然无法对大量的食品生产都达到如对待家庭小型需求生产时的高水平的注意。由此，餐饮经营者与消费者之间的关系不具有强烈的紧密性，而仅仅是陌生人之间的服务关系。

例如，最为典型的商业餐厅，其是向社会不特定的人群提供餐饮服务。可以说，只要是在世界上仍然存活的个人，都有可能与之形成实际上的利益关系，都是与餐厅有着潜在利益关系的个人或群体。因此，由于与餐厅可能形成实际利益关系的人数之多，必定要求法律对餐厅这一类客体所进行的食品经营行为进行立法规定，以此保障公众的健康与安全。那么与之类似，对于食堂这一类型所能针对的公众，其立法保护的意图也正是因为其食堂服务对象具有多数且公共性的特点。虽然某些封闭式的内部职工食堂限定了餐饮服务人数并不面向社会公众，但是其人数的数量之多仍然决定了单位食堂提供者与就餐人员之间构成的陌生人关系。

同时，从国家食品药品监督管理总局办公厅发布《关于切实加强夏秋季食品经营领域食品安全监管做好食物中毒防控工作的通知》的部门规范性文件中“学校食堂、建筑工地食堂、机关企事业单位食堂等大型聚餐场所”的用语措辞，以大型聚餐场所形容单位食堂中可以看出，法律中所规制的单位食堂服务对象具有人数多、公共性的特点。但是，对以什么数量可以认定群体数量大，还需进一步的研究。

（四）单位食堂的其他要求

在案件中，当事人与许多律师、学者表示：搭伙做饭并非以营利为目的，不应算作单位食堂。而对于单位食堂是否以营利为目的作为判断标准之一，笔者有不同的看法。

首先，根据以上提及的相关法律法规可以得出，法律条文中并没有任何一条用以营利目的或是以经营行为的字样阐述单位食堂的相关含义，不可单纯地将《食品安全法》中规制的餐厅这一客体特点同样适用于单位食堂上。其次，参照我国香港特别行政区立法中对于食堂（香港特别行政区称为工厂食堂）的定义：《食物业规例》第132章第56条规定“工厂食堂（factory canteen）指在某座工厂大厦内经营的食物业,而其业务是涉及出售或供应膳食或非瓶装的不含酒精饮品(凉茶除外),供受雇于该座工厂大厦内的任何工厂的人在其处所内进食或饮用,但不包括食肆或由持有根据《小贩规例》(第132章,附属法例AI)批出的牌照的小贩所经营的业务",同样描述了食堂可以是具有商业出售或是不具有商业特征仅供应餐饮的业务,并不以营利作为必要条件。最后,在我国上海爱邦铝箔制品有限公司行政复议案件中,法院同样表示开办食堂涉及众多职工,事关食品卫生和公共安全。非营利性食堂不得以不以营利为目的作为不受法律规制而允许无证经营的理由。

因此,对于《食品安全法》中的单位食堂不应以是否营利作为判断标准。而这也正解释了实践中对于单位食堂的规制不要求其必须符合上述提及《食品安全法实施条例》第62条商业销售的行为特点。

三、从立法目的看单位食堂的具体含义

(一)立法规制动因的正面角度

从1982年《食品卫生法(试行)》开始确立了食堂的主体地位后,直到1995年《食品卫生法》法律都并未将单位食堂纳入需申领经营许可的主体范围之内。直到21世纪,单位食堂才被要求通过行政许可才可进行餐饮经营,而对于这一立法态度转变的探究,或许可以帮助我们理解《食品安全法》中单位食堂的具体含义。

由于未能搜索到20世纪80年代我国相关的立法资料,无法给出具有实据的详细分析,但据李友根教授观点,当时立法者选择不将其纳入行政许可制度主要有两点原因。其一,是基于我国当时全民所有制或集体所有制的经济制度,政府对粮食的控制以计划经济的形态呈现。因此,政府对于食堂的绝对控制地位不需要以行政许可的方式进行管理。其二,在当时集体主义盛行的社会背景下,单位对于其内部食堂有着较强的控制力。全权由单位绝对控制的现象使食堂的餐饮生产更类似于家庭个体加工,因此也无须通过外力达到管理目的。[①]

---

① 参见李友根:《经营者概念的解释与〈食品安全法(草案)〉的完善建议——基于上海爱邦铝箔制品公司一案的研究》,载《法学家》2008年第12期。

但是随着21世纪市场经济的巨大转变,市场化的经营管理理念开始进入机关、事业单位等组织机构。内部承包制成为逐渐流行的经营模式,而承包者也在完成任务的同时开始关注利润的高低,单位食堂也逐步地从内部转向外部。由此,开始面向公众的单位食堂成为了立法中的重要改革事项,通过政府审批许可保护公众利益。

所以,从立法改革的主要动因中我们也可分析得出:对于单位食堂的规制,其面向公众具有公共性的转变是影响法律调整的重要原因之一。那么,对于如何判定某一行为是否是单位食堂时,餐饮服务行为是否具有公共性这也应当作为重要的考量因素。

(二)立法规制动因的反面角度

在实际生活中,以自我消费为目的的食品加工主体,如家庭,同样是与食品消费息息相关的重要主体之一。但为什么家庭没有作为《食品安全法》的调整对象,对于这一问题的答案或许也能为我们定义单位食堂带来某些启发与思考。

一般而言,因血缘关系而构成的家人关系的紧密程度是任何其他人际关系都无法比拟的。个人从事的食品加工活动会因为对自身以及亲友生命健康的关心而给予更高的注意义务,而这种动力所带来的良好结果,也就自然而然地无需法律的干涉来破坏家庭之间本就存在的和谐关系。那么,对于单位食堂而言,生产者与消费者之间的关系紧密程度同样需被考虑,这也再一次证实了上文对于单位食堂服务对象特点的观点,立法者基于餐饮生产者与消费者之间形成的陌生人关系,使其需通过行政规范的方式去迫使从事餐饮生产者达到较高的注意水平。

所以,对于搭伙吃饭行为的定性,人员之间的关系紧密程度的因素同样不可忽视。

四、结　　论

综上所述,通过对法律法规的法律条文以及立法目的的简要分析,我们可以总结出《食品安全法》所调整的单位食堂具有以下几个特点:第一,单位食堂是一个可以以营利为目的或不以营利为目的的餐饮服务提供者;第二,单位食堂的组织主体是组织机构而非自然人个体,单位食堂的餐饮服务行为是组织机构意志实现的结果;第三,单位食堂的服务对象具有人员数量多、面向群体具有公共性、与提供服务者联系程度不紧密的特点。

那么,对比本案,由最多15名工友组成的搭伙吃饭行为,笔者认为不应判定为单位食堂进行处罚。首先,吃饭时最多有15人,最少有2~3人,人员数量少,不足以构成因保障公众身体健康安全而需要通过法律来调整行为的单位食堂。其次,由于报道中对于搭伙吃饭是否有公司的指示一事事实不清,无法给出清晰定论。但根据柳先生的介绍,搭伙吃饭是在大家协商后共同决定的个人行为,同时处罚最终由工人承担的公司声明应当认定此并非公司行为,由此也不符合组织单位食堂主体应为组织机构的特点,从而搭伙吃饭不属于单位食堂。最后,对于工友们之间的关系,实际上不可否认其存在如同家人一般紧密关系的可能性。但是对于如何确定当事人之间的紧密程度不具有实际可操作性,因此如何通过确定人员数量的方式更细致地区分搭伙做饭与单位食堂还需要更多的分析与研究。

因此综合来看,笔者认为市场监督管理局的处罚适用法律不当。但对于个人提供餐饮服务的行为,在何种条件下会达到以个体工商户的形式进行餐饮提供服务的标准,则同样是本案中值得我们思考的问题。

• 各科专论

违约方解除权理论批判

李　伟*

摘　要:违约方解除权理论属于对立法误解的不当创新,实践中法院借助《合同法》第94条或第110条赋予违约方解除权的做法并无实证法上的坚强理由,英美法上效率违约理论也未赋予违约一方解除合同的权利。违约方解除权理论属于对效率违约理论的过度创新,更易诱发合同道德风险。违约方解除权理论不仅在损害赔偿范围、担保安排、债权让与等问题上无法保护守约方,在尊重守约方意志、贯彻债权权能等问题上也无法达到圆融自洽。合同因一方违约而陷入履行不能时,只需排除守约方的强制履行请求权使其重新选择救济措施即可,无须赋予违约方解除权使合同归于消灭。

关键词:违约方解除权;法定解除权;强制履行;替补的损害赔偿

The Criticism of the Theory of the Rescission of

Contract by the Defaulting Party

Li Wei

Abstract:The theory of the right of rescission of the defaulting party is an improper innovation of the misunderstanding of the legislation. In practice, the court has given the breaching party the right to terminate the right by means of Article 94 or Article 110 of the Contract Law. There is no strong reason in the empirical law, the theory of efficiency breach in the Anglo-American law. Nor did it give the

* 中国政法大学民商经济法学院2017级民商法硕士研究生。

defaulting party the right to terminate the contract. The theory of the right of rescission of the defaulting party is an over-innovation of the theory of efficiency breach, which is more likely to induce contractual moral hazard. The theory of the right of rescission of the defaulting party cannot protect the observant party on the issues of damages, guarantee arrangements, and creditor's rights. It is also unable to achieve self-consistency in respecting the will of the observant party and the implementation of creditor's rights. If the contract is not fulfilled due to one party's breach of contract, it is only necessary to exclude the obligatory party's mandatory performance claim to re-select the remedy. There is no need to give the defaulting party the right to cancel the contract.

Keywords: rescission of contract by the defaulting party; legal right of rescission; enforcement; substitution damages

一、问题的提出

在债务人严重违约时,作为守约方的债权人有权解除合同,此乃"契约必严守"思想在合同违约时的直接体现。无论是比较法经验,还是我国本土的司法实践,对守约方享有法定解除权不会有太大的争议。但是近年来,实务中一方违约致使合同陷入履行不能时,一些守约方往往不愿意行使解除权。我国司法实践在此基础上逐渐孕育出一个举世罕见的新规则:法院不再优待守约方,转而支持违约方能够主动解除合同或由法院径行判决解除合同,学理上谓之违约方解除权。如果仅是地方法院的零星裁判支持,那么对此问题未必称得上是形成了一个新规则,但最高法院对法定解除权行使主体屡屡突破固有见解,以不同理由赋予违约方解除权,给了我们反思这一问题的必要性。

二、法定解除权与违约救济之间的关系

(一)法定解除权是专属于守约方的权利

1. 解除体例设置与违约救济措施

因违约而生的解除权主要是指《合同法》第94条第2~5项规定的解除权,

即一般法定解除权。[①] 但实践中所称违约方的法定解除权则与此不同，是指各类合同陷于履行不能且守约方不行使解除权时，由违约方享有的解除合同的权利，即“违约解除权”。故而，在本文语境下违约方的法定解除权专指一般法定解除权。先行探讨此种“法定解除权”是否就是《合同法》第 94 条所言的法定解除权就具有了论证逻辑上的正当性。

一种观点认为，《合同法》第 94 条未使用“非违约方有权解除合同”的文字表述，而是使用了更为宽泛的“当事人有权解除合同”的表达，因而第 94 条并未限制违约方不能主张解除权。[②] 与之相反的通说却坚持认为第 94 条并未赋予违约方解除权。[③] 尽管通说认为违约方并不能依据《合同法》第 94 条解除合同，但最高人民法院内部却未能彻底遵循通说观点，对一般法定解除权的权利主体的认定相当混乱——对第 94 条所言“当事人”的认定经常处于摇摆之中。[④]

法定解除权主体中“守约方”与“当事人”之争实质上牵涉对解除制度功能的认定。解除制度在民法典中的体例位置为解开疑惑提供了形式上的可能性——一个制度在民法典中的位置能够最为直观地体现制度本身所蕴含的价值取向。在大陆法系的民法典中，解除既不会被安放在债务不履行部分，也不会出现在债的终止原因部分，而是单独被设计在合同(契约)总则中。

反观我国，《合同法》将解除放置在“合同的权利义务终止”一章，与违约责任一章相分离，不同于传统大陆法的解除体例模式。从体例上看立法者似乎仅仅把解除作为合同终止的原因之一，但是通过比较法的观察及我国民法体系的设置，并不能当然得出解除制度完全不属于违约救济措施的结论。其中一个很重要的原因就是我国缺失债法总则，导致合同法总则承担了债法总则的功能。

---

① 参见邱聪智：《新订民法债编通则》(下)(新订一版)，中国人民大学出版社 2003 年版，第 351 页。

② 参见雷裕春：《合同解除权行使的若干问题研究》，载《学术论坛》2007 年第 5 期；石银山：《违约方主张解除合同如何处置》，载《中国审判》2012 年 9 月。

③ 崔建远：《完善合同解除制度的立法建议》，载《武汉大学学报》(哲学社会科学版)2018 年第 2 期。

④ 在(2016)最高法民终 203 号判决中也对《合同法》第 94 条的“当事人”一词采宽泛解释，认为包括了违约方；在(2017)最高法民申 1897 号裁定中认为《合同法》第 94 条未明确肯定违约方享有解除权，但同时也未否定违约方的解除权；而在另一些案件中，最高人民法院又坚定地认为法定解除权为非违约方的专属权利，类似见解可参见(2016)最高法民申 2365 号裁定书、(2015)民申字第 2048 裁定书等。

解除不能适用于因侵权、无因管理等原因产生的债之关系,而是专属于合同之债的规则,现在却因债法总则的缺失获得了与清偿、抵销、提存等规则"共登一堂"的机会。这种体例编纂安排无形之中削弱了解除与违约救济之间的天然联系。

2.违约解除是违约的补救措施

解除虽然是合同终止的原因,但不同的解除类型之间的价值取向未必趋同。《合同法》第93条规定了双方协商一致可以解除合同:虽然名为解除,但实际上合意解除是双方当事人对意思自治的践行,体现了合同自由的原则。约定解除权虽然属于单方行为,但也属于双方协商的结果。① 反观《合同法》第94条规定的法定解除权属于形成权,权利人仅凭单方意思即可行使,本来就是对合同拘束力的一种突破,因而行使法定解除权需要存在重大的理由。这些重大的理由从《合同法》第94条列举的事项观察,主要集中在一方出现了重大违约的情形。也正是在这个意义上,法定解除权才与违约救济有了关联,在违约情形下的法定解除权更确切地被称为"违约解除权"。

《合同法》第94条第2~5项分别规定了预期违约、迟延履行、根本违约等情形下的违约解除权,带有强烈的立法价值判断意味。因此,解除的本质功能在《合同法》第94条的语境下得到了丰富的扩充,终止合同这一基本功能也因为加入了立法者的价值判断而变成了一种救济措施。② 具体而言,法定解除权多出现在一方违约中,体现了立法者对于守约方的特别优待与对违约方取得利益的否定态度。守约方将解除权作为脱离合同的手段,可以摆脱合同严密编织的各种义务;③违约方因对方的解除行为而不能要求对方再对自己履行义务,也无权再以"契约必严守"的法理来阻止合同解除,即使期待利益落空也不得主张损害赔偿。故而,违约解除权将债权人从"合同的拘束力"中解放的同时,也间接剥夺了双务合同中违约方的期待利益。

3.《合同法》第94条中的"当事人"解除权

违约解除权在第94条中概括表达为"当事人一方出现严重违约时(第94条

---

① 李永军:《合同法》(第3版),法律出版社2010年版,第541页。

② [日]好美清光:《契約の解除の効力——とりわけ双務契約を中心として》,载遠藤浩、林良平、水本浩主编:《現代契約法大系(第2卷)·現代契約の法理(2)》,有斐閣昭和59年版,第179页以下。

③ 参见[日]潮見佳男:《債権总論》,信山社出版株式会社1994年版,第267页。

第2～4项)，当事人可以解除合同(第94条第1句)。”本句“当事人”一词出现两次，但对第二个“当事人”(第94条第1句)一词应做合目的性的缩小解释，理解为“另一方当事人”可以解除合同。如若不对第94条第1句所言“当事人”采缩小解释，就会得出违约方有违约解除权的荒谬结论。一方当事人违约已然对另一方当事人造成损害，倘又援引第94条摆脱合同约束，可谓对守约方造成二次伤害。

对《合同法》第94条所言“当事人”一词无论以何种解释方法为之，都不能背离《合同法》立法目的与基本价值的双重指引。对第94条采如此“宽泛的文义解释”，将严重践踏契约必严守的法价值，诱发了违约方恶意违约、单方摆脱合同约束的道德风险，与《合同法》第1条所言“维护社会经济秩序”的立法目的相违甚远。

此外，探求第94条内部各语句之间的关联，也能寻得立法者有意在本条未加区分地使用“当事人”一词的深意。第94条第1项规定了不可抗力致使合同目的不能实现时的法定解除权，与本条第2～5项内容有较大差别。在我国，不可抗力发生后，合同仍须由当事人通过行使解除权的方式解除。《合同法》将因不可抗力发生的法定解除权与因重大违约而发生的解除权一并规定于第94条之中，极度扩充了法定解除权的概念。合同因不可抗力而目的落空时，双方当事人都有解除权，不存在违约方与守约方之分，故而如果《合同法》第94条规定：“有下列情形之一的，当事人可以解除合同……”反而不能统领因不可抗力而解除合同的情形，局限了法定解除权的射程。用“当事人可以解除合同”的表述，虽然无法准确揭示法定解除权与违约救济手段的天然联系，但却能将因不可抗力而生的法定解除权纳入条文射程范围内。

因而，立法者根本未在第94条上“有意沉默”，第94条已经明确排除了违约方的解除权——只有将违约方明确排除出《合同法》第94条第1句所言“当事人”含义之外，才能泽臻文义晓畅、逻辑贯通、体系和谐及价值圆融之地步。①

---

① 不唯如此，比较法上的经验也可供参考。属于合同法继受母法之一的《联合国国际货物销售合同公约》(CISG)在第49条、第51条、第64条、第72条等条文规定了法定解除权，并用“买方”(the buyer)“另一方”(the other party)等词语限定了行权主体，对解读《合同法》第94条规定的解除权主体有极大的参考价值。即使认为《合同法》第94条并没有照抄CISG，而是同时借鉴了大陆法系的法定解除权，也应当承认因债务不履行而生的法定解除权的行权主体应为债权人。如《日本民法典》第415条第2款及“台湾民法典”第256条都规定了解除权应由债权人行使。

(二)《合同法》第110条未赋予违约方法定解除权

实践中,法院判令违约方享有法定解除权也会从《合同法》第110条出发,认为该条“选掉了”(或“补充了”)《合同法》第94条,因而违约方陷入履行不能而守约方又不行使解除权时,违约方有权解除合同。[①] 回答法定解除权与强制履行之间的关系之前,同样需要正确认识强制履行的性质。

《合同法》在违约责任一章分别于第107条、第109条、第110条等条文中规定了强制履行规则。债权人的强制履行请求权是指债务人无正当理由不为任意履行债务时,债权人得请求国家机关(司法机关)介入,强制实现债权内容的权利。[②] 从我国《合同法》体例安排与条文设计来看,强制履行是一种违约救济措施。强制履行救济措施原本具有双重含义,其一在于使债务人必须履行其所负担的给付,其二在于债权人必须优先选择此种救济措施,两个“必须”一正一反共同约束债务人与债权人,以此保障债权实现自身目的。但我国违约救济中的强制履行只有第一层面的含义,并无约束债权人的旨趣。[③]

《合同法》第107条将继续履行与采取补救措施及赔偿损失并列作为违约方承担责任的方式,意味着强制履行不是原合同义务的任意履行,而是作为守约方在对方违约后的一种救济措施——这种救济措施与损害赔偿处于同一位列。虽然有时强制履行与债务人原先的任意给付在结果上并无不同,但强制履行请求权属于违约救济的方式,而不能简单地看成是原来合同债务的履行。

当合同标的出现《合同法》第110条的情形,致使守约方主张强制履行请求权受到障碍时,并非意味着此时合同不能继续保持效力而只能归于解除,其妥当含义为守约方主张强制履行这种救济手段已无法律上意义,只能再次检索合同约定的其他救济方式或从《合同法》第107条中选择其他救济手段。因而《合同法》第110条没有指引法院跳回到《合同法》第94条的功能,即第110条不曾赋予违约方解除权;守约方不行使解除权不等同于守约方请求对方继续履行原合

---

① (2018)粤01民终388号判决。

② 参见[日]奥田昌道:《債権総論》(上),筑摩書房1982年(昭和五十七年)版,第100~101页。为兼顾不同文献的表述,本文中强制履行请求权与继续履行请求权不加区分,皆指与损害赔偿相对的违约救济措施。

③ 对我国违约救济措施并无适用顺序的见解参见崔建远主编:《合同法》,法律出版社2010年版,第316页。

同义务。《合同法》第110条的文义为合同出现特定障碍时(第110条第1~3项情形),债权人“不可以要求履行”。本条未使用债权人“不可以要求保持合同效力”的表述,不可不察。“不得要求继续履行”乃排除债权人特定的救济手段,非图谋契约约束之解放。更为精准的说法是履行不能发生时,债权消灭,合同不当然消灭。如果债务不履行是因一方违约而生时,此时原债权亦非当然消灭,而是转变为其他给付形态。

然而,实践与学理却时常混淆两个概念,将第110条所言“不得要求继续履行”扩大解释为“不得保持合同效力”,同时也忽略了《合同法》第107条在违约救济中的基础作用。[①] 站在债务人角度观察,强制履行意味着国家公权力介入,债务人履行与否不再具有任意性;站在债权人的角度观察,请求对方继续履行是一种违约救济手段。当这种救济手段遇到障碍不能实施时,首先应当考虑的是能否采用《合同法》第107条中的其他救济措施,不能径直认为合同已无存续之必要,否则履行不能就完全从违约形态中脱离,从而滑向不可抗力与情势变更制度,无形中极度扩充了不可抗力与情势变更的适用范围。从债权的效力观察,强制履行请求权是从债权本质中派生出来的权能,仅在债务不履行时发挥作用,其与损害赔偿请求权一同构筑成债权的防卫手段,以此确保债权价值的实现。[②]

最后,《合同法》第110条并未出现“当事人”有权解除等字样。无论是《合同法》分则及特别法中的法定解除权也好,还是不安抗辩权规则、情势变更制度中的法定解除权也罢,法律都以明文形式赋予一方或双方解除权。反观《合同法》第110条,既没有明文规定违约方有权解除,也没有规定法院可以主动解除合同,甚至未提示可以转引至《合同法》第94条第5项中的兜底条款。

(三)效率违约理论未赋予违约方解除权

在法院支持违约方解除合同的场合中,不乏将《合同法》第110条与效率违

---

① 参见杨卓黎:《违约方合同解除权研究——以解释论为视角》,载《湖南师范大学社会科学学报》2017年第3期。

② [日]林良平、石田喜久夫、高木多喜男:《債権総論》(改訂版),青林書院新社1983年版,第6页。

约理论结合的裁判,[①]英美法上的效率违约理论(efficient breach)在违约方解除权这个问题上似乎找到了肥沃的生长土壤。但需要指出的是,违约方享有法定解除权与效率违约并非同一事物。

效率违约的前提有二:一是违约方在违约后能够获得利益,且这种利益要大于其履行合同所得利益;二是违约方有权选择损害赔偿这种违约责任。[②] 故而,违约方有权选择损害赔偿才是效率违约理论的核心观点。效率违约理论关注债务人履约成本与违约成本之间差额的经济价值,当履约的经济成本过高(costly)或造成社会资源浪费(waste of resources)时,违约方有权拒绝履行原合同义务,即守约方不得请求对方按照合同要求履行义务(to compel completion)。[③] 守约方不得要求对方再履行合同义务是指违约方可以不再采取特定履行措施(specifically),而非指违约方能够激进地宣布合同无效或解除(null and void)。[④] 效率违约理论实际上是用法经济学的视角去分析实际履行与损害赔偿之间的关系,因而确定一个原告与被告都满意的赔偿损失的范围才是该理论关注的重心。换言之,违约发生后,如果实际履行对双方乃至社会而言更有效率,则应当采取实际履行的救济方式;反之则应当赋予被告选择损害赔偿的权利。[⑤]

故而,违约方主张效率违约也仍以损害赔偿为代价,并未改变解除权权利分配的秩序格局。此外,效率违约理论中违约方选择违约后的损害赔偿与履行利益挂钩,而非仅仅局限于消极的信赖利益。如果有观点认为赋予违约方解除权的真正意义在于避免违约方与整个社会蒙受更大的损失,因而赋予其解除权的实益在于使违约方单方面解除合同后只需赔付信赖利益,而非履行利益,这无疑进一步扭曲了违约效率理论。如若认为违约方不仅有解除合同的权利,解除合同后尚只得赔偿信赖利益,以此避免社会资源浪费过巨,则不免陷入“合同为违约而生”的谬论。此种将违约方利益偷换为社会利益的思

---

① (2004)宁民四终字第470号。

② 霍政欣:《效率违约的比较法研究》,载《比较法研究》2011年第1期。

③ John Swan, *Contracts: Cases, Notes and Materials*, Toronto, Butterworths Press 1982, p. 48.

④ 参见[美]波斯纳:《法律的经济分析》(上),蒋兆康译,中国大百科全书出版社2003年版,第151页以下;John Swan, *Contracts: Cases, Notes and Materials*, Toronto, Butterworths Press 1982, p. 40.

⑤ 王艳丽:《效率违约理论研究》,法律出版社2012年版,第8页;也有学者准确指出,效率违约理论并非提倡违约自由,毋宁说是违约方对守约方实际履行请求权的一种抗辩,参见谢鸿飞:《合同法学的新发展》,中国社会科学出版社2017年版,第477页。

想，无异于宣称整部《合同法》的规范配置重心在于鼓励违约及保护违约方利益。效率违约理论会产生合同道德风险，故而受到众多学者的诟病，违约解除权理论比起原生的效率违约理论更易诱发道德风险。① 现在假借效率违约来赋予违约方解除权，恐怕《合同法》乃至整个民法体系都难以承受这种过度创新带来的巨大冲击。

三、违约方解除合同的危害

（一）终止制度、损害赔偿请求权与违约方解除权

司法实践对违约救济与法定解除权的理解出现偏差，在很大程度上与其对上述两个条文不适当的理解有关。除此之外，亦有两方面原因促成了法院优厚违约方的决策：

其一，我国不严格区分解除与终止制度。终止权是法律基于特殊法政策考虑的产物，其行使难易程度要松于严格的法定解除权，终止事由也不一定与债务不履行有关。② 我国现行法将比较法上的终止制度也纳入解除制度中一并规定。但是，两者在适用合同类型、溯及力问题等方面差别很大，将其一并规定，在一定程度上模糊了违约解除权与任意解除权的界限。③ 由于终止权多适用在一些继续性合同（如租赁合同）、人身性质更为浓厚、信用关系更加强烈的合同（如承揽合同）上，时间因素与信用因素格外显著，一旦发生信用基础的丧失或者时间流逝致使履行合同对当事人而言难以忍受，那么一方就可以终止合同。④ 因而终止规则远不如法定解除权严格，适用门槛较低，其与《合同法》规定的任意解除权有重合的地方。在一些判决中，法院判定违约方有法定解除权其实应当是该名当事人享有终止权或任意解除权，与他违约与否并无关联。故而在这些特别合同关系中，法院赋予违约方解除权，实质是对现行法终止制度缺失（或不完善）下进行补漏作业。

---

① 参见孙良国、单平基：《效率违约理论批判》，载《当代法学》2010 年第 6 期；陈凌云：《效率违约遏制论——以完善违约损害赔偿责任为线索》，载《当代法学》2011 年第 1 期。

② 参见［日］加藤新太郎编：《継続的契約の解除・解約》（改訂版），新日本法規出版社 2014 年（平成二十六年）版，第 29 页。

③ 王利明：《民法分则合同编立法研究》，载《中国法学》2017 年第 2 期。

④ 黄立：《民法债编总论》，中国政法大学出版社 2002 年版，第 538 页。

其二,一些学说与判例混淆了《合同法》第113条的损害赔偿请求权与解除后损害赔偿之间的关系。损害赔偿请求权作为一种违约救济措施,与解除权无必然联系。然而,一些法院认为违约方解除既能让违约方摆脱合同约束,又能让守约方主张损害赔偿,实现"双赢"的局面,[①]其判决中认为"当违约方继续履行所需财力、物力超过双方基于合同所获得利益,合同已不具备继续履行条件时,为平衡双方利益,应当允许违约方解除合同"。[②] 法院裁判的内在说理逻辑基本为:(1)认定合同陷入履行不能;(2)查明履行不能是由一方违约造成的;(3)查明守约方不行使解除权;(4)合同既然不能强制履行,守约方又不解除合同,合同本身已无存在价值;(5)判例违约方有解除权;(6)合同解除后,守约方可以向违约方主张损害赔偿。但是逻辑在第四步中出现了混乱,因为不能强制履行并不意味着合同必须走向消灭,守约方仍然可以基于合同请求对方赔偿损害。

(二)违约方解除权理论模糊了确定的损害赔偿范围

既然我国实证法未赋予违约方法定解除权,那么违约方解除权理论是否确有长处,进而能否弥补传统解除权理论的不足?

单从表面形式上看,两种制度对守约方的保护并不存在明显差异:(1)法定解除权仅由守约方享有——在合同因对方违约而陷入履行不能时,守约方不解除合同,但也不能请求对方继续履行原给付义务,但可以依据合同约定或《合同法》第107条、第113条主张损害赔偿。(2)违约方也可享有法定解除权——违约方虽能够解除合同,但是守约方仍然有权依《合同法》第97条与第98条向违约方主张损害赔偿。[③]

故而支持违约方有权解除合同的观点认为违约方解除权理论同时也为债权人配备了妥当的救济手段。合同无论解除与否,守约方的损害赔偿请求权都不会归于消灭,且在最终赔偿结果上,两种赔偿范围皆受到一定限制——赋予违约方解除合同的权利虽显得多此一举,但似乎未对守约方造成不利影响。

如果两种救济结果对守约方而言不存在差异,甚至赋予违约方解除权能够减轻守约方继续给付的负担,那么自然无妨牺牲规范的逻辑性,赋予违约方解除

---

① 蒋娇艳:《违约方的合同解除问题》,吉林大学2017年硕士学位论文,第7页以下。

② (2014)厦海法商初字第207号。

③ (2004)宁民四终字第470号。

权。然而,两条救济路径虽然表面相似,风平浪静,背地里实则暗流涌动,差异巨大。合同解除与否对损害赔偿范围的影响深远。在合同未被解除时,守约方可依据《合同法》第113条而享有损害赔偿请求权,该损害赔偿范围指向履行利益。虽然守约方获赔的范围最终会受到可预见性规则、减损规则与损益相抵的限制,但通过赔偿能使守约方回到假设合同能够完全履行时的地位上。

反观合同解除后的损害赔偿范围却相当混乱。比较法上,各国对解除后损害赔偿的范围规定各不相同。我国实践中关于合同解除后损害赔偿的范围也是争议极大,有学者主张赔偿范围应当包括履行利益在内,有的学者主张应当只赔付信赖利益,有的学者主张赔付恢复原状发生的损害与费用等,诸见解各执一词,通说远未形成。① 仅仅是因为守约方没有行使解除权,就让司法权力介入解除合同,改变赔偿范围,完全剥夺了守约方自由选择的余地,而使其面对极不确定的赔偿范围。合同解除后,合同上强度不一的义务群烟消云散,损害赔偿之债尽管存在,赔偿范围却因各地法官见解不一而难谓安定,这些因素无疑大大刺激了债务人从恶意违约中获利的机会主义倾向。② 以守约方未行使解除权为由,就以可能缩减赔偿范围的方式"惩罚"守约方,殊为不公。

四、结　语

我国民事立法与司法裁判受到立法继受与学说继受的双重影响,继受对象本身又复杂多端,适用时不免函矢相攻,因而司法审判有了无限自我授权的契机。在违约方解除权这个问题上,以违约效率理论为首,各学说你方唱罢我登场,进一步加剧了司法裁判的混乱。

履行障碍不是合同生命的终点,亦非违约方摆脱合同约束的借口。没有坚强且足够的理由,不应当让已经造成违约的一方解除合同再次伤害守约方。正是基于特殊的考量,法定解除权才具有突破"契约必严守"信念的合理性,否则任何一方都需要受到合同的约束,这正是意思自治的最高体现。合同陷于履行不能时,守约方可以从容地选择替补的损害赔偿,抑或向对方主张代偿请求权;违

---

① 王利明:《合同法研究》(第2卷),中国人民大学出版社2011年版,第326页以下;邱聪智:《新订民法债编通则》(下)(新订一版),中国人民大学出版社2003年版,第362页。

② 参见王利明:《合同编解除制度的完善》,载《法学杂志》2018年第3期。

约方只需向对方赔偿履行利益或让与其对第三人的请求权,不必再费尽心机履行原给付义务,不至于陷于“巧妇难为无米之炊”的窘境而不得不提出解除合同的请求。此时合同无须由任何一方提出解除,既能尊重债权人的意思,又能对担保、债权质等复杂的法律关系及其他因素造成最小的破坏,无疑是解决违约方解除权问题的最佳路径。

股权让与担保效力论

包丁裕睿*

摘　要:股权让与担保能更好地进行风险监控并降低实现担保的成本。为了统一裁判规则、促进交易,应对股权让与担保的法律效力予以明确。其制度设计应以“担保权构成”为出发点,利用公司法领域的登记制度,平衡让与担保当事人、公司以及第三人的利益。股权让与担保的对内效力应最大限度地允许意思自治,并兼顾公司内部登记效力,且应有限制地允许流担保契约;对外效力应兼顾商法外观主义原则和担保权实质。

关键词:股权让与担保;非典型担保;股权质押;外观主义;流质契约

The Legal Effect of the Fiduciary Transfer of Equity Interests

Bao Dingyurui

Abstract: The fiduciary transfer of equity interests can perform better in monitoring risks and reducing the cost of the realization of the security. In order to harmonize the judicial decisions and facilitate transactions, the legal effect of the fiduciary transfer of equity interests should be clarified. The rules should be designed in accordance with its security interest nature and make the full use of registration system in corporate law regime, which will balance the legitimate interests between the transaction parities, the corporate and the third-parties. The internal legal effect of the fiduciary transfer of equity interests shall allow the party autonomy as long as it

---

* 中国人民大学法学院2018级民商法学硕士研究生。

does not contradict with the corporate internal registration system. And lex commissoria shall also be allowed, but with certain restrictions. The external legal effect of the fiduciary transfer of equity interests shall be designed to balance the rechtsschein theory in commercial law and the security interest nature.

Keywords: fiduciary transfer of equity interests; atypical security; hypothecation of equity interests; rechtsschein theory; lex commissoria

一、股权让与担保的形式

股权让与担保是债务人或第三人(让与担保人)为担保债务人的债务,将有限公司股权让与债权人或第三人(让与担保权人),债务清偿后,股权应转回予让与担保人("向回让与");债务未适当履行时,让与担保权人可以就该股权优先受偿的一种担保形式(见图1)。①

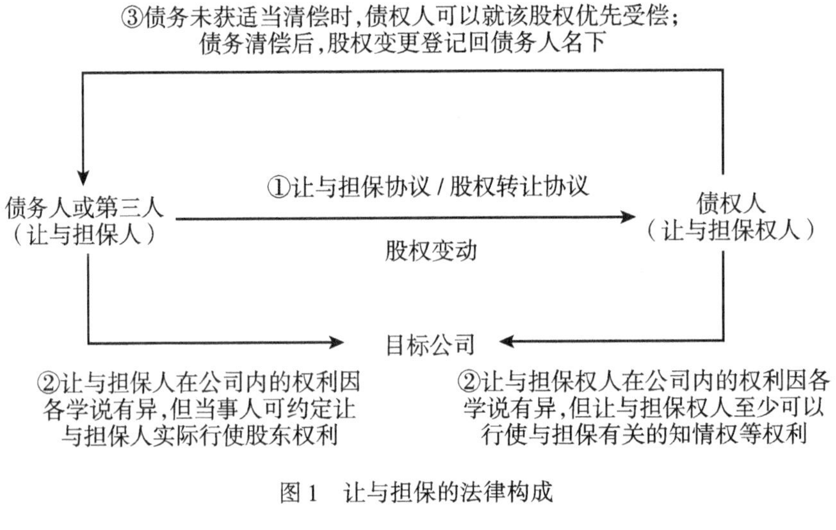

图1 让与担保的法律构成

① 参见王闯:《让与担保法律制度研究》,法律出版社2000年版,第20页;梁慧星:《中国民法典草案建议稿》(第3版),法律出版社2013年版,第132页;梁慧星、陈华彬:《物权法》(第4版),法律出版社2007年版,第383页;王利明:《物权法研究》(第4版),中国人民大学出版社2016年版,第1267页。在金融市场中,为避免担保权的管理和实行等繁杂手续,部分国家承认债权人以外的第三人可以成为担保权人。参见[日]我妻荣:《我妻荣民法讲义Ⅲ:新订担保物权法》,申政武、封涛、郑芙蓉译,中国法制出版社2008年版,第554页。

上述定义下有两种可能的股权让与担保形式：一种是当事人订立担保合同，通过股权让与对债权进行担保（“担保形式”）；另一种是当事人订立股权转让合同，通过附回购条款的股权转让对债权进行担保（“买卖形式”），即“（狭义）让与担保”和“卖渡担保”。[①] 但是在实践中，二者区分并不明显：当事人意在进行“（狭义）让与担保”，却以买卖合同的形式进行“卖渡担保”进行交易的情形，并不少见。其实，让与担保是以“转移权利”为手段达成“债权担保”目的的担保方式，因而具有“手段超过目的”的特征。在手段和目的之间的张力下，当目的要素更为突出时，便是“（狭义）让与担保”；当手段要素更为突出时，便是“卖渡担保”。二者之间存在相互渗透的流变关系。[②]

二、股权让与担保的特点

（一）通过公示产生对抗力

尽管各学说对于股权变动的标志认定存在分歧，[③]但均认可：股权变动经过公司内部登记，产生对抗公司的效力；经过公司登记机关登记，产生对抗第三人的效力。[④] 因此，股权让与担保必须通过公司内部和公司登记机关双重登记，才产生对世效力。但该“效力”是完全的股权还仅是担保权，又因学说不同而存在区别：若从商事外观主义出发，认为让与担保权人作为公司内部登记或公司登记机关登记的股东而对外享有绝对权利，就与“所有权构成说”[⑤]的思路相符；若认

---

① 参见［日］我妻荣：《我妻荣民法讲义Ⅲ：新订担保物权法》，申政武、封涛、郑芙蓉译，中国法制出版社2008年版，第539～541页。

② 王闯：《让与担保法律制度研究》，法律出版社2000年版，第23～25页。

③ 参见刘俊海：《论有限责任公司股权转让合同的效力》，载《暨南学报》（哲学社会科学版）2012年第34卷第12期。关于股东名册登记的意义，参见傅曦林：《股份有限公司股权变动公示制度研究——以股东名册登记为中心》，法律出版社2010年版，第13～110页。

④ 参见施天涛：《公司法论》，法律出版社2014年版，第241～244页；李建伟：《有限责任公司股权变动模式研究——以公司受通知与认可的程序构建为中心》，载《暨南学报》（哲学社会科学版）2012年第34卷第12期。

⑤ “所有权构成说”是指让与担保权人取得担保物的所有权，而仅在债法上对让与担保人负有义务。“所有权构成说”又可分为“所有权绝对转移说”和“所有权相对转移说”。“所有权绝对转移说”下，让与担保人将标的物的所有权完整地转让给让与担保权人，让与担保权人负在担保目的内管领标的物的债法上的义务。“所有权相对转移论”下，让与担保人仅将标的物在对外关系上转让给债权人。

为让与担保权人是"名义股东",并不对股权享有绝对权利,而应适用最高人民法院《关于适用〈中华人民共和国公司法〉若干问题的规定(三)》[以下简称《公司法司法解释(三)》]第25条、第26条、第27条的规定,则符合"担保权构成说"的逻辑。[①] 在这里,对公示的效力的理解直接决定了让与担保的效力。

(二)易于监控信用风险

相比于动产、不动产或债权,股权的交换价值变化幅度极大、具有很大不稳定性。在股权质押中,股权仍由出质人控制,质权人对股权仅享有担保利益。因此,在监督股权价值变化和款项使用方面,质权人处于绝对劣势。而反观股权让与担保,让与担保权人可以利用股东身份行使知情权,监督公司的经营情况、财产变动,以防让与担保人恶意导致股权贬值,逃避担保责任;当公司利益受到侵害时,让与担保权人可以通过股东诉讼或股东派生诉讼,维护自己的合法权益。因此,与股权质押相比,股权让与担保具有明显的风险监控的优势。

(三)降低实现担保的成本

相比股权质押中双方股权折价难以达成一致、股价评估不可靠、[②]质押的实现成本高昂、[③]权利实现效率低下,[④]股权让与担保的实现方式则更为简单、高效。

股权让与担保的实现方式,有"处分型"和"归属型"、"清算型"和"流担保型"[⑤]等类型。其中,处分型是指将股权变价并以价金清偿债权;归属型是指让与

---

① "担保权构成论"是指让与担保权人仅取得担保物的担保权而非所有权。"担保权构成论"又有"所有人授权说""物权交错变动说""期待权说""质权说""抵押权说""担保权说"等众多学说。参见申政武:《让与担保的概念与原理——以日本的学说为中心》,载董学立主编:《担保法理论与实践》(第1辑),中国法制出版社2015年版,第145~154页。

② 参见田辉:《股权估值模型及其比较研究》,载《中国资产评估》2003年第6期;杨光:《证券质押的制度困境与解决路径》,载《证券法律评论》2016年卷。

③ 例如,公司外的潜在购买者对公司的经营状况存在信息不对称,需要花费巨大成本对公司各类状况进行调查等。

④ 马鸿雁:《公司认缴资本制下有限责任公司股权处置困境之探究与应对》,载《法律适用》2017年第17期。

⑤ 《物权法》分别在第186条、第211条规定了在抵押和质押中,不得事先约定债务到期未获清偿时担保财产归债权人所有,理论上称之为禁止流押(抵)、禁止流质。对抵押或质押之外的担保方式,约定债务到期未获清偿,债权人直接取得所有权或股权的,称之为"流担保"更为合适。

担保权人取得股权。清算型是指债权人应当在股权和债权的价值之间进行清算，包括处分清算和归属清算；而存在合法性争议的流担保型是指债权人就股权和债权的价值差额不负清算义务。① “流担保型”的股权让与担保避免了二次协商、股权评估等交易成本；“清算型”的股权让与担保中，让与担保权人也可以通过行使知情权降低协商与折价成本。由此可见，股权让与担保可以有效降低担保实现成本。

三、股权让与担保的裁判分歧

（一）股权让与担保“所有权构成说”

近年来，认可股权让与担保有效的法院裁判逐渐增加。多数法院认可，流担保条款无效“并不影响股权让与担保合同其他部分的效力”。② 但部分法院认为，让与担保权人“对让与担保的股权不享有优先受偿权”，而只是在“在被担保的主债权获得清偿前”，让与担保人“无权要求返还”。③ 而也有法院认为，让与担保权人对名下的股权，“有排除第三人的优先效力”。④

一部分认可股权让与担保效力的法院采取的是“所有权构成说”。在“亿豪公司案”中，⑤二审法院认为，对让与担保权人而言，借款转化为对价款，且在工商部门进行了变更登记，因而让与担保权人并非仅是“名义股东”。在“所有权构成说”下，让与担保权人作为公司的股东，可以“通过委派执行董事、实行印信和资金监管等方式，对公司的经营、财务进行监督、控制”。⑥ 在让与担保权人处分名下股权时，让与担保人若欲追究侵权责任，应当“负有提供证据证明所担保债务已获清偿，其已享有收回股权的权利”的义务。⑦ 由此看出，该法院认为，若担保债务未获清偿，让与担保权人处分名下股权将不产生侵权责任。

---

① 王闯：《让与担保法律制度研究》，法律出版社2000年版，第355～357页。

② 如江苏省高级人民法院(2016)苏民申1430号民事裁定书、湖北省高级人民法院(2016)鄂民终570号民事判决书、淮安市淮阴区人民法院(2013)淮商初字第0295号民事判决书等。

③ 淮安市中级人民法院(2015)淮中商终字第00104号民事判决书。

④ 福建省高级人民法院(2014)闽民终字第360号民事判决书。

⑤ 江苏省高级人民法院(2014)苏商终字第0205号民事判决书。

⑥ 重庆市高级人民法院(2014)渝高法民初字第00010号民事判决书。

⑦ 福建省高级人民法院(2016)闽民终1571号民事判决书。

(二)股权让与担保"担保权构成说"

随着股权让与担保实践的发展,采"担保权构成说"的裁判渐成主流。"亿仁集团案"中,[①]法院通过考察当事人的借款关系,以及"注册资本达1.4亿元"的公司股权仅以1元对价转让,且让与担保权人受让股权后未变更公司法定代表人的事实等,认定当事人间"不具有转让股权的真实意思表示",而其真实意思是"提供担保"。该法院同时认为,在外部效力上,让与担保权人向第三人转让股权属于超出担保目的的处分,且因转让的对象是让与担保权人的关联方,转让行为无效。

在"港丰集团案"中,[②]最高人民法院结合股权转让价格仅为1元人民币,公司的实际控制人没有变化等因素,认为附回购条件的股权转让合同的实质是提供担保。法院认为,虽然让与担保人在无法清偿债务时失去回购权,但让与担保权人也并非当然取得股权。因让与担保权人负有清算义务,其拥有的实质上只是优先受偿权。最高人民法院在该案中确认,在附有清算条款时,股权让与担保有效。

采"担保权构成说"的判例中,法院在对股权让与担保的内部效力进行分析时大多认为,让与担保人在协议签订后将股权转让给让与担保权人,但"该转让系为融资提供的让与担保方式",让与担保人的"股东权益并不因此而当然丧失",让与担保人在股权因让与担保转让后,依旧拥有"投资性权益",可以继续对公司进行管理和控制。[③] 让与担保权人虽然是股东名册及工商登记上的股东,但仅为"名义股东",让与担保权人只能"依据约定主张担保权利,但其并未取得股权",[④]让与担保权人在担保期间无权对股权进行处置。[⑤]

四、以担保权为核心的股权让与担保效力论

(一)股权让与担保的"担保权构成"法理

认可股权让与担保的效力可以提高法律的确定性,同时降低交易成本。股权让与担保当事人的真实意思是"以股权让与手段达成担保目的",虽然让与股

① 珠海市中级人民法院(2013)珠中法民二终字第400号民事判决书。

② 最高人民法院(2016)最高法民申1689号民事裁定书。

③ 最高人民法院(2014)民二终字第259号民事判决书。

④ 最高人民法院(2015)民申字第3620号民事裁定书。

⑤ 黑龙江省高级人民法院(2018)黑民终47号民事判决书。

权可能并非当事人之间的经济目的，但却是当事人之间的法律目的，因而不能认为股权让与担保是虚伪意思表示。此外，我国公司法体系下股权的公司内部登记和公司登记机关登记制度也保障了交易安全。比较法上，《法国民法典》《欧洲示范民法典草案》《美国统一商法典》等都已明文确定了让与担保的合法性，我国学界也逐渐开始认可股权让与担保的效力。①

在各国立法和学说演进过程中，让与担保究竟应采纳"所有权"还是"担保权"构成，一直存有分歧。诚然，"所有权构成说"和"担保权构成说"这两套理论都能实现逻辑的自洽。前者重视民法体系的完整性，却不利于让与担保人利益的保护；而后者则更契合担保的实质，却存在对让与形式重视不足的问题。② 从股权让与担保的经济和社会目的看，中国对股权让与担保采取"担保权构成说"是更优的选择：

首先，从法律效果看，"所有权构成说"让与担保权人可自由行使或处分股权，仅受债法上义务的约束，其推论是：让与担保权人对股权的处分是有权处分，第三人无论是否善意，均可取得股权；让与担保权人在实现担保的条件成就前对股权进行处分时，让与担保人只能以违约而非以侵权为由请求赔偿；让与担保权人可以依股东身份对公司的经营、财务进行全面的监督、控制。可见，"所有权构成说"下，让与担保权人取得的权利远超担保所需的优先变价权以及附随的风险监控权等，利益衡量明显失衡。

其次，"担保权构成说"并不必然增加交易风险。对"担保权构成说"的主要批判是其不注重让与担保的外在形式，且可能带来潜在的交易风险。③ 但这些批评的理由并不能成立：一方面，在股权让与担保中，让与的形式并非关键。让与担保是"让与"形式和"担保"实质的结合，担保权派生于所有权。但作为实质的担保权的效力，并不因是否采取让与形式而变化；④另一方面，股权让与担保产生

---

① 参见梁慧星：《中国民法典草案建议稿》（第3版），法律出版社2013年版，第132～133页；梁慧星：《中国民法典草案建议稿附理由：物权编》，法律出版社2004年版，第416～422页；高圣平：《动产让与担保的立法论》，载《中外法学》2017年第5期。

② 陈本寒：《担保物权法比较研究》，武汉大学出版社2003年版，第371页。

③ 参见向逢春：《让与担保制度研究》，法律出版社2014年版，第67～79页。

④ 股权让与担保的设定依据上，可以是担保合同、附解除条件的股权转让合同或附回购权的股权转让合同等。参考美国《统一商法典》"动产担保交易"编，交易的形式在决定是否适用担保规则时无关紧要，"决定因素乃基于交易的经济实质"。参见［美］美国法学会、美国统一州法委员会：《美国〈统一商法典〉及其正式评述》（第3卷），高圣平译，中国人民大学出版社2006年版，第5页。

对抗力需要经过公司内部及公司登记机关双重登记。通过善意取得制度对信赖权利外观的第三人予以保护,采“担保权构成说”并不会对第三人带来交易风险。

最后,“担保权构成说”与中国法院的裁判发展方向一致。从判例分析中可看出,尽管中国法院对股权让与担保的效力和法理基础存有分歧,但这种分歧更多是历时性的:早年司法裁判认为,让与担保违反物权法定和禁止流担保原则而无效,而近年来几乎没有类似裁判;在认可股权让与担保的裁判中,经历了从“所有权构成说”到“担保权构成说”的转向。可见,尽管尚未有完全统一的裁判规则,但各个法院在追求个案正义的过程中,也逐渐开始以“担保权构成说”为股权让与担保的法理依据。“担保权构成说”的结论已在实践中得到广泛认可。

(二)股权让与担保的设定和公示

在股权让与担保相关案例中,股权让与担保是否设定、以买卖合同形式进行的担保是否产生股权让与担保效力常常引发争议。这应当依据担保权构造对股权让与担保的设定和公示进行分析:

1. 股权让与时点

股权让与应发生在股权让与担保设定时。只有发生股权变动,让与担保方为设立。当事人约定在债务不履行时才进行股权让与的,该约定因缺乏适当公示,不产生优先受偿的效力,应作为代物清偿的预约处理。

2. 担保设定形式

当事人对股权转让形式下的担保实质产生争议时,就需要探求当事人的真实意思。依据前述判例和法理,法院在判断股权转让合同是否具有让与担保性质时,应考虑如下因素:首先,股权转让合同是否与事先存在的主债权相关;其次,出让股权的一方是否仍旧享有股东权益,通过该股权对公司的经营决策进行影响;再次,受让股权的一方对股权享有何种权益,如是否可自由处分股权,参与公司事项表决,保管公司印章,更换法定代表人、任命董事,并承担经营风险等;复次,当事人是否约定,债务清偿后,股权应无条件转回;最后,主张股权转让合同实质是担保合同的一方应当负证明责任。

3. 公示方法

股权让与担保的公示方法应与股权变动的公示方法相同,以公司内部登记为对抗公司的要件,以公司登记机关登记为对抗第三人要件。依商法的外观主义原则，登记具有权利推定效果。这意味着，经过公司内部登记，让与担保权人可以向公司请求行使知情权等权利；但只有经过工商登记，才能产生对世的优先受偿效力。

（三）股权让与担保的对内效力

1. 经营管理权和收益权的归属

股权因让与担保发生转移，让与担保权人因此享有优先受偿权，自无疑义。但参与公司经营管理的权利究竟属于让与担保人还是让与担保权人，则可能产生争议。若从民法理论看，既然让与担保权属于担保权，则除特别约定外，让与担保权人没有参与公司经营管理的权利。但商法和民法的不同在于，商法以外观主义为原则，若否认登记在册的让与担保权人参与公司经营管理的权利，则很可能导致股东会决议等公司行为发生未成立、可撤销、无效的后果。因此，原则上，依据股东名册的推定效力、对抗效力和免责效力，应以在册的外观表示确认股东的身份，①让与担保权人应被视为股东。若让与担保权人通过表决权委托等方式，授权让与担保人继续参与公司经营管理的，在通知公司的情况下，让与担保人自然有权对公司进行管理。不过，当事人的真实意思毕竟只是创设担保权，在无害于交易安全的情况下应以当事人的真实意思判断公司经营管理权的归属。公司已明知让与担保人转让股权的目的是让与担保，并已认可让与担保人行使股东权利的，则可以参照“隐名股东”的处理方式确认让与担保人的股东权利。

股权收益的归属规则，应与经营管理权的归属作类似处理。但当让与担保权人收取收益时，除流担保的情况外，收益的归属应类推适用动产质权的规定，收益充抵费用与利息后，充当原本的抵偿。

2. 实现担保权的方式

让与担保依其实现方式，可分为清算型和流担保型、处分型和归属型两组。依意思自治原则，当事人可自由约定实现担保的方式。但在当事人未对此进行约定时，股权让与担保的以何种方式实现为原则，值得讨论。

股权让与担保一大优势，就在于能避免实现股权质权时拍卖、变卖的高额成

---

① 参见施天涛：《公司法论》，法律出版社2014年版，第245、249页。

本。若要求让与担保权人必须通过向第三人折价、拍卖的方式实现担保权,则股权让与担保的优势不复存在。但如不加限制地承认让与担保权人在债务不履行时当然地取得股权,则可能对让与担保人和其他利害关系人造成损害。

因此,为平衡当事人利益,应以附清算义务的请求归属型为原则。“请求归属”意味着让与担保权人并不能直接取得担保财产,而只能取得在债务额度内的自由处分权和变价权,[①]同时,让与担保人有权要求按照合理价格进行清算。归属型让与担保和流担保的含义并不相同。后者并不包括清算义务,而前者则可以通过课以清算义务避免当事人的利益失衡。另外,“清算”的方式可以由当事人协商确定,也可以是资产评估机构评估等进行,只要在满足债权后返还余额即属于“清算”。对公司而言,归属型让与担保亦有其优势。对具有人合性的有限公司而言,让与担保权人已经在一定时间作为公司股东,形成了稳定的关系。且在让与担保权人受让股权时,其他股东已表示同意。归属型让与担保有利于维持现有股东状况,避免引入新股东从而引发股东矛盾。

作为原则的例外,若当事人特别约定,在债务未清偿时股权当然是归属让与担保权人的,只要课以清算义务,同样符合利益平衡和交易安全,应予认可。当事人约定通过处分清算实现担保权的,则更无理由加以禁止。

3.流担保契约的效力

作为实现担保权的方式之一,当事人之间特别约定的“流担保”条款是否必然无效?本文认为,应当有条件地承认让与担保中“流担保”条款的效力。理由如下:

首先,禁止流担保在于保护债务人或担保人,“免因一时之急迫而蒙受重大之不利”。[②] 但在股权让与担保中,当事人一般都有带有商事色彩,债务关系更多是为了融投资而产生,让与担保人未必处于弱势地位。对让与担保人过度保护,反而会影响让与担保权人提供资金的积极性。

其次,从目的和习惯上看,流担保的方式可能更有利于债务人。流担保可以免去拍卖、变卖等复杂的清算程序,降低了程序成本。对债务人来说,一旦流担保,股债两清;而在折价、拍卖或变卖中,却可能出现价款不足清偿债务,尚需额

---

① 叶朋:《法国信托法近年来的修改及对我国的启示》,载《安徽大学学报》(哲学社会科学版)2014年第1期。

② 向逢春:《让与担保制度研究》,法律出版社2014年版,第84页。

外清偿余额的情况。况且,即使规定让与担保中的流担保无效,当事人亦可以通过附买回条款的股权转让规避这一限制——流担保事实上无法通过法律强加禁止。只要不存在暴利行为,日本法就承认让与担保中当事人对流担保的特殊合意。① 法国也有学者认为,某些情况下的流担保条款有利于保护债权人,同时也是高效的。② 德国学者多数说认为,通过暴利行为规则和让与担保设定阶段的公序良俗规则,可以解决流担保的弊端,因此应允许让与担保中的流担保条款。③

最后,流担保条款能更好地实现股权让与担保的担保作用。当事人约定流担保条款时,股权价值一般稍高于债务数额,因此债务人将更有可能通过清偿债务而避免流担保条款的生效。对让与担保权人而言,因其有以股权受偿的期待,故其将更谨慎地作为股东行事,以避免股权价值下跌。在这种情况下,让与担保人和让与担保权人均希望股权价值提高(前者可以在股权上涨时通过清偿主债务取回股权,后者有取得上涨后股权的期待)。这样的制度设计避免了道德风险,并有利于公司和公司其他股东。

综上所述,股权让与担保的实现应以归属清算为原则,并有限制地允许流担保条款的存在。

(四)股权让与担保的对外效力

1. 向第三人处分股权的效力

债务到期未获清偿的情况下,让与担保权人可基于让与担保的权能处分股权,自无疑义。问题在于在清偿期届满前,或在债务得到清偿后、股权向外让与前,让与担保权人的处分效力为何。若采"所有权构成说",让与担保权人对股权的处分是有权处分,受让股权的第三人无论是否善意,都能取得股权。而"担保权构成说"下,只有受让股权的第三人是善意第三人,才能取得让与担保权人无权处分的股权。

显然,"担保权构成说"的结论对让与担保人的保护更为充分,且在善意取得制度下,亦无损对第三人的信赖保护和交易安全。在"担保权构成说"下,让与担

---

① [日]我妻荣:《我妻荣民法讲义Ⅲ:新订担保物权法》,申政武、封涛、郑芙蓉译,中国法制出版社2008年版,第574页。

② 沈达明:《法国/德国担保法》,中国法制出版社2000年版,第177页。

③ 王闯:《让与担保法律制度研究》,法律出版社2000年版,第359~360页。

保权人在债务到期前处分股权的效力，和《公司法司法解释(三)》中"名义股东"处分股权的规则一致，"应参照物权法第106条的善意取得规则对交易相对人进行审查"。[①] 该司法解释意味着，尽管在商事领域公示主义和外观主义发挥着巨大作用，但公司登记机关的登记毕竟不具有绝对公信力，第三人的善意与否仍需借助物权法的规则加以综合判断。前述"亿仁集团案"的裁判结果也与该结论相符。

2. 对让与担保人的一般债权人的效力

当让与担保人的一般债权人申请执行让与担保人"实际享有"的股权或"投资性权益"的，让与担保权人是否可以根据担保权提出执行异议从而排除执行？

一种观点认为，担保权人重视的只是优先受偿权，因而只要保障在执行过程中担保权人的债权得到优先清偿即可。从中国现行执行规定上看，担保权人也仅有权"直接申请参与分配，主张优先受偿权"，而无权排除执行。[②]

但是，虽然理论上让与担保权人的优先受偿权不因其他一般债权人的执行申请受到影响，但一旦进入法院执行程序，让与担保权人就受制于法院的处置程序，丧失了通过变价、折价以及流担保等方式自由受偿的权利。由法院对股权进行处置，无可避免地又将产生股权评估、拍卖的低效率和高成本弊端。如果说法院执行程序保证的是公平，则让与担保权人自由选择担保实现方式则体现了效率。由于股权变价的特殊性，在法院执行股权的多数情形下，拍卖款甚至无法完全清偿优先债权，一般债权人实现其债权的难度极大。如果允许让与担保权人通过更有效率的方式实现担保权，或许一般债权人得以受偿的概率更高。因此，比较法上理论一般都承认让与担保人可以提出执行异议，因为"不可以强加给被担保人以与根据担保合同他应得到的变价方式不同的变价方式"。[③]

赋予让与担保权人提出执行异议以中止执行的权利，并在让与担保权人实现担保权后恢复执行的制度将更有效率，且亦无损一般债权人的利益。即使发生了让与担保权人的担保权实现方式有损一般债权人受偿机会的情形，一般债

---

① 最高人民法院《关于适用〈中华人民共和国公司法〉若干问题的规定(三)》第26条。

② 最高人民法院《关于人民法院执行工作若干问题的规定(试行)》(法释〔1998〕15号)第93条规定："对人民法院查封、扣押或冻结的财产有优先权、担保物权的债权人，可以申请参加参与分配程序，主张优先受偿权。"

③ [德]鲍尔、施蒂尔纳：《德国物权法》(下册)，申卫星、王洪亮译，法律出版社2006年版，第629页。参见[日]我妻荣：《我妻荣民法讲义Ⅲ：新订担保物权法》，申政武、封涛、郑芙蓉译，中国法制出版社2008年版，第582页。

权人亦可以向法院提出异议以获取救济。

3. 对让与担保权人的一般债权人的效力

实践中,多数法院将让与担保权人视为"名义股东"。因此,探讨考察"名义股东"的一般债权人对股权申请执行时,"隐名股东"是否能排除该执行。依公司法,"股权经公司登记机关登记产生对抗第三人的效力"。[①] 该条体现了商法外观主义,起到了维护交易安全的作用。但"名义股东"的一般债权人,并非源于信赖登记而申请执行股权,商事外观主义原则在非交易法律关系中是否依旧适用,殊值讨论。最高法院的裁判意见也并不一致:如"中安公司案"和"黑龙江粮油公司案"中,[②]法院认为《公司法》第 32 条规定的"第三人,并不限缩于与显名股东存在股权交易关系的债权人"。但在"成城公司案"中,[③]最高法院依据《公司法司法解释(三)》有关股权善意的规则,认为"商事外观主义原则的适用范围不包括非交易第三人"。

依股权代持合同,"名义股东"一般对股权并不享有经济利益,但让与担保权人对名下股权却享有担保权。因此,即使认为"商事外观主义仅适用于交易关系中的第三人",也不能因此完全排除让与担保权人的债务人的执行。本文认为,若认为一般债权人属于商事外观主义保护范围,则不应赋予让与担保人的执行异议权,让与担保人只能在股权被执行后请求让与担保权人赔偿;若认为一般债权人不属于商事外观主义的保护范围,则让与担保人有权提出执行异议,法院中止执行,待债务到期后,再恢复执行(若债务到期未获清偿,则对股权恢复执行;若债务获得清偿,则对清偿的款项恢复执行),从而保护一般债权人。但无论何种方案,让与担保人总是有权通过提前清偿债务从而重新取得股权。上述两种处理方案均不违背"担保权构成说",前者虽然否定了让与担保人以对股权的实际权利对抗让与担保权人一般债权人,但这是利益衡量的结果,并非否认了股权让与担保的担保权性质。[④]

---

① 根据《公司法》第 32 条。

② 最高人民法院(2016)民申 3132 号民事裁定书、最高人民法院(2013)民二终字第 111 号民事判决书。

③ 最高人民法院(2015)民申字第 2381 号民事裁定书。类似案例还有山东省高级人民法院(2015)鲁商终字第307 号民事判决书、江门市中级人民法院(2012)江中法民四初字第10 号民事判决书等。

④ 上述两种方案分别对应"隐名股东"是否能排除该执行的两种观点。

五、结　　论

明确股权让与担保的效力规则,有助于统一裁判规则,明确各方的权利和义务,从而进一步促进市场发展。股权让与担保的对内效力上,应在符合交易安全的前提下最大限度地允许意思自治,在担保权实现上以附清算义务的请求归属型为原则,且应有限制地允许流担保契约,让与担保权人不当处分股权时将产生侵权和违约责任竞合;对外效力上应兼顾商法外观主义原则和担保权实质,在一般债权人强制执行时赋予让与担保权人和让与担保人执行异议权。

标准必要专利禁令救济的限制

贺文奕*

摘　要：标准必要专利是指为实施某一标准而必须使用的专利，因其同时具备私权属性与公共属性，故基于利益平衡与公共利益对标准必要专利禁令救济进行一定的限制具有合理性。近年来涉及标准必要专利的诉讼案件不断增多，关于禁令救济的限制也引起了实务界与理论界的关注，我国立法与司法实践也对此进行了积极探索，但仍存在诸多不完善的地方。在专利法的视域内，对标准必要专利禁令救济的限制方式主要是基于专利默示许可制度与 FRAND 承诺。本文通过梳理我国相关的规范性文件，分析其在适用中存在的问题，并提出进一步完善的建议。

关键词：标准必要专利；禁令救济；默示许可；FRAND 原则；专利法

Limit of Standards-essential Patents Injunctive Relief

He Wenyi

Abstract: The standards-essential patents have both the private property and the public property, so it is reasonable to limit the relief of the standards-essential patents injunction based on the balance of interests and the public interest. In recent years, litigation cases involving standards-essential patents on increasing, injunctive relief restrictions also caused the attention of practical and theoretical circles, China ' s legislative and judicial practice has also made active explorations, but there are still

---

* 中国政法大学 2017 级知识产权法硕士研究生。

many imperfections. In the view of patent law, the restrictions on the relief of the standards-essential patents injunction are mainly implied in patent licensing system and FRAND commitment. By combing relevant normative documents in China, this paper analyzes the problems existing in its application and puts forward suggestions for further improvement.

Keywords: standard essential patents; injunctive relief; implied license; FRAND principle; patent law

近年来,涉及标准必要专利的诉讼逐渐增多,围绕标准必要专利禁令救济的限制也成为理论界与实务界争论的热点问题。禁令救济本是专利权人应当享有的一项权利,但由于标准必要专利具有一定的公共性,因此对其禁令救济应当有一定的限制。我国立法和司法机关对此也进行了积极的探索,出台了司法解释、部门规章、法院内部指导性文件等不同效力位阶的规范性文件。但相关规范性文件效力低且存在诸多立法空白,以及不同规范间也存在冲突。因此,关于标准必要专利禁令救济的限制规则仍需进一步完善。

一、标准必要专利禁令救济限制概述

为准确理解标准必要专利禁令救济的含义,首先要界定标准必要专利和禁令救济的概念。标准必要专利是指为实施某一标准而必须使用的专利,其同时具有专利的私权属性和标准的公共属性。所谓的禁令救济,是指法院可以应专利权人的请求,责令侵权人停止侵权行为。① 因此标准必要专利禁令救济是指标准必要专利权人基于其专利权可向侵权人主张停止侵权的一种权利。

(一)标准必要专利禁令救济限制的缘由

大陆法系中,专利权通常被认为是一种准物权,是一种绝对权。只要有侵权事实,就必须负"停止侵权"责任。② 一种观点认为标准必要专利在法律性质上

① 崔国斌:《专利法原理与案例》(第2版),北京大学出版社2016年版,第80页。

② 郑成思:《侵权责任、损害赔偿责任与知识产权保护》,载《环球法律评论》2003年第4期。

依旧属于专利,权利人应当具有完整的专利权,存在侵权行为即应当颁布禁令。但是,标准的公共性与专利的私权性是相互矛盾和抵制的,标准中一旦纳入专利,对专利的禁令救济必然会受到限制。

1. 基于利益平衡对标准必要专利禁令救济限制

知识产权法是一种典型的利益平衡机制,整个知识产权法在价值构造上表现为一系列的平衡模式和与此相适应的制度安排。① 标准和专利的结合所导致的一系列问题,归根结底还是因为二者结合后导致标准化过程中相关各方主体利益分配出现失衡。② 标准必要专利权人可以凭借标准的必要性而取得明显的竞争优势,在相关市场上会产生支配地位,无限制地适用禁令救济往往会导致"专利劫持"现象。反之,如果完全禁止禁令救济,则会使标准实施人"有恃无恐",出现所谓的"专利反向劫持"。对标准必要专利禁令救济进行限制,寻求标准必要专利权人与标准实施人之间的利益平衡已经达成一种共识。

2. 基于公共利益对标准必要专利禁令救济限制

标准必要专利不仅涉及专利权人与标准实施人之间的利益,更关涉社会公共利益。一方面,随着产业分工的细化与企业专利意识的加强,一项技术标准中可能蕴含成百上千的必要专利,不同专利间往往具有互补性,需要协同应用才能促使标准的推广。对其中任何一个必要专利的禁令救济将导致整个标准无法实施,不仅影响的是该必要专利权人,而且也会牵连到其他必要专利权人。如果绕开某项必要专利而修改整个技术标准,显然需要付出极高的社会成本。另一方面,一旦技术标准被推广实施,会将众多企业和众多消费者绑架到标准之下。③ 标准的制定一般分为行政主导和市场主导,行政主导制定的标准,如国家强制性标准,企业必须执行。对于市场主导制定的标准,企业为开拓市场,提升其产品的兼容性与普适性,往往也必须采纳。同时,消费者对基于某一标准而生产的产品进行维修等售后服务也必然会依赖于该技术标准。因此,如果对禁令的适用不作任何限制,必将阻碍产品的生产和流通,也与标准化的目的背道而驰,最终将损害公共利益。

---

① 冯晓青:《知识产权法的价值构造:知识产权法利益平衡机制研究》,载《中国法学》2007 年第 1 期。

② 张平:《冲突与共赢:技术标准中的私权保护》,北京大学出版社 2011 年版,第 7 页。

③ 张平:《论涉及技术标准专利侵权救济的限制》,载《科技与法律》2013 年第 5 期。

(二)标准必要专利禁令救济限制的主要方式

对标准必要专利禁令救济的限制方式主要有三种:一是标准必要专利权人公平、合理、无歧视的承诺;二是标准必要专利权人的信息披露义务及专利的默示许可制度;三是通过反垄断法对标准必要专利权人进行约束。三种方式中,前两种为专利制度内对标准必要专利的限制,第三种属于竞争法视野下的规制。对于标准必要专利禁令救济的限制首先应从专利法的角度出发,试想,倘若专利法完全剥夺标准必要专利权人的禁令救济请求权,滥用禁令救济排除、限制竞争的反垄断法介入将丧失基础。① 本文仅从专利法的角度探讨标准必要专利禁令救济的限制。

2013年12月颁布的《国家标准涉及专利的管理规定(暂行)》(以下简称《管理规定》)首次对国家标准涉及专利的相关问题进行了规范。2015年12月公布的《专利法修订草案(送审稿)》(以下简称《专利法修订草案》)第85条对标准必要专利的默示许可制度进行了积极探索。2016年通过的最高人民法院《关于审理侵犯专利权纠纷案件应用法律若干问题的解释(二)》[以下简称《专利法解释(二)》]第24条对禁令救济的适用范围及条件进行了较为详细的规定。2017年4月北京市高级人民法院颁布的《专利侵权判定指南(2017)》(以下简称《指南》)及2018年5月广东省高级人民法院颁布的《关于审理标准必要专利纠纷案件的工作指引(试行)》(以下简称《指引》)对司法审判经验进行了系统总结,在标准必要专利救济等方面做了更为详细的规定。

通过对上述规范性文件的梳理与比较,可以得知无论何种效力位阶的规范性文件都对标准必要专利禁令救济进行了一定的限制,但是在禁令救济的适用范围、限制方式上均有所差别。

二、默示许可制度对标准必要专利禁令救济的限制

根据《专利法修订草案》第85条规定,参与国家标准制定的专利权人在标准

---

① 袁波:《标准必要专利禁令救济立法之反思与完善》,载《上海财经大学学报》2018年第20期。

制定过程中不披露其拥有的标准必要专利的，视为其许可该标准的实施者使用其专利技术。可见，如果标准必要专利权人不披露相关信息，一旦构成专利的默示许可，则不构成专利侵权，也就没有禁令救济适用的空间。① 因此，默示许可在一定程度上限制了禁令救济的适用。

（一）标准必要专利信息披露

信息披露是指在标准化制定的过程中，参与标准制修订的组织或者个人应向标准制定者披露其拥有的必要专利的相关信息。信息披露必要性主要体现在两方面，一是防止专利劫持现象，避免专利权人借助参与标准制定的契机，故意不披露其拥有的专利，而后又利用专利权的独占性谋求不合理专利许可费率以及市场垄断地位等。二是有利于标准制定者进行合理决策。标准的目的在于统一，以此获得最佳秩序和社会效益，其本身属于一种公共信息。因此标准中通常不应纳入专利权，只有在标准制定过程中充分披露相关专利信息，标准制定者才能掌握标准草案中涉及的专利信息，从而尽量避开相关的专利技术，而选择进入公有领域的技术方案，降低标准实施的成本。

我国现行的规范性文件中，《管理规定》最早于 2013 年在第 5 条明确规定了在国家标准制定过程中专利权人的信息披露义务。②《专利法修订草案》第 85 条规定了在国家标准制定过程中未披露标准必要专利的相关信息构成专利的默示许可，可见对于国家标准而言，专利权人负有披露义务。《专利法解释（二）》第 24 条和《指南》第 149 条对标准必要专利权人的信息披露义务均采取回避的态度。均规定了关于禁令救济的相关规定仅适用于经明示的推荐性国家标准、行业或者地方标准。但是对于未明示的标准必要专利是否构成默示许可则无明确规定。《指引》虽然没有信息披露的相关规定，但是在第 7 条、第 8 条强调：标准化组织的知识产权政策可以作为审判依据，同时需要考虑适用被请求保护地法或法院地法。因此，违反信息披露义务是否构成默示许可，需要根据不同标准化组织的政策及被请求保护地法来进行判断。

国际上的标准化组织，多数均要求其成员在制定标准的过程中披露相关专

---

① 袁真富：《基于侵权抗辩之专利默示许可探究》，载《法学》2010 年第 12 期。

② 《国家标准涉及专利的管理规定（暂行）》第 5 条。

利信息。ISO(International Standardization Organization,国际标准组织)、IEC(International Electrotechnical Commission,国际电工技术委员会)和ITU(International Telecommunication Union,国际电信联盟)三个国际重要的标准化组织于2016年发布了国际标准化领域首个统一的专利政策《ITU-T/ITU-R/ISO/IEC共同专利政策》,其中明确规定要求专利权人充分公开其掌握的专利信息。① 不断强化信息披露也逐渐成为一种国际趋势,2017年11月29日欧盟委员会发布了《制定关于标准必要专利的欧盟方法》,其中第一节的内容便是增加SEPs(standard-essential patent,标准必要专利)披露的透明度,要求提高记录在SDO(Standard Developing Organizations,标准发展组织)数据库中的信息的质量和可访问性,以及开发信息工具以协助许可谈判。

(二)标准必要专利的默示许可制度

根据上文分析,标准必要专利权人具有信息披露义务在国内外已经逐渐形成一种共识。但是,对于披露义务是强制性的还是鼓励性的,不同的标准化组织也有差异。有学者通过对国际主流的23家标准化组织为样本进行统计,其中19家选择对于专利披露是采取鼓励性而非强制性的态度。② 此外,对于违反信息披露义务,专利权人需要承担何种责任,各标准化组织也无明确规定。其中的主要原因在于大多数标准化组织均为自律性组织,对于违反规则的行为并无强制性的处罚权利。因此,围绕信息披露产生的纠纷,最终还需要依据被请求保护地法,通过司法程序来最终裁决。《专利法修订草案》第85条首次规定了违反信息披露会导致默示许可的责任。《管理规定》虽然也规定了标准必要专利权人的信息披露义务,但对于违反信息披露义务须承担何种责任,仅笼统地规定了"应当承担相应的法律责任"。

专利的默示许可是指基于专利权人特定的行为,使专利使用人推定其有许可之意,并基于信赖利益而使用其专利。标准的实施者通过标准化组织发布的技术标准,可以合理地期待能够不被拒绝使用标准中的技术,即使他知道存在某项专利,都可能合理地信赖专利权人愿意放弃标准涉及的专利权。因此,如果在

① Common Patent Policy for ITU-T/ITU-R/ISO/IEC, Article 1: It is desirable that the fullest available information should be disclosed.

② 林奕:《论标准必要专利规制与救济之衡平》,华东政法大学2016年硕士学位论文。

标准制定过程中专利权人不披露其掌握的必要专利,而等标准公布之后又以标准实施人未取得其专利许可而提起侵权之诉,这便损害了标准实施人基于标准而产生的合理信赖利益。标准必要专利权人不披露其专利信息,但基于对标准实施人合理信赖利益的维护,推定构成默示许可。

国家知识产权局关于《专利法修订草案》的说明,①对于国家标准而言,参与标准制定的专利权人在标准制定过程中不披露其拥有的标准必要专利的,视为其许可该标准的实施者使用其专利技术,在此情形下专利权人无权起诉标准实施者侵犯其标准必要专利。对此,有学者提出质疑,认为标准必要专利的默示许可对专利权人的限制过于严苛,完全剥夺了其禁令救济的权利,为了保障其获得合理的标准必要专利使用费,立法应规定标准必要专利权人有权向标准必要专利实施人提起禁令救济的诉请,而不是一味以专利默示许可制度去限制标准必要专利权人应该享有的权利之救济权。②

虽然默示许可对标准必要专利的禁令救济产生了严格的限制,但笔者认为《专利法修订草案》第 85 条的规定是合理的。首先,《专利法修订草案》第 85 条仅限定于国家标准,根据《标准化法》第 2 条,国家标准又分为强制性标准、推荐性标准。对于国家强制性标准而言,任何企业都是必须执行,否则将禁止生产和销售相关产品,即便是推荐性国家标准,企业也没有较大限度的选择余地。因此,国家标准具有非常强的公共属性,在此前提下对国家标准中的必要专利进行严苛的限制也是合理的。其次,该条并未完全剥夺了标准必要专利权人禁令救济的权利,其针对的是专利权人在国家标准制度过程中未披露其专利信息的情形。因此,对于披露了专利信息的权利人,其依旧享有禁令救济的权利。最后,默示许可虽然剥夺了专利权人禁令救济的权利,但并未剥夺专利权人获得合理许可费的权利,而且禁令救济也并非保障其获得合理许可费的唯一途径。《专利法修订草案》第 85 条规定了双方对许可费率不能达成协议的,可以请求国务院专利行政部门裁决。对裁决不服的,可以自收到通知之日起 15 日内向人民法院起诉。当然,如果将专利的默示许可制度扩展到其他类型的标准必要专利,如行业标准、地方标准和团体标准、企业标准等,则过于限制了专利权人的权利。

---

① 关于《中华人民共和国专利法修改草案(征求意见稿)》的说明,载国家知识产权局网站:http://www.sipo.gov.cn/ztzl/zlfxg/xylzlfxg/1051930.htm,最后访问日期:2018 年 6 月 10 日。

② 祝建军:《标准必要专利禁令救济的成立条件》,载《人民司法(应用)》2016 年第 1 期。

三、FRAND承诺对标准必要专利禁令救济的限制

FRAND承诺是指国际上的主要标准化组织在其知识产权政策中要求组织成员在许可时遵循“公平、合理、无歧视”(Fair Reasonable and Non-discriminatory, FRAND)的原则。FRAND承诺最开始只是对标准必要专利权人的一种约束,但是基于权利义务的对等性,标准实施人请求标准必要专利权人履行FRAND义务的同时,其也应当以诚实信用原则积极进行协商以获得许可。对标准必要专利禁令救济的另一种方式是以FRAND承诺为准绳,根据专利权人和标准实施人在许可谈判过程中是否存在过错,从而判断是否适用禁令。现行规范性文件中,《专利法解释(二)》、《指南》和《指引》采用此种限制方式。

(一)禁令救济的适用需要考虑双方的过错

普通专利侵权案件中,禁令救济的适用并不以被诉侵权人主观过错为前提,只要被控侵权行为落入了专利权的范围内,则可以适用禁令救济。而标准必要专利的适用要充分考虑专利权人与标准实施人的过错,根据《专利法解释(二)》、《指南》和《指引》的规定,具体分为“权利人过错+实施人无过错”“权利人无过错+实施人有过错”“双方均无过错”“双方均有过错”四种情形:

1.均规定了“权利人有过错且实施人无过错”的情形

《专利法解释(二)》第24条、《指南》第149条和《指引》第12条第1款,均规定了“权利人有过错且实施人无过错”的情形。通过比较可知,《指引》与《专利法解释(二)》、《指南》有两点明显区别,一是在满足“权利人过错+实施人无过错”的前提下,《指引》的表述为“不支持”禁令救济,而《专利法解释(二)》和《指南》的表述为“一般不支持”,可见此时法官还具有一定的自由裁量权,并非绝对排除禁令的适用。二是《专利法解释(二)》和《指南》均强调专利权人“故意违反”,而《指引》中表述为“不符合”,“故意违反”显然比“不符合”的程度要重,可见广东省高院在专利权人有过错且实施人无过错的情形下,对禁令适用更为严格。

2.《指引》明确规定了“权利人无过错且实施人有过错”的情形

《专利法解释(二)》和《指南》并没有明确规定“权利人无过错且实施人有过

错”的情形下是否应当支持禁令救济，但是可以通过《专利法解释（二）》第24条、《指南》第149条从反面推知在在权利人故意违反FRAND承诺且实施人无明显过错的情况下，一般应予支持禁令救济。而《指引》第12条第2款则明确规定：标准必要专利权人的行为符合公平、合理、无歧视声明的要求，实施者存在明显过错的，可以支持停止实施标准必要专利的请求。值得注意的是：此种情况下，三个法律文件对禁令救济适用的态度略有不同，《专利法解释（二）》和《指南》为“一般应予支持”。也就是说，支持是原则，不支持为例外，立场上更偏向于支持禁令救济。而《指引》的表述为“可以支持”，其含义是法官可以支持，也可以不支持，立法倾向上更为中立，赋予了法官较大的自由裁量权。

3.《指南》和《指引》规定了双方“均无过错”或“均有过错”的情形

对于双方均有过错或双方均无过错的情况，禁令救济的请求是否应当得到支撑，《专利法解释（二）》并无规定，《指南》和《指引》则进行了明确的规定。在双方均存在过错的情况下，应在分析双方当事人的过错程度，并判断承担许可协商中断主要责任一方之后，再确定是否应该颁发禁令。当双方均无过错的情形下，如果被诉侵权人支付许可费或提供担保，法院不颁发禁止令。反推之，如果被诉侵权人未支付许可费或提供担保，专利权人请求停止标准实施行为的主张应予支持。

（二）过错认定的具体因素

上文已述，适用禁令时应当充分考虑专利权人和标准实施人的过错，那么在认定过错时究竟应当考虑哪些因素呢？FRAND承诺作为一项原则性规定，更多地发挥指引性作用，究竟何为“公平、合理、无歧视”，专利权人和标准实施方往往有不同的认识，标准化组织也未明确界定FRAND原则的内涵。公平、合理、无歧视原则被批评、怀疑的最主要原因是该原则缺乏明确的含义，以致无法判断具体的许可行为是否符合该原则。①

通过对比《指南》和《指引》中的认定因素，可以发现基本一致，主要集中在双方谈判的过程中，包括程序和实体两方面的因素，主要呈现如下特点：

一是强调遵守商业惯例和交易习惯的原则。《指南》和《指引》多出体现出

---

① 马海生：《专利许可的原则公平、合理、无歧视许可研究》，法律出版社2010年版，第80页。

对商业惯例和交易习惯的尊重,如根据《指引》第13条的规定,未向实施者发出谈判通知,或虽发出谈判通知,但未按照商业惯例和交易习惯列明所涉专利权的范围,以及在实施者明确表达接受专利许可谈判的意愿后,未按商业惯例和交易习惯向实施者提供示例性专利清单、权利要求对照表等专利信息的,应当认定标准必要专利权人存在明显过错。再如,《指引》第14条第2款中的"无正当理由拒绝签订保密协议,导致无法继续谈判"也是源自于商业惯例。在西电捷通诉索尼案中,[①]被告索尼公司要求在不签订保密协议的前提下要求原告提供权利要求对照表,从而导致谈判陷入僵局,最终法院认为"涉案专利涉及权利人核心机密,其内容较为敏感。根据实务中的通常做法,一般谈判过程中权利人都会在双方签订保密协议的前提下提供权利要求对照表"。因此,最终过错方在索尼公司。所以,将商业惯例与交易习惯作为判定原则,具有一定的合理性,因为当事人双方往往处于同一行业,对该行业中专利谈判的流程、方式、许可费用等都存在约定俗成或普遍执行的行业惯例。因此,任何一方故意违反这些行业惯例,主观上即存在过错。

二是在程序方面强调谈判过程双方应积极主动。科学技术的不断发展,导致技术迭代的速度日新月异,如果标准必要专利许可谈判陷入"久谈不决"的境地,在此过程中下一代技术可能已经出现,谈判也就失去了意义。因此《指南》和《指引》在认定双方过错时,均强调双方积极主动地促进谈判的进行。对标准必要专利权人要求其发出谈判通知、提供相关专利信息、在合理期限内容作出答复、无合理理由不能中断谈判等。对标准实施人而言,要求其对专利权人提供的信息进行积极回复,无正当理由不能拖延或拒绝进行许可谈判等。

三是在实体方面强调许可条件的公平、合理、无歧视。《指南》和《指引》均强调:无论是标准必要专利权人提出的许可条件明显不合理,抑或是标准实施人提出的许可条件不合理,均认为其主观上具有过错。许可条件中最为核心的内容就是许可费率,双方争议的焦点往往也是许可费率无法达成一致。由于FRAND原则的模糊性,难以依据FRAND原则确定准确的许可费率,标准化组织通常也不介入当事人间的纠纷。因此,最终当事人只能寻求法院的救济,如何确定相关许可费率就成为摆在司法机关面前的一道难题。标准必要专利许可使用

① (2017)京民终454号。

费的确定是一个复杂的、动态变化的过程,强制性地要求标准必要专利权人给予不同的市场主体以完全相同的许可使用费率是不理性的。[①]

四、完善标准必要专利禁令救济限制的建议

相关规范性文件都对禁令救济进行了一定的限制。《专利法修订草案》采用默示许可的方式对禁令救济进行限制,《专利法解释(二)》、《指南》和《指引》则是基于FRAND承诺对其进行限制。但是,无论是何种限制方式,相关制度均有待进一步完善。

(一)我国现行立法存在的问题

1.相关规范性文件的效力较低

以"标准必要专利"为关键字在北大法宝案例数据库进行检索,[②]共有46件相关案例,涉及的法院包括北京市、上海市、江苏省、福建省、山东省、广东省等地的法院以及最高人民法院。其中北京市地区法院审理的有11件,广东省地区法院审理的有29件。可见北京市和广东省涉及标准必要专利的纠纷最为集中,两地高级人民法院对司法实践中产生的问题也进行了系统总结,分别颁布了《指南》和《指引》,虽然《指引》和《指南》对标准必要专利规定了较为详细的制度,但两者均属于地方法院内部的规范性文件,不具有普遍适用的效力。因此,有必要在更高效力的规范性文件中更为详细地规定标准必要专利的相关内容,当然立法的过程不可能一蹴而就,可以通过司法解释等逐步确立标准必要专利禁令救济的制度,此外,《专利法修订草案》也处于送审阶段,仍未生效,在《专利法》修订过程中应当充分考虑标准必要专利的制度安排。

2.立法存在诸多空白

目前现行有效且普遍适用的仅有《专利法解释(二)》和《管理规定》,但相关规定较为原则性,对具体制度的内容并无详细规定,导致实践中操作性不强。比如《专利法解释(二)》仅规定了经明示的标准必要专利禁令救济的规定,对于未

---

① 祝建军:《标准必要专利使用费的公开——以治理专利劫持和反向劫持为视角》,载《人民司法》2015年第8期。

② 北大法宝司法案例数据库:http://www.pkulaw.cn/Case/,最后访问日期:2018年9月3日。

明示的标准必要专利则无规定。再如,《管理规定》仅原则性规定不披露专利信息,应当承担相应法律后果,但是何为"相应法律后果"则无进一步明确规定。

3. 不同规范之间存在冲突

以《指南》和《指引》为例,在权利人有过错且实施人无过错的情形下,《指引》完全不支持禁令救济的适用,而《专利法解释(二)》和《指南》为一般不支持,而法官依旧具有自由裁量的空间。在权利人无过错且实施人有过错的情形下,《专利法解释(二)》和《指南》原则上支持禁令救济,例外不支持,立场上更偏向于支持禁令救济。而《指引》的立场更为中立,可以支持,也可以不支持。因此,不同地域法院的内部规范性文件规定不一,可能产生"同案不同判"的现象,损害司法公信力。因此有必要统一不同规范性文件之间逻辑关系。

(二)进一步完善立法

对标准必要专利禁令救济的限制应当以利益平衡和公共利益作为基本原则,这是构建具体规则制度的逻辑起点。既要摒弃以往存在专利侵权即颁发禁令的思维,也要避免矫枉过正,过度地限制了标准必要专利权人的权利。目前,无论是国内,还是国际上,已经有众多涉及标准必要专利的案例,通过对司法经验的梳理,逐步形成具有普遍指导意义的规范性文件具有重要意义。

1. 对不同类型的标准必要专利采用分级规则的限制方式

应当结合不同类型的标准必要专利的特点,分别构建其限制制度。以往的研究仅是笼统地分析采用哪种方式限制标准必要专利的禁令救济,或者只是单纯地分析每种方式利弊,并没有结合不同类型的标准必要专利进行深入的分析。正如前文所述,不同类型的标准必要专利的公共属性的强弱自然不同,所以针对不同类别类型的标准必要专利采用强度不同的限制方式更为合理。

专利默示许可对禁令救济是一种较强的限制手段,对于国家标准中涉及的必要专利,采用默示许可的方式进行限制是合理的,但对于其他类型的标准必要专利,不应轻易地适用专利的默示许可制度。对于行业标准、地方标准中涉及的必要专利,采取较为温和的 FRAND 承诺限制禁令救济是较为妥当的,适用过程中应当充分考虑当事双方的主观过错。对于团体标准、企业标准的公共属性并不突出,对于其中涉及的专利,笔者认为没必要进行限制,我国目前的相关规范性文件对此也均无规定。对于国际标准必要专利,采取哪种方式对其禁令进行限制,要考量该国际标准化组织的知识产权政策。

2. 细化标准必要专利限制措施的具体内容

对于每种具体的限制方式需要进一步的完善,无论是通过专利默示许可,还是基于 FRAND 承诺限制禁令的适用,目前诸多细节仍不够明晰。对于专利默示许可制度而言,需要理顺标准必要专利信息披露与默示许可成立的关系,同时对于何时进行信息披露、多大范围披露、披露详细程度等也需要进一步释明。对于通过 FRAND 承诺限制禁令救济的适用,关于具体适用的情形,目前《指南》和《指引》存在一定的区别,需要效力位阶更高的规范性文件进行统一。对于双方过错认定的具体因素上,将相关的商业惯例和交易习惯作为判断因素,笔者认为是合理且必要的,但是对于具体的判断因素可以进行进一步的详细列举。当然,对于上述某些具体的细节不必在法律中进行规定,可以通过行业内部的规范性文件等进行有益补充,从而使相关规则在实践中更具有可操作性。

论商业秘密侵权的行为主体

——以反不正当竞争法修订为背景

林　威*

摘　要：本文以《反不正当竞争法》修订为背景，对商业秘密侵权行为主体问题进行了深入探究。本文首先明确了行为主体问题之所在，然后采用：(1)历史研究方法，对行为主体问题历史变迁进行研究，从源头对行为主体问题进行探究；(2)实证研究方法，总结司法实践中法院对行为主体问题的惯常做法，明确司法实践中对行为主体问题中的态度；(3)比较研究方法，对域外行为主体问题的规定进行研究。最后，在综合前述三种研究结果的基础之上，提出单行立法作为解决行为主体问题的思路。

关键词：商业秘密；行为主体；不正当竞争；实证研究

The Research on Conductor of Trade Secret Misappropriation

—Under the Background of the Amendment on Anti-unfair Competition Act

Lin Wei

Abstract: This article starts from the background of the amendment on the Anti-unfair Competition Act, and then a comprehensive research on the subject of misappropriation trade secret was conducted. This article first frames the issue on the subject of the behavior, and then adopts: (1) historical research, research on historical evolution of behavioral subject, and exploration of behavioral subject from its origin;

---

* 中国人民法大学法学院 2015 级硕士研究生。

(2) empirical research, summarizing the common judicial solutions on the issue of the subject, and clarifying the attitudes of courts in judicial practice; (3) comparative research method, research on the provisions in developed country on the subject issue. On the basis of synthesizing the results from the above-mentioned three kinds of research methods, this article proposes a specific legislation as a solution to the subject issue.

Keywords: trade secret; behavioral subject; unfair competition; empirical research

2017 年 8 月全国人民代表大会法律委员会公布的了《关于〈中华人民共和国反不正当竞争法(修订草案)〉修改情况的汇报》中,其明确指出《反不正当竞争法》的规范主体是经营者,商业秘密权利人的员工、前员工不属于经营者,对于其侵犯商业秘密的行为,权利人可以通过其他法律途径进行救济。这次修改首次明确了立法者对商业秘密的侵权主体范围的态度,这种态度却和我国司法实践中的做法背道而驰。在此背景之下,从立法之规定入手,对商业秘密的侵权行为主体进行研究,再对当前面临之问题提出解决的路径,便是本文的研究意义之所在。

一、行为主体的法律规定与存在的问题

(一)立法对行为主体的规定

由于我国将商业秘密的侵权行为规定在《反不正当竞争法》之中,将侵犯商业秘密的行为视为不正当竞争的行为之一,侵犯商业秘密行为的主体必然是不正当竞争行为的主体。对于不正当竞争行为的规定,可见于《反不正当竞争法》第 2 条,即不正当竞争行为必须是由经营者实施。至于何为经营者?《反不正当竞争法》第 2 条也作出了相关的规定,即本法所称的经营者,是指从事商品生产、经营或者提供服务(以下所称商品包括服务)的自然人、法人和非法人组织。因此,本文讨论行为主体问题时,主要集中在经营者的范围上。

(二)行为主体规定存在的问题

1. 司法程序与行政程序的冲突

从立法的语言来看经营者要求"从事"商品生产、经营或者"从事"提供服务,而从事一般指以某事为业。

然而对于侵犯商业秘密的行为而言,国家工商行政管理局在其制定的行政规章《关于禁止侵犯商业秘密行为的若干规定》(1998)将职工也作为侵权行为主体,间接将其纳入经营者的范围[因为这项规定仅限于第3项违反保密义务的行为方式,并未明确是否包括《反不正当竞争法》(1993)第10条第1项的获取、第2项获取之后的泄露、使用或者许可使用]。①

显然,这种规定或者理解存在一些问题。首先,职工在定义上很难纳入经营者的范围,相关学者也认为将职工作为侵权者比较牵强。② 其次,尽管这种牵强的解释就是司法实践的普遍做法,但是如前所述2017年8月公布的最新的立法文件首次明确否定了这种解释。③

根据《立法法》和前述行政规章在其条文中明确的表述,可以发现此规章是依据当时的《反不正当竞争法》规定的,而二者规定明显存在冲突,这会导致行政处罚适用主体宽于司法救济程序的主体,一旦行政处罚决定进入司法程序,特别是在当事人拿出此项立法文件进行抗辩时,其合法性会受到质疑,而且其规章的合宪性也会受到挑战。

2. 民事程序与刑事程序的冲突

在1995年工商总局出台前述部门规章之后,我国在出台《刑法》(1997)之时,便将严重侵犯商业秘密的行为规定为知识产权犯罪的一种。在之后的刑事司法实践中,追究了大量犯罪嫌疑人侵犯商业秘密权的刑事责任。虽然《刑法》中规定的犯罪行为方式与《反不正当竞争法》中的侵权行为方式一致,但《刑法》

---

① 《关于禁止侵犯商业秘密行为的若干规定》(1998年修订)第3条"禁止下列侵犯商业秘密的行为……(四)权利人的职工违反合同约定或者违反权利人保守商业秘密的要求,披露、使用或者允许他人使用其所掌握的权利人的商业秘密"。

② 王先林:《论反不正当竞争法调整范围的扩展——我国〈反不正当竞争法〉第2条的完善》,载《中国社会科学院研究生院学报》2010年第6期。

③ 《全国人民代表大会法律委员会关于〈中华人民共和国反不正当竞争法(修订草案)〉修改情况的汇报》第三点修订草案第9条、第10条是关于商业秘密保护的规定。

并未对犯罪主体作出限制,而追究刑事责任仅仅可基于严重违反《反不正当竞争法》的行为而不能基于违约,这使权利人的刑事救济规定缺乏合理性和合法性。尽管实践中存在大量追究前员工、员工刑事责任的案例,然而若是依照罪刑法定原则,在犯罪嫌疑人不属于经营者的前提下,对其追究刑事责任实际上并不具备合法性。

这些问题,在当前的背景之下,存在极大的"复活"可能性。因此,有必要对此问题进行从头研究,寻找其产生的根源。

二、立法上行为主体范围的变迁

为了对行为主体问题进行充分阐明,本文从立法背景和历史开始进行探讨。

(一)模糊不清的旧法时期(1993~1995年)

尽管《反不正当竞争法》(1993)将不正当竞争行为的主体限定为经营者,但是有相关立法文件指出了对侵犯商业秘密行为做出规定的背景,即"有的企业通过'挖人才'的手段来获取他人的商业秘密,提高自己的竞争能力,特别是在机电行业以及计算机等领域。在江西、浙江征求《反不正当竞争法(草案)》的意见时,许多国有大中型企业反映,技术人员被外资企业、乡镇企业挖走,同时'带走'企业的技术秘密,使企业利益受到损失,也使正在研制的技术项目停下来。有的同志反映,在国有针织厂的周围建有许多家乡镇和私营的针织厂,形成新的'农村包围城市'。国有针织厂有自己的设计队伍只要新产品刚开发出来,周围的小针织厂就通过亲戚、朋友、金钱等获取信息,动工生产,占领市场"。① 相关学者认为,这是当时立法的背景,制定保护商业秘密法条之目的便是应对这种情况,因此职工作为行为主体毋庸置疑。② 但是,上述状况并不必然推出将职工作为违法主体的结论,因为上述状况更体现的是对竞争企业通过"挖人"带走商业秘密的行为之禁止,并未明确职工作为侵犯商业秘密行为的主体或者说其属于经营者。

当然还有另外一个解释,即参与立法的人介绍:(1)"反不正当竞争法第十条

① 全国人大常委会法工委民法室:《中华人民共和国反不正当竞争法讲话》,法律出版社1994年版,第64页。

② 孔祥俊:《商业秘密保护法原理》,中国法制出版社1999年版,第265页。

主要是从侵犯商业秘密的行为角度规定,而不是从侵犯商业秘密的主体角度作出规定";(2)"第(三)项侵犯商业秘密行为的主体,包括两类:一类是和拥有商业秘密的企业职工订有许可使用合同的其他企业;另一类是拥有商业秘密的企业职工。这里讲的企业职工,包括在职的、离退休的以及调离原单位的。只要利用工作关系有机会接触到商业秘密,并擅自披露和使用商业秘密的,都属于第(三)项规定的侵权人"。① 但是此番论证得出立法原意是将职工作为侵犯商业秘密的主体仍然是值得商榷的。因为此论证的第(1)点看似有理但实为赘述,《反不正当竞争法》(1993)第10条和其他不正当竞争行为的条款当然是从行为角度进行的规定,整部法律只有第2条才是从主体角度作出的规定或者限制,也就是说其并没有影响《反不正当竞争法》第2条在侵犯商业秘密行为上的适用,也没有说明职工与经营者之间的关系。至于第(2)点,其与工商总局的规章类似,仅限于《反不正当竞争法》(1993)第10条第1款之第3项违反保密义务的侵权行为,并不涉及前面两项——(1)获取,(2)获取之后的泄露、使用或者许可使用。

更何况,当时由商业秘密法制丛书编辑委员会编写的权威著作《商业秘密法制现状分析及案例》中也认为:"反不正当竞争法调整的只限于经营者,单位的职工不是经营者,在商业秘密问题上难以纳入该法的调整范围。"②相关学者也承认:"在此时期认为企业职工不属于侵权行为主体的观点很有代表性,在行政执法、司法和法学理论上都有反映。"③

因此,在此时期是对这个问题的理解和认识是模糊不清的,甚至是更倾向于侵犯商业秘密的行为主体仅限于经营者,而不包括职工。

(二)较为明确时期(1995~2017年)

主体模糊不清的时期,到1995年便径行终结。1995年,工商总局制定并且发布了上述部门规章。此文件意义非常重大,其第3条将权利人的职工违反保密义务泄露、使用、许可他人使用商业秘密的行为,明确纳入其行政执法的范畴。

---

① 全国人大常委会法工委民法室:《中华人民共和国反不正当竞争法讲话》,法律出版社1994年版,第64页。

② 商业秘密法制丛书编辑委员会:《商业秘密法制现状分析及案例》,中国法制出版社1995年版,第41页。

③ 孔祥俊:《商业秘密保护法原理》,中国法制出版社1999年版,第264页。

虽然其并未明确职工是否适用《反不正当竞争法》商业秘密条款的第1款之第1项和第2项，但无法否认这是首次将职工纳入商业秘密侵权行为主体或者“经营者”范围的文件。1998年，工商总局在修正前述文件时对上述规定进行了保留和肯定。尽管此规定的合法性存在一定的问题，但这对当时司法和执法实践中的争议起了相对的明确作用。

1998年，河北省人大常务委员会制定的《河北省反不正当竞争条例》(1998)第2条首次将反不正当行为的主体界定为：(1)经营者；(2)实施不正当竞争行为的其他组织和个人。① 并且，其也吸收了工商总局的前述规定之精神，在第18条中明确规定经营者以外的人和单位以及职工的商业秘密侵权行为。②

前述两种规定，实际上与《反不正当竞争法》的规定不合。首先，职工很难从逻辑上或者法理上构成经营者；其次，在经营者范围之外，再列一个行为主体，明显超出了上位法规定的范围。但是这两个规定，对实践中和学理上的探讨具有极强的意义。

(三)新法产生时期

由于经济的快速发展，1993年制定的法律已经远远不能适应于当前经济的需要。③ 2010年，相关部门对修法工作便进行了专题调研，自此拉开了《反不正当竞争法》的修改序幕。④

2016年2月，在工商总局报送的《反不正当竞争法修订草案送审稿》中，虽然对涉及商业秘密的法条变动不大，但其在总则部分修订了“经营者”的概念，明确了监管执法权限，将《反不正当竞争法》“经营者”概念修订为“从事或者参与商品生产、经营或者提供服务的自然人、法人和其他组织”，扩大了调整范围，与《反垄断法》的有关规定基本一致。这同工商总局在其前述规章中的思路一致，但是

---

① 《河北省反不正当竞争条例》(1998)第2条第3款规定：“政府及其所属部门以及经营者以外的其他组织和个人，其行为妨碍公平竞争的，也适用本条例。”

② 《河北省反不正当竞争条例》(1998)第18条第1款规定，经营者以及经营者以外的单位和个人不得采用下列手段侵犯他人的商业秘密：“……(四)权利人的职工违反合同约定或者违反权利人保守商业秘密的要求，披露、使用或者允许他人使用其所掌握的权利人的商业秘密……”

③ 《中华人民共和国反不正当竞争法(修订草案送审稿)》起草说明：一、修订《反不正当竞争法》的必要性。

④ 《中华人民共和国反不正当竞争法(修订草案送审稿)》起草说明：二、《反不正当竞争法》的修订过程。

其做法更为明确,直接扩大经营者定义的范围,将员工、前员工纳入范围之中。当然值得一提的是,这种修改的做法会导致《反不正当竞争法》和《反垄断法》中经营者概念的不同,因此,工商总局采用前述表述,与《反垄断法》的有关规定基本一致。

2017年2月26日,国务院在前述送审稿基础上拟定的《中华人民共和国反不正当竞争法(修订草案)》中删除了前述经营者概念的修订,将"员工""前员工"单列为行为主体,其附带的起草说明中明确了其将"职工"单列为主体的目的:"加强对商业秘密的保护。"①但是值得注意的是,其是在未改变经营者的基本定义下,通过规定"视为"侵犯商业秘密的行为,给这种侵权行为单开特例,来使职工纳入侵犯商业秘密行为的主体之中。从其逻辑上讲,等于是在认可员工不属于经营者的前提下,为侵犯商业秘密行为的主体单开特列,这同样比工商总局的前述规章的做法更为明确,还明确了对职工的不正当手段获取和擅自披露、使用的侵权行为的适用,这在一定程度上和《河北省反不正当竞争条例》的解决思路相近。由此可见,国务院和工商总局对此问题的解决思路并不相同。

然而,最终出台的《反不正当竞争法》(2017)中并不包括前述的修改方案。相关学者指出这是由于在对修订草案的审议过程中"开了倒车"。② 实际上,上述条款在全国人大常委会初次审议后,法律委员会的再次审议中即被删除。2017年8月28日公布的立法文件中指出删除理由:"有的常委会组成人员和部门、企业提出,本法规范的主体是经营者,商业秘密权利人的员工、前员工,不属于经营者,对于其侵犯商业秘密的行为,权利人可通过其他法律途径获得救济。法律委员会经研究,建议删除修订草案第十条的上述规定。"③从此之后的审议过程以及最终的立法都不再有该条的规定。

此次立法的曲折过程,表明了工商总局、国务院、立法机关对于行为主体的

① 关于《中华人民共和国反不正当竞争法(修订草案)》的说明:二、修改的主要内容……(二)针对实践中的突出问题,补充、完善应予禁止的不正当竞争行为规定。……二是加强商业秘密保护,增加规定商业秘密权利人的员工、前员工侵犯商业秘密的情形,增加规定国家机关工作人员,律师、注册会计师等专业人员对其履职过程中知悉的商业秘密的保密义务(第10条)。

② 孔祥俊:《新修订反不正当竞争法释评》(下),载 http://www.jnaic.gov.cn/jininggsj/724973/xfbzdjzfxczl19/957150/index.html,最后访问日期:2018年3月11日。

③ 《全国人民代表大会法律委员会关于〈中华人民共和国反不正当竞争法(修订草案)〉修改情况的汇报》第三点。

范围以及经营者的概念的不同认识。其表明立法机关既不认可以行为来界定经营者的范围,也不认可单独将经营者以外的人纳入侵权主体。这次立法在这个方面主要是立法机关起了主导作用。立法者实际上是否定了在修订草案中吸取的实践经验,其或会对我国的司法实践产生极大的负面影响,或(也是更为可能)导致司法机关不尊重立法之原意,损害立法之权威。

三、行为主体的实证研究

为更深入了解实践中的情况,笔者在数据库上对涉及行为主体问题的不正当竞争案件进行了相关的检索,最终得到16个案例。① 尽管由于条件限制,案例可能不全,但无法否认其具有较强的代表性,能在很大程度上说明问题。

(一)按案件性质分析

对前述案例,根据案件性质进行分类:侵犯商业秘密的案件5例;实施虚假宣传的案例2例;实施商业诋毁的案例3例;侵犯著作权及不正当竞争的案例2例;侵犯商标权及不正当竞争的案例2例;仿冒纠纷的案例1例;侵犯知名商号的案例有1例。具体如图1所示:

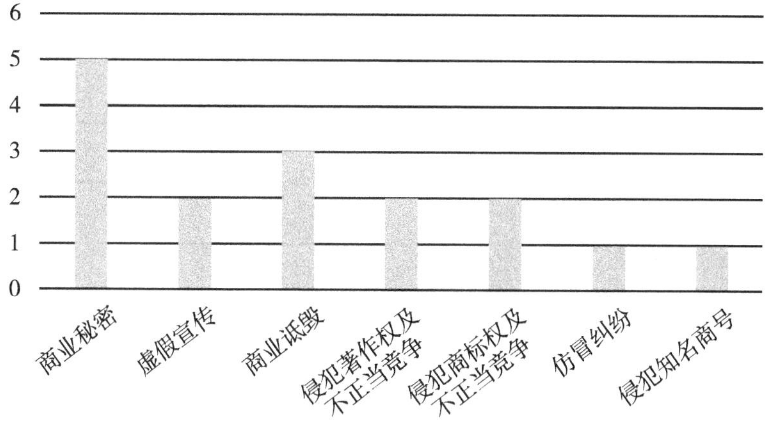

图1 案件类型对比

① 采用"无讼案例"数据库,检索式为:"经营者"、"不正当竞争"、"不是经营者/并非经营者/不属于经营者"(辩方意见/法院观点部分)、"民事",最后访问日期:2017年12月14日。

由此可知,发生行为主体的争议的案件中商业秘密的案件数量最多,占比上达到31.25%。

在审判机关对行为主体的判断结果中,被论证为非经营者的案例有2例;被法院默示为经营者(被告提出抗辩,法院未作论证)的案例有4例;被法院明示为经营者的案例有10例。比例分布如图2所示:

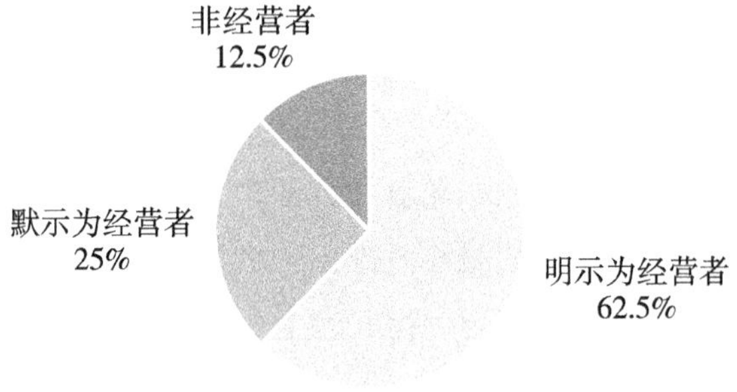

图2 行为主体认定结果占比

由此可见,实践中被认定为非经营者的可能性非常低,只占到12.5%左右。

上述全部案例中,行为主体为个人的有14例,由此可见,对行为主体发生争议的情况,主要是当行为主体为个人时。其中,职工(包括在职和离职)5例,作者4例,专利权人2例,域名抢注人1例,商标权人1例,其他个人1例。其比例如图3所示:

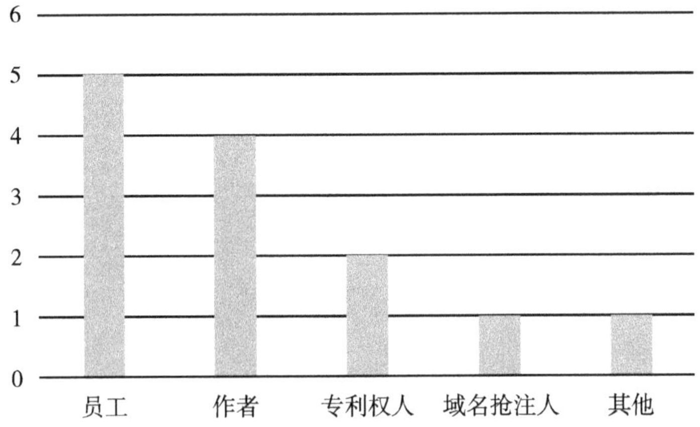

图3 行为主体类型

由此可见,在发生行为主体争议的案例中,职工最多,占比达到35.7%。其中被认定为非经营者的两个案例，一个是作者，一个是域名抢注人。其余职工全部被明示认定或是默示认定为经营者。

对于5例员工的案例，全部是商业秘密的案例，其中有4例都是默示为经营者（被告提出抗辩，法院未作论证），只有1个案例中法院对其属于经营者做出了论证，并且全部案例中默示为经营者的案例也就仅此4例。由此可见，法院在实践中，遇到的涉及职工行为的主体问题，基本发生于商业秘密的案件中，并且法院对此问题主要采取回避态度，而最终在问题认定上都认为职工属于经营者。

（二）按时间分析

未被认定为经营者的案例出现在2003年和2006年，在2007年之后，基本不存在未被认定为经营者的案例，由此可见，在后期司法实践中，一致地对行为主体持放宽的态度，所有主体基本都被纳入经营者的范围。而且在对经营者的定义上，我国的司法机关也是处于不断放宽的态度。

在上述案例中，2007年之前的案例，要求经营者是"市场经营主体"，"换取交换价值""提供智力成果，参与市场竞争"，特别是泉州中院的一份案例要求"从事经营活动"。

在2007～2011年，法院持相对放宽经营者范围的态度，开始出现"参与市场活动""进行相关的经营行为"等用词，只有上海卢湾区法院要求"从事了商品经营或营利性服务"。

在2011年之后，法院持彻底的宽松态度，其定义要求非常之宽松，并且还存在很强的以竞争行为来界定经营者的导向，比如"只要在从事或者参与经济活动中损害了竞争秩序"，"参与或者影响市场竞争的人"，"在市场经济中凡涉及市场竞争的行为"，"潜在的市场主体"。

四、行为主体的比较法研究

（一）大部分国家之规定研究

大部分国家对行为主体的范围都规定的非常广泛，基本不做任何限制，相反更关注于是否实施了不正当竞争的行为。比如德国《反不正当竞争法》[Gesetz gegen den unlauteren Wettbewerb（UWG）]未对行为主体进行限制，只要实施相应行为,即为侵权,具体到其商业秘密条款,虽然在第17条(1)中将职工单列为行为主体,但和其并列的第17条(2)并未限制身份,也只是说明其对职工窃取商业秘密严加防范。

英国在"The Competition Act 1998"中也没有主体限制,美国在"Restatement (Third) of Unfair Competition"中也不存在限制,只要求实施了相应的行为造成了相应的损害。瑞士《不正当竞争法(2000)》第2条规定同样只是规定了不正当竞争的行为,未对行为主体做出任何限制。日本在其《不正当竞争防止法(2016)》中也是很强的行为导向,仅仅是规定了各种侵权行为,未出现对行为主体进行限制的条款。

《保护工业产权巴黎公约》Article 10bis 也是明确采用行为导向的方式,凡是实施违反诚信原则的商业行为都构成不正当竞争。世界知识产权组织制定的《关于反不正当竞争的示范条款》第1条也采用这种行为导向的方式,认为凡是在商事活动中违反诚实守信的惯例的行为都能满足其条件。这与前述司法实证分析得出的"被认定为非经营者的案件占比非常低"的结论有很强的吻合性。

前述国家往往具有多年的处理不正当竞争案件的司法经验,对问题的认识也比较彻底和根本。

(二)部分国家和地区之规定研究

目前来看,只有我国台湾地区、瑞典、俄罗斯对不正当竞争的行为主体作出了限制。

我国台湾地区"公平交易法"中对行为主体要求是"事业"。① "公平交易法"中曾经也有对商业秘密的保护条款(该条款于2015年2月4日第7次对"公平交易法"修订时被删除)。然而由于"公平交易法"受行为主体的限制,以"事业"作为行为主体,无法规制员工或者个人对商业秘密之侵害行为,故而于1996年单独制定了"营业秘密法"保护商业秘密。② 也就是说,不正当竞争行为主体的限制催生了台湾地区单独规定商业秘密。

---

① 我国台湾地区"公平交易法"第2条规定,所称事业如下:(1)公司;(2)独资或合伙之工商行号;(3)其他提供商品或服务从事交易之人或团体。事业所组成之同业公会或其他依规定设立、促进成员利益之团体,视为该规定所称事业。

② 谢铭洋等:《营业秘密法解读》,中国政法大学出版社2003年版。

《瑞典竞争法》(2000)第2条规定的侵权行为中,其主体都是企业,并且其第2条也规定本法不适用于雇主和雇员之间关于工资和其他雇佣条件的协议。俄罗斯《关于在商品市场中竞争和限制垄断活动的俄罗斯联邦第948－1号法》第4条也将不正当竞争的主体限制为经济实体,其中"经济实体"是指俄罗斯和外国的个人企业家、商业组织、非商业组织。①

值得注意的是,上述三个国家和地区都是将垄断行为和不正当竞争行为放入一部法律之中。从垄断行为的角度来看,一般来讲能进行垄断的"人"必须具有很强的经济实力,实施垄断行为也是离不开统一组织、统一安排的,作为劳动者的职工或者前职工等个人基本上不可能成为垄断行为的行为主体。在对垄断行为的规制中对行为主体或者经营者的范围限制具合理性。因此,对于上述三个国家和地区而言,在其顶层的统一立法模式下,出于对垄断行为的主体限制的需要,而对不正平交易的行为主体作出了限制,进而对不正当竞争的行为主体作出了限制。当然,对于这个问题还需要从制定背景等方面进行深入研究,由于瑞典方面资料较少,本文主要就台湾地区和俄罗斯的制定背景进行分析。

1. 台湾地区的制定背景

早在民国政府成立之初,孙中山就在《三民主义》中民生主义提出"节制私人资本,发达国家资本"的主张,而后20世纪30年代,随着日本帝国主义的侵略,国民政府希望以举国之力来抵抗侵略者,也对经济进行强有力的调控。② 因此,国民政府早期就有很强的计划和管制经济的特征。

随后在1965年,台湾地区的经济事务主管部门负责人李国鼎就认识到当时过度的财富集中于不正当的企业竞争,将破坏社会秩序,应当严格禁止。③ 然而,此时期,台湾地区的经济仍然处于初期发展和管制阶段,"公平交易法"的制定并没有经济基础和社会需求作为支撑,因而,该时期并未产生"公平交易法"。

然而,20世纪70年代以来,岛内工商业的蓬勃发展,台湾地区经济和社会结构发生了显著的变化,经济交易活动呈复杂化趋势,伴随而至的竞争也日趋激

① 《俄罗斯联邦竞争保护法》由《关于在商品市场中竞争和限制垄断活动的俄罗斯联邦第948－1号法》和《金融市场保护法》整合而来。

② 林建刚:《台湾经济体制是如何转型的?》,载 http://cul.qq.com/a/20150829/022420.htm,最后访问日期:2018年10月3日。

③ 谢怀栻:《台湾经济法》,中国广播电视出版社1993年版,第228~229页。

烈,要想取得交易机会或在竞争中处于主动地位,台湾地区不少工商业者往往采取超越常规的竞争行为,这种不正当的竞争手段既不利于台湾地区建立起公平自由的市场经济秩序,也难以配合台湾当局发展经济的"自由化和国际化"政策的要求。① "公平交易法"的产生具备了经济基础和社会基础。

在此背景下,台湾当局早在19世纪80年代初就着手制定"公平交易法",但制定过程也是几经波折。在1982年廖义男教授等人起草的"公平交易法草案"中就规定了行为主体即企业和企业团体,其中企业为独立并且继续从事生产、商品交易或提供服务之行为者。1985年台湾地区经济事务主管部门提请行政管理机构审议的"公平交易法草案"中对此前版本作了轻微修改,规定企业为公司、商号或其他提供商品或服务,独立并继续从事交易之主体。1986年台湾地区行政管理机构审议通过,并提请立法机构审议的"公平交易法草案"中删除了企业团体的规定,还改用事业这一表述,并规定事业指:(1)公司;(2)独立或合伙之工商行号;(3)其他提供商品或服务从事交易之人或团体。而在台湾地区立法机构审议过程中,因为考虑到很多同样工会实施垄断排除竞争的行为,故将同业工会也纳入规定之中,最后形成1991年通过的文本,所称事业为:(1)公司;(2)独资或合伙之工商行号;(3)同业工会;(4)其他提供商品或服务从事交易之人或团体。而后在"公平交易法"的历次修改中均未对前述规定进行实质改动。

由此可看出,台湾地区"公平交易法"产生于从管制经济到自由经济转型的过程中,并在一定程度上受到国际势力的推动,其主要是针对参与经济活动中的企业进行规制,而且缺乏对不正当竞争案件的处理经验,而管制经济下对不公平交易的行为主体的认识很难具有开放性,故其对行为主体进行了限制。并且,从其草案的变迁过程可以看出,早期要求独立和继续两个要件,后期将这两个要件删除,对不公平交易的行为主体的理解渐趋开放。

2. 俄罗斯的立法背景

俄罗斯的立法源于苏联戈尔巴乔夫改革时期的经济政策,当时为了促进市场交易防止不公平竞争的行为,出台了相关的政策。苏联解体之后,俄罗斯于1990年将前述政策进行了法律化,颁布了《关于在商品市场中竞争和限制垄断活动的法律》(以下简称《竞争和反垄断法》)。当时的《竞争和反垄断法》只是规范

① 宋锡祥:《论台湾的"公平交易法"》,载《政治与法律》1993年第6期。

生产流通及劳动力市场的垄断行为，而后该法经过多次修订，才形成了比较完善的法律体系。

从俄罗斯的立法背景也可以看出该法主要形成于从计划经济到市场经济转变过程中，有很强的行政宏观调控的色彩，并且由于缺乏司法实践之经验，其对行为主体的认识不可避免地会相对落后。

综上来看，大部分国家（地区）都未对不正当竞争的行为主体作出限制，而对其作出限制的国家和地区都具有采用公平交易法的立法模式的特征，而且立法背景存在一定的相似性。

五、行为主体问题的解决思路

（一）问题根源总结

如前述分析，一般对行为主体做出限制的国家和地区，主要是我国台湾地区、瑞典、俄罗斯，其主要的共同特征是将不正当竞争行为和垄断行为的规则放入一部法律之中，而我国立法也有一个曲折的过程。20 世纪 70 年代末 80 年代初，我国曾将反不正当竞争法和反垄断法作为一部法律起草，其间，走走停停，1992 年《中美知识产权备忘录》的签订导致两法分离。[①] 因此，我国本来是采用公平交易法的立法模式，由于国际因素转而分别立法，这样一来对行为主体的限制根本没有合理性。但是这个分别立法明显比较仓促和粗糙，只是将条款进行了二分归类，并没有整体上的规划，从而导致不正当竞争法保留了经营者的规定。

当然，这背后的根本原因还是在于我国和我国台湾地区、俄罗斯一样处于经济转型时期，具有很强的行政宏观调控色彩，又没有大量司法判例的积累，此时对行为主体的认识往往局限于直接参与市场竞争的企业等组织，这便是背后症结之所在。

（二）单行立法之思路

由于当前的法律体系影响，如果按世界主流国家的做法，删除对行为主体的

---

① 刘春田：《修法要给法的“适用”留下空间》，载 http://justice. hainan. gov. cn/hnpf/read. jsp? id =5737，最后访问日期：2018 年 4 月 11 日。

限制,从行为角度解释经营者或者行为主体,也将会导致在整个公平交易法体系下经营者概念的不同。同样,此次修法也印证了相关学者指出的观点:"由于我国相关的经济立法广泛使用'经营者'这一概念,修订《反不正当竞争法》时完全在行为主体上不使用'经营者'这一概念似乎不大现实,而且在大多数情况下的行为主体也确实是经营者。"①特别是我国才刚刚完成《反不正当竞争法》修订,近期再进行修法不具备可能性。

对于此问题,相关学者也曾指出可将行为主体由"经营者"改为"经营者和其他市场参与者",这样可以在与《反垄断法》规定的"经营者"的含义保持一致的情况下,扩宽调整范围。② 这种解决问题的思路实际上与《河北省反不正当竞争条例》和《反不正当竞争法修订草案送审稿》中的思路一致,都是另设一个新的行为主体。将行为主体改为"经营者和其他市场参与者",而"其他市场参与者"所能涵盖面非常之广泛,这无疑能在很大程度上解决问题,然而如前所述最新的修法并未采纳此方法,并且在近几年也不存在修法的可能性,因此,对于我们当前的实践意义不大。

从目前来看,在《反不正当竞争法》的框架下解决问题的可能性似乎不大。我们则需要从对不正当竞争行为主体进行限制的国家找到答案。上述国家和地区对商业秘密的保护都是参用单行立法的模式。这恰恰佐证了实证分析中,行为主体争议的案件类型上商业秘密的案件最多的情况。对行为主体的限制对其他的不正当竞争行为的影响并不大,其他不正当竞争行为的主体,比如将实证分析中的作者、域名抢注人归入经营者的范围,完全从逻辑和法理上解释得通,其仅仅会导致商业秘密的案件无法纳入不正当竞争法的体系。对于这个问题,前述三个国家和地区通过商业秘密单独立法的方式进行解决,来修正其之前对行为主体之理解。

而 WIPO Lex 上可以看到世界上对存在商业秘密单行法的发达国家和地区,③具体如表1所示:

---

① 王先林:《论反不正当竞争法调整范围的扩展——我国〈反不正当竞争法〉第2条的完善》,载《中国社会科学院研究生院学报》2010年第6期。

② 同上。

③ 存在商业秘密单行法的发展中国家有黑山、瓦努阿图、泰国、乌干达、印度尼西亚、塞尔维亚、巴林,由于这些国家的商业秘密理论比较落后,主要是模仿发达国家的规定,因此借鉴意义小,故不进行相关借鉴。

表1 存在商业秘密单行法的国家和地区统计

序号	颁布时间	国家/地区	法律名称
1	1979	美国	统一商业秘密法(Uniform Trade Secrets Act)
2	1983	瑞典	商业秘密保护法
3	1996	中国台湾地区	"营业秘密保护法"
4	2004	俄罗斯	商业秘密法
5	2016	欧盟	商业秘密保护指令

在这里需要注意的是,欧盟的《商业秘密保护指令》从理论上讲这并不是国家层面的立法。相类似的是,《统一商业秘密法》是由美国州法统一委员会出于统一各州对商业秘密的州法之需要而制定,也不属于联邦层面的立法。① 特别是从目的来讲,美国和欧盟都有统一区域内商业秘密法律的需要,恰恰这种需要在我国是不存在的。因此,世界上对于商业秘密保护进行国家(地区)层面之单行立法的只有我国台湾地区、俄罗斯、瑞典,这正是前述采用公平交易法的立法模式的三个国家和地区。由于我国是通过全国人大或者人大常委会进行立法,上述三个国家和地区的经验更具有借鉴意义。

综合来看,当前我国可取的方法是可以按照我国台湾地区、俄罗斯的发展路径,抓住商业秘密权被民法典承认的历史契机,将商业秘密法与反不正当竞争法进行分离,单独立法以解决行为主体之问题。这也有助于知识产权法和行为限制法界限之明晰。

在另行制定《商业秘密保护法》时应当注意对主体问题不作限定,侵权主体之认定以行为为标准,凡是实施规定行为的人都应该受到法律的规制。这样一来可以为前述规章等各种文件以及这些文件在执法、司法过程中的适用提供合理性和合法性的基础与依据;二来也可以为刑法对职工侵犯商业秘密的行为追究刑事责任提供支撑。

(三)当前之临时路径

虽然单独立法存在必要性,但是这涉及各方面利益的权衡,并且整个立法程

① 2016年美国颁布的《保护商业秘密法》属于刑法和程序法的范畴,故未列入表中进行讨论。

序比较复杂,从短期来看并不存在现实性。因此,有必要在此情况下讨论临时解决路径。

如前文所述,无论是比较法研究的结论还是实证研究发现的“事实上的法律”都支持从行为角度解释行为主体,只要实施相应行为的人,均是侵权人。尽管最新的立法否定了这种解释,然而这种否定并未直接体现在最终的《反不正当竞争法》(2017)中,这实际上给法官释法留下了一定的空间,在一定程度上来讲法官在具体案件中仍然可以根据案件具体情况追究员工的责任,特别是在机械地依照“立法原意”会导致明显不公正的情况下。

同时,立法文件全国人民代表大会法律委员会《关于〈中华人民共和国反不正当竞争法(修订草案)〉修改情况的汇报》本身并不是法律,因此,在一定程度上讲其并不具备强制力,仅仅对解释法律具有参考作用,并且其表述也并不是很绝对,法院在解释行为主体问题时亦可以通过明确这一点,来排除其的适用。

拆与立："竞配建"模式下自住房小区"隔离墙"的法律规制

郭彦利*

摘　要：随着北京首开龙湖天璞自住房与商品房的拆墙之争的持续发酵，各地配建小区存在的不公与矛盾逐渐呈现在公众眼前。在各地大力推进保障房建设的大环境下，小区隔离墙拆与立之争尤为突出，并逐渐白热化，暴露出土地竞配建政策的遗留问题。这一问题不仅牵系着保障房业主、商品房业主和开发商等多方的利益，也是政府推动城市社区建设与治理需要面对的一道难题。要消除冲突以实现真正的融合共享，打造和谐的混合居住社区，应以拆除隔离墙为原则，以允许和保留合理隔离设施为例外。政府、企业、社会组织和居民要加强社会责任意识，承担起共建和谐小区的责任。同时，积极探索新的土地政策，进一步完善共有产权房制度，从根源上避免隔离墙的出现。

关键词：竞配建；隔离墙拆与立；混居小区

Demolition and Establishment：Regulation of Residential Walls under the Model of Competition and Construction

Guo Yanli

Abstract：With the continuous expansion of the first wall of Longhu Tianpu in Beijing，the unfairness and contradiction between the housing and commercial housing

* 对外经济贸易大学法学院 2017 级经济法硕士研究生。

has gradually appeared in front of the public. Under the great environment of vigorously promoting the construction of affordable housing in various places, the dispute between the demolition and separation of residential segregation walls is particularly prominent, and it is gradually heating up, exposing the remaining problems of the land competition and construction policy. This problem is not only related to the interests of housing owners, commercial housing owners and developers, but also a difficult problem for the government to promote urban community construction and governance. In order to eliminate conflicts for true integration and sharing, and to create a harmonious mixed-living community, the principle of dismantling the wall should be adopted, with the exception of allowing and retaining reasonable isolation facilities. Governments, enterprises, social organizations and residents must strengthen their sense of social responsibility and assume responsibility for building a harmonious community. At the same time, actively explore new land policies, further improve the system of shared property houses, and avoid the emergence of the wall from the root.

Keywords: the model of competition and construction; demolition and establishment of the residential wall; mixed community

一、竞配建模式的土地出让规则诠释

2010年12月,北京市政府和国土部门首次明确了“限地价、竞配建”的挂牌出让规则。所谓“限地价、竞配建”,简单来说是指地方政府事先对公开出让的商品住宅用地设定一个公证保密的地价上限,竞买人报价不超过最高限制地价;当竞买人报价达到最高限制地价后,竞价转为竞配建保障性住房的建筑面积,报出配建面积最大者为竞得人。①

“限地价、竞配建”的土地出让规则一经确立,地方政府,特别是房价上涨较快的一线城市和部分二线城市纷纷制定细则开始实施,在此基础上,还发展出

① 赵娅:《“限地价,竞配建”土地出让方式的理论分析与实证研究》,载《中国土地科学》2012年第11期。

“限地价、竞自持”“限房价、竞地价”等土地竞拍方式。如南京市政府首创“限地价、竞保障房资金建设”的出让方式;广州市已有两宗土地实行“限地价+竞配建+竞自持+摇珠”的新政:在竞配建的基础上,设定最高配建面积,当配建面积达上限后,竞买方式转为竞企业自持商品住房面积的方式确定竞得人,企业自持部分只能用于出租不能销售。竞买人报出自持面积比例最高的为竞得人,当有两个或两个以上竞买人报出企业自持商品住房面积为100%后,停止网上竞价,改为摇号确定竞得人。①

北京市作为最先使用且最频繁使用“限地价、竞配建”土地出让方式的城市,最初竞配建的对象为以经济适用房、公租房和廉租房为主的保障性住房,以及小区附近的公共基础设施如医院、学校等。随着北京市政府住房保障政策的演进,2013年自主型商品房作为解决“夹心层”②住房问题的政策指导问世,在当年就出让了17宗配建自住型商品房建设用地。自住型商品房是限定销售价格、限制上市流通,满足居民自住性、改善性住房需求的商品住房,不属于严格意义上的保障房,但其具有明显的政策性,因此在商品房建设项目中竞配建自住房已成为热潮,为便于论述,本文将自住房列为广义上的政府保障房。

随着土地市场升温,各大城市落实楼市调控举措,从而相继推出包括竞配建在内的土地竞拍组合,房企竞得的土地涉及配建已是常见的现象。以最高限价和配建保障房为主的土地出让管控政策一定程度上遏制了住房制度市场化改革以来持续攀升的房价,有利于建立和完善多层次城镇住房供应体系,解决中低收入家庭的住房刚需问题。但是该配建模式下隐藏的问题也逐渐显现,通过隔离设施将商品房与保障房划区管理,向来是房企应对配建小区的惯用操作方式,保障房被分区隔离的现象普遍存在于全国的多个城市。利益冲突之下,配建小区的商品房与保障房近年来摩擦接连不断。而在北京,随着自住房的交付使用和禁止分区管理的政策出台,小区隔离墙之争被推向高潮,也曾引发群体性冲突事件。

---

① 刘怀宇:《广州土地出让实行“限地价+竞配建+竞自持+摇珠”新政》,载《南方日报》2017年4月14日版。

② 既买不起高价商品房,又没有资格购买保障房的群体。

二、竞配建模式下隔离墙的困境所在

由于北京土地资源的稀缺和竞争激烈,开发商想要在北京市场拿到土地,在竞拍地块价格达到上限时,都要通过竞配自住型商品房面积的多少来取胜。自2013年以来,北京出让的土地中几乎都需要配建自住型商品房,①龙湖天璞项目仅是其中的一个,目前存在隔离墙的小区也不在少数。商品房业主希望隔离墙继续存在,而自住房业主则要求拆除隔离墙。双方各执己见,剑拔弩张,商品房业主的主张似乎合情合理,而自住房业主的要求却也于法有据,竞配建模式下隔离墙的拆立问题成为困境。

(一)北京龙湖天璞隔离墙冲突事件

2017年3月起,北京首开龙湖学府苑自住房业主要求拆掉与商品房小区首开龙湖天璞的铁栅栏,2018年1月12日,部分业主采用工具强行拆除,现场引发骚动。事件过去后不到24小时,有自住房业主不顾保安劝阻进入天璞小区,并与商品房业主发生肢体冲突,导致商品房业主受伤。② 隔离墙的矛盾并不是新出现的,在之前已交付使用的海淀熙湖小区西区居民也曾强行将与东区的隔离墙推到,更早以前的商品房与公租房、经济适用房混居小区的隔离墙也曾多次引起居民不满,爆发冲突。一直以来,这一由土地配建政策负外部性引起的居民冲突与社区治理问题没有得到政府和企业足够的重视与有效的解决,导致冲突进一步升级,范围进一步扩大。自住房业主和政府坚决主张拆除隔离墙,共建和谐社区,减缓阶级分化与矛盾;而商品房业主和房产企业则从维护自身利益的角度出发,认为隔离墙不应该拆除,或至少在政府探索出有效路径前应当继续保留。隔离墙的拆与立之困境,已经不是个别小区或个别城市的问题,矛盾双方互不相让,又都有合情合理之处,急需政府与社会平衡各方利益探索有效解决途径。

---

① 隋星桐:《北京自住型商品住房供给模式研究》,载《中国市场》2014年第24期。

② 《北京朝阳区"首开龙湖天璞"小区自住房业主强行拆除铁栅栏场面激烈》,载http://www.dian321.com/shehui/1615964.html,最后访问日期:2018年8月5日。

(二)商品房业主立隔离墙之合理期待

对商品房业主来说,自己支付了高额的房价和物业费,理应享受更优质的服务与设施。① 根据北京市2013年发布的《关于加快中低价位自住型改善型商品住房建设的意见》(以下简称《意见》),自住型商品住房限定套型建筑面积,主要为90平方米以下,最大套型建筑面积不得超过140平方米;限定销售价格,原则上按照比同地段、同品质的商品住房价格低30%左右的水平确定。

商品房业主们担心若拆除隔离墙,商品房房价也将应声而落,遭到贬值;与之相反,自住房却会因此享受商品房的市场溢价,在符合上市流通的条件时能获得可观利润。“千金买房,万金买邻”,商品房业主本以为通过房价筛选,邻居都是与自己社会地位相当的人,彼此的子女也能在配套学校一起成长学习,成为一生的挚友。然而他们认为自住房业主会大量出租房屋,对人员频繁流动可能带来的安全隐患表示十分担忧,因此坚决主张隔离墙不能拆。另外,开发商在销售过程与合同中都反复强调商品房与自住房隔离,是两个独立的小区,并且用以隔离的栅栏会一直存在。拆除隔离墙与合同描述不符,让商品房业主一时难以接受,觉得自己的合法权益受到侵害。商品房业主对于隔离墙存续的合理期待让人不忍苛责。

(三)自住房业主拆隔离墙之合法诉求

对于自住房业主来说,自己的要求不是无理取闹,而是于法有据。根据《物权法》第73条规定,小区内的道路、绿地、公用设施和物业服务用房,属于业主共有。第74条第3款规定:占用业主共有的道路或者其他场地用于停放汽车的车位,属于业主共有。商品房业主无权独享小区共有资源。2015年8月1日,北京市住建委发布的《关于进一步加强保障性住房等住房物业服务管理工作的通知》(以下简称《通知》)正式实施,其中第11条中明确规定:“实施统一物业管理的,建设单位不得通过增设围栏、绿植等方式,将同一个物业管理区域内的保障性住房与商品住房分割。”2017年8月25日,北京市住建委在官方微博“安居北京”发

---

① 《龙湖天璞小区“隔离墙”争端甚嚣尘上》,载 http://www.cneo.com.cn/article-53940-1.html,最后访问日期:2018年6月7日。

布消息:开发商在小区违法设置隔离将不批预售、暂停网签。① 对于拿到预售证再增设隔离的开发商,住建委要求其限期整改:8月31日前拆除,9月1日开始检查。也就是隔离墙本身是违法建筑,理应拆除。

自住房业主认为设置隔离带后,自住房的配套往往大打折扣,小区在位置、舒适度等方面也承受着不公平的待遇。最常见的就是小区的绿化率没有达到合同要求,容积率也上升。以本案为例,龙湖天璞家园在被隔离墙阻断后,绿化率没有达到购房合同中的30%,且隔断后自住房容积率从原先规划的2.2上升到3.4。另外,隔离墙阻隔了自住房小区的道路通行,自住房居民不能从正门进,不仅使出入不方便,还会导致发生安全事故时,逃生和救援通道受阻。这引发了自住房业主与商品房业主的冲突。也有部分业主其实对自住房的期待没有那么高,对绿化和容积率并不那么敏感,但是由于栅栏的隔离,致使自住房业主无法从人车分流的小区大门进出,一辈子只能走另一个简陋的小门,让业主觉得憋屈,没了尊严。而且自住房的宣传效果图中并没有铁栅栏的存在,自住房业主购房时也没有被告知会存在与商品房之间的隔离。在业主们看房知晓隔离墙的存在后,向开发商多次抗议,向有关政府部门多次投诉,政策也给出了回应,北京市住建委约谈了包括龙湖在内的多家房企,明确开发商不能在小区违法设置隔离。自住房业主有法律和相关政策支持,而且隔离墙确实带来通行不便和安全隐患问题,还涉及住房尊严问题,拆除隔离墙的诉求理应得到支持。最后开发商也承诺交房前会拆除隔离栅栏,然而最终却只是在栅栏上开了一扇门。

对于房屋溢价问题,自住型商品住房购房人取得房屋所有权证后,根据《意见》的相关规定,受两项转让限制:一是5年内不得转让,而5年后的房产价格具有很多不确定因素;二是5年后转让事如有增值,应当按照届时同地段商品住房价格和该自住型商品住房购买时价格差价的30%交纳土地收益等价款。自住房业主认为即使房屋溢价,自己也承受了差价负担,并非搭便车行为。另外,隔离墙的存在也不利于小区的和谐建设,会加剧阶层固化与双方矛盾。自住房从保障房的类型来看已属条件最好的一类,购房人的经济条件也相对较好,素质较高,然而与商品房之间都存在着隔离问题,那么在配建更低廉的经济适用房、两限房小区和多种房型混住的小区更是会形成一直隔离、居民互不往来甚至互相

① 北京市住房和城市建设委员会门户网站:http://zjw.beijing.gov.cn/。

仇视的局面。从更抽象的层面来说,当一个社会贫富分化已经形成,并且社会越来越定型化的时候,不同群体、不同阶层的居民如何相处,将成为中国一个最重要的现实问题之一。现在以简单隔离的形式定下基调,将来想要调整会更加困难,美国就正在被贫富混居带来的社会问题所困扰。①

商品房业主有理,自住房业主有据,隔离墙拆立问题陷入僵局。双方都与房产企业签有协议,如果这仅仅是一个简单的法律问题,那么只需企业按照合同履行义务或承担违约责任。但这恰恰是牵涉多方利益的复杂的社会问题,考问着政府公共治理能力和企业运营能力,稍有不慎将会引起社会动荡。这一困境的出现不仅是由于竞配建政策的施行,更多是与各主体对政策的落实有关。政策的初衷虽是好的,但在房地产市场各方博弈中沦为了牺牲品。妥善处理隔离墙问题需要多角度分析其出现的原因,才能寻求解决良方。

三、隔离墙困境产生的原因

(一)竞配建模式的负外部性

“限地价、竞配建”的土地出让规则,本是政府为调控房地产行业继续作为我国经济发展的第一支柱与快速增长的房价之间的矛盾,保障中低收入人群住房刚需而制定的宏观政策。但始料未及的是:为解决住房难题的行政性努力与现实之间产生错位。竞配建模式负外部性显露,不同属性住房业主间的不同利益诉求,成为商品房用地配建保障房政策产生的“后遗症”。② 竞配建模式使政府在没有增加总的住宅供应量前提下,在原计划商品房用地上要求配建自住房用地,并且逐渐增加配建指标。2014 年北京推出多块纯自住型商品房用地,另有多块普通商品房用地竞配自住房超过 50% 。到 2017 年,北京市已经几乎没有纯商品房用地,都是需要竞配建的用地。③ 这意味着普通商品房的土地供应减少,进而导致普通商品房的价格再次被推高。由于开发商竞地过程中过度竞价,造成

---

① 刘波、赵继敏:《世界城市住房保障政策比较研究》,载《国际城市规划》2012 年第 27 期。

② 许永红、郭敏敏:《“一地两房”矛盾迭起　配建小区如何实现融合共享?》,载《中国经营报》2018 年 1 月 22 日版。

③ 中国指数研究院:《北京自住型商品房政策详解》,载《中国房地产政策专题报告》2014 年第 1 期。

取地地块价格较高,且建设的政策性住房面积较多,而商品住房面积较少。为了弥补配建政策性住房所牺牲的利润,许多开发商都倾向通过建设高端商品房来提升商品住房的销售价格。开发商所牺牲的利润往往需要同一地块上的商品房来弥补,导致保障房的成本转嫁给商品房地块。比如,本文讨论的天璞家园项目,是龙湖地产在2015年2月以35.7亿元竞得的自住型商品房用地,需配建5.4万平方米限价商品房,该项目总规划面积为22万平方米,限价商品房价格为2.2万元/平方米,地块整体的楼面价为3.5万元/平方米。① 自住房价格低于成本价,还要除去用于建设基础设施的用地,企业为了在有限的建筑面积上要回本盈利,只能尽可能让商品房"豪宅化"并卖出高价以平衡配建的自住房,平衡能力被逼到极限。为此,龙湖方面建设了密度极高的保障房与高楼层的商品房,并以小区物业包括绿化、公共设施分区管理为卖点销售商品房。若是实行商品房与政策房融合,房企的销售量必将大打折扣。另外,配建模式存在分级价格和统一审批之间的矛盾。同一个建设项目,有悬殊不同的两个价格体系,却走了同一套审批手续和建设标准,导致商品房业主认为自己被"搭便车"而要求隔离,而隔离后自住房业主认为自身利益受损,演变为现在互不相让的局面。因此,可以认为,土地出让竞配建的负外部性是小区隔离墙形成的根本原因。

(二)政府制度设计缺位

首先,在配建模式实行之初,北京市政府没有预见到可能出现的问题而事先制定政策予以规范,导致隔离墙成为配建小区的"惯例"后才来谈拆除,使商品房业主和企业对此没有心理预期,因此得不到良好的回应与落实。其次,小区隔离墙引发冲突不是近来才有的现象,早在公租房、经济适用房与商品房配建的小区中就曾数次发生,但政府部门没有引起足够重视,或者为了完成保障房建设指标而有意忽略这一问题。在群情激愤,隔离墙冲突逐渐演化为群体性冲突之后,才制定发布政策。2015年6月,北京市住建委首次发文规定,禁止将同一个物业管理区域内的保障性住房与商品住房以围栏、绿植等形式分割。但此时,大部分竞得自住房项目的企业已经规划并实施建设方案,企业抱有侥幸心理,仍然在小区

---

① 《小区隔离墙该不该拆》,载 http://news.ifeng.com/a/20180117/55201911_0.shtml,最后访问日期:2018年7月6日。

建立隔离墙,已有隔离墙的小区也没有进行拆除。在2017年,政府才又出措施,再次重申禁止分区隔离,并要求企业限期整改,而这只是以约谈和网上公众平台宣布的方式进行,还没有法律规范文件的制定,反映了政府在处理隔离墙冲突事件上反应的迟缓。最后,政府没有具体的指导细则,缺乏有力担当。政府只是生硬的要求企业拆除隔离墙,却没有具体办法指导,企业夹在中间左右为难。在业主利益维护上有所偏失,简单的拆除隔离墙并不能根本的解决问题,势必会引起商品房业主的不平,引发资源争夺矛盾进而影响和谐社区建设。政府应当对此有所预见却还未能建立长远有效的机制来应对,也反映了政府在社区治理问题上的不足。①

(三)各方社会责任意识淡薄

隔离墙拆与立不应是政府唱独角戏,其牵涉多方利益,应当由利益各方共同协商解决,承担起各自的社会责任,然而现实却不尽如人意。《通知》规定:“建设单位分区域实施物业管理,应按照本市规划设计指标,分区域建设公共建筑和共用设施,分别配套设备设施。”按照新的政策要求,如果开发商想要分区域实施物业管理,就必须要按照标准把公共配套补齐。而这也意味着建设成本将进一步增加,许多高价拿地的企业既不愿在建设时加大成本,也不愿在销售阶段降低商品房的售价,导致自主房区基础设施配套不完善,居住环境不舒适,而商品房则“被高端化”。小区物业和社会组织没有发挥良好的调解作用,未能建立有效的沟通机制促进双方协商解决争端,而是普遍站在商品房业主的立场指责保障房区居民。自住房区居民暴力拆墙,未以合法手段维护自身利益,造成冲突升级,冲击社会秩序;而商品房业主则想独享小区优质公共资源,并恶意揣测自住房业主的用意,且具龙湖公司反映,双方态度强硬,没有想坐下来好好沟通的意图,②都没能展现良好的公民精神和中国以和为贵的传统美德。

① 郭克莎:《中国房地产市场的需求和调控机制——一个处理政府与市场关系的分析框架》,载《管理世界》2017年第2期。

② 《小区隔离墙拆还是不拆 北京商品房配建保障房僵局难解》,载 https://baijiahao.baidu.com/s? id = 1589796049310725396&wfr = spider&for = pc,最后访问日期:2018年9月5日。

四、小区隔离墙的规制路径探析

天璞家园建成后没多久,北京市在逐步改变供地政策,自住房开始单独供应,不再作为商品房的配建小区。但是那些已经批复、正在建成以及尚未交房的配建小区,应如何解决此类问题呢?虽然商品房业主和房产企业都有不愿拆除隔离墙的理由,但是在推进城市社区和谐治理以及街区制改革的背景下,政策明文禁止设立任何形式的隔离墙,已经存在的不合理的隔离墙应予以拆除,但是拆除不应当由自住房业主私力进行,明确隔离墙拆除的合法程序,拆除后的利益补偿以及从源头遏止隔离墙的建立才是最关键的议题,否则又会像本文天璞小区内的隔离墙一样,一推倒就被重建并且加固,恶化小区业主关系。未建成的小区应当调整设计方案,开发商与双方业主应当就方案协商一致,不是左右各一套说辞。如果确要有隔离设施,需征得保障房业主同意,并保证保障房业主的合同权益。

(一)明确隔离墙规制的主要理念

小区隔离墙的存在并非个案,其设置目的本是为平衡商品房业主承担比保障房业主昂贵数倍房价的心理,从而弥补开发商配建保障房的亏损。而保障房的业主也并非像商品房业主想得那样贪得无厌,大部分业主都明白一分耕耘一分收获的道理,能有这样一套住房已经很满意了,他们中很多人也并没有想要去享受商品房区更优质的公共资源,而且保障房的购买都设有一定条件,还需要摇号,绝大部分业主购买保障房都是为了解决自己的住房刚需,出租、出售的问题可能根本还不在他们的考虑范围内,因此在一些隔离设施建设合理的小区,如利用绿植进行“软隔离”,或保证合同约定的条件不变,保障房一侧也有通行方便的出入口,保障房业主也并没有提出强烈反对,甚至双方相安无事。[①] 隔离墙一定程度上曾是一种有益尝试,但是像本案这样的隔离墙,不仅严重挤压自住房业主生活空间,容积率和绿化率都严重不达标,还导致通行不便,存在安全隐患,自住房业主当然不堪忍受。所以对于现存不合理的隔离墙应当予以拆除,对于双方

① 王鑫:《擅拆隔离墙引发小区一二期业主争议》,载《人民法院报》2011年4月13日版。

矛盾尖锐的小区应当引导和教育,徐徐图之,而对于存在已久、对保障房业主利益侵犯不大的隔离墙可以依据情况而定。至于未建成的小区,原则上应当禁止设立隔离设施,如果保障房业主在购房时清楚知晓并明确同意隔离设施的建设方案,可以通过补偿机制对两类房屋进行区域隔离。但总体而言,应以拆除隔离墙为原则,允许和保留合理隔离设施为例外,作为规制隔离墙问题的主要理念。

除了拆除隔离墙的政策支撑以及构建和谐社区的治理理念,街区制改革也对拆除隔离墙提出要求。2016 年 2 月 21 日,新华社全文刊发中共中央、国务院《关于进一步加强城市规划建设管理工作的若干意见》。该意见指出,"新建住宅要推广街区制,原则上不再建设封闭住宅小区。已建成的住宅小区和单位大院要逐步打开,实现内部道路公共化,解决交通路网布局问题"。这是我国为解决城市交通拥堵、借鉴国外经验而开展的街区制改革。意见中要求住宅小区不再封闭,打通小区道路与城市公路。① 我们暂不谈论这一政策的可行性和稳定性,就目前来说,如果要进行街区制改革,连小区大门都失去阻隔意义,何况内部的隔离墙？街区制改革不可能一蹴而就,但其推进不允许隔离墙的继续存在,而推到隔离墙显然比打开小区大门更容易,因此,若中央坚定推进街区制改革,第一件事就是拆除全部小区隔离墙。反过来看,可以将拆除隔离墙作为民众接受自家小区大门打开的缓冲。把隔离墙的拆除作为延缓该小区道路公共化的谈判筹码或将是一种有益尝试。从现实情况出发,拆除隔离墙需要来自政府、企业、社会和居民的多方努力和妥协。政府应当制定实施细则指导企业如何在具体小区中拆除新建或存在已久的隔离墙,应当加强与企业、社会组织和居民的有效沟通,探索最大限度平衡各方利益之道,而不是自上而下式的强制命令。企业应当积极落实政府发布的相关政策,安排人员拆除隔离墙,而不是抱侥幸和等待心理。② 另外,应当积极促进商品房业主与保障房居民的沟通,制定妥善的补偿方案和公共资源使用方案。社会组织如居民委员会、业主委员会应当承担沟通调节的工作,促进双方友好协商。居民应当提高法治精神和公民精神,积极探索和谐相处的邻里模式,不在小区内部搞区域化、分离化。比如,商品房业主担心自住房业主出租房屋,人员流动的不确定性带来安全隐患,可以商量在小区内部建

---

① 张力、庞伟伟:《住宅小区推进"街区制"改革的法律路径研究——以"公共地役权"为视角》,载《河北法学》2016 年第 8 期。

② 鞠晓波:《高端楼盘面临与保障房"混居"大考》,载《中国房地产报》2015 年 8 月 3 日版。

立租房信息公开机制,双方都将出租房屋的房号、出租年限、租客的基本信息公开在公告栏或内部网站上,定时更新。

(二)完善政府制度设计

从宏观角度出发,政府要继续明确"房住不炒"的房地产市场总体定位,遏制投资投机性需求,挤压炒房套利空间,弱化住房金融属性,使其重归居住属性;注重深化住房供给侧结构性改革,通过新增住房供应主体,优化供应结构,让更多社会资本进入住房供给建设体系中,进一步拓宽住房投资资金来源,降低参与配建保障房企业的融资成本和资金压力;通过金融、土地、财税、投资、立法等各层面的改革对住房供应的多种渠道进行探索尝试,增强住房保障方式的多样性和灵活性;[①]在保障耕地、林地面积的前提下,有计划地逐步推进集体用地市场流通,确立"小产权房"的合法地位,增加土地供应量。从微观角度来说,政府要完善目前占主导的土地出让方式的配套政策,注重现有问题的解决而不是急于推行新政,使隔离墙再度成为"遗留"。完善对参与保障性项目建设企业的补贴制度,考虑到企业在配建保障房过程中承担隐性成本,并在此压力下提升同项目商品房定价从而转嫁隐性成本的现状,政府应加强对企业的补贴。政府补贴的形式应该结合我国国情,更倾向于适当缩小配建规模以及适当提升回购价格,避免由于开发商溢价动机和议价能力的增强而导致商品房消费者为配建项目"买单"的不合理现状。[②] 推进落实"租购并举",强调以满足多层次的住房需求为出发点,从供给端推动房地产市场长效机制建设,加大租房市场供应力度,缓解房价上涨压力。[③] 在竞配建拿地模式的基础上构建激励机制:如对配建小区双方居民进行小区宜居指数的问卷调查,综合评价高的企业下次参与土地竞拍时可享一定优惠政策。此外,政府还应进一步完善和落实社区治理制度,良好的社区治理机制是避免混居小区居民冲突,构建和谐社区的长久之计。

---

① 张政高:《建立房地产调控长效机制　抑制投资投机购房》,载《人民日报》2017年12月22日版。

② 樊颖、杨赞、吴璟:《谁在为配建保障性住房项目"买单"?——基于北京市微观数据的实证分析》,载《经济评论》2015年第2期。

③ 巴曙松、牛播坤、杨现领:《保障房制度建设:国际经验及中国的政策选择》,载《财政研究》2011年第12期。

(三)加强企业能力建设

无论是房贷政策的收紧,存款准备金率的上调,还是限购令的出台,"租购并举"等都显示2018年国家就房地产行业的调控政策依然是紧缩的,自主型商品房演变为共有产权房,但竞配建模式依旧会是主流。房地产企业要准确把握市场趋势与住房制度变化,加强自身能力建设,承担相应社会责任。其一,不断增强房地产企业转型创新动力。万科、碧桂园、恒大、保利等房地产龙头企业顺应形势主动创新运营模式,如加码多元化、转型成为城市配套运营服务商、剥离重资产转向轻资产模式等,企业应当在宏观调控政策背景下,寻求规模与效益上的新平衡点,确保行稳致远,积累建设资金。其二,加强成本管理,实现项目成本控制。调控持续,市场降温,未来房地产行业将持续调整期,对各大房企营运能力提出了新的考验,最现实的是控制成本能力。房地产开发企业的项目成本控制,在项目实施各环节采取一定的控制管理措施,以确保项目实际成本基本符合计划的管理工作。控制好房地产开发成本是一个房地产开发企业生存发展的基础,也是企业在度过新政艰难期的有力武器,哪怕是压缩掉1% ~5%的成本,都将成为地产企业获得新的发展的资本。① 其三,提高规划建设能力和社会责任意识。企业应在参与投标前对项目所在区位客群对配建保障房的接受程度开展研究,配建模式下要求企业在建设前规划好商品房和政策性住房的建设面积,公共设施配套,包括绿化覆盖率、容积率在内的公共管理服务等,且规划方案能为双方业主所接受。不在售房阶段作难以两全的承诺,保证信息的真实透明,让消费者自己选择是否接受规划内容,避免交房时双方发生矛盾难以调解。房产企业要有承担社会责任的意识,响应政府住宅体系"低端有保障,中端有支持,高端有市场"的总体思路,不能一味追求高额回报。在政府补贴、商品房销售能覆盖保障房成本时,不要为了获取更高的利润,"高端化"商品住房,将商品房与自住房居住群体的阶层人为拉大,激发更多共住矛盾。②

(四)完善和推进共有产权住房制度

2017年9月北京正式印发《北京市共有产权住房管理暂行办法》(以下简称

① 王国盛:《论精准调控下房地产企业的应对策略》,载《经济师》2018年第3期。

② 齐心:《当前北京房地产调控应如何"因城施策"》,载《江苏商论》2017年第4期。

《办法》),正式将原有的自住型商品房保障制度,调整优化为共有产权住房保障制度。共有产权住房,是指政府提供政策支持,由建设单位开发建设,销售价格低于同地段、同品质商品住房价格水平,并限定使用和处分权利,实行政府与购房人按份共有产权的政策性商品住房。简单理解,就是一套房子,政府和购房人各持有一定比例的产权,房屋的使用权完全归购房人,以此来满足家庭自住的需求。按照这一界定,北京市已建设销售几年的自住房被定位于拥有共有产权的性质,而最新的《办法》明确,共有产权住房将替代自住房。[①] 科学推进共有产权住房制度的发展,对于解决其"前身"——自住型商品房推行过程中存在的弊端有重要意义。目前,北京市的共有产权住房制度还有以下几点需要完善的地方:

第一,减少"竞配建"出让规则的适用,单独建设共有产权住房而不与商品房配建。这样一来可以从根源上杜绝不同类住房隔离的矛盾,但企业无法通过商品房平衡利润,可能对政府补贴和企业融资提出了更高的要求。第二,政府在配置共有产权住房土地供应时,应考虑在出让中就分拆出售型共有产权住房和商品房的容积率,给予共有产权住房容积率高限,确定配建面积、限制房价,核算开发商的适度利润,并在此之上确定共有产权住房的地价。而对于商品房部分,应确定容积率低限,限制其与配建共有产权房的差价,促进开发商开发更多普通商品住房,适度改善居民居住品质,而不是开发大量高端商品住房。[②] 绿化率也应有指导标准。以政策作硬性要求,避免出现企业以牺牲保障房区绿化率来提高商品房区销售价值。[③] 第三,合理确定产权份额分配比例。北京市自住型商品房产权由个人100%获得,在实行共有产权住房政策之后,尚未明确规定产权分配比例。我国地方政府在共有产权等保障性住房项目上通常采取减免土地出让金和税费等"暗补"的方式,政府财力也较为有限,因此在共有产权住房运作前期可规定个人购买产权比例相对高些,这样可以使建设单位仍能取得合理收益,政府不需要直接投入财力进行补贴。当政策发展较为成熟,可依据市场情况合理调整产权比例分配。第四,完善合理的个人剩余产权获得方式。北京市政府没有

---

① 阿茹汗:《北京自住房变身共有产权住房》,载《北京商报》2017年8月4日版。

② 徐虹:《基于住房过滤模型的北京市自住型商品房市场效应分析》,载《商业经济研究》2017年第12期。

③ 张政高:《建立房地产调控长效机制 抑制投资投机购房》,载《人民日报》2017年12月22日版。

规定个人获取剩余产权的方式,但随着共有产权房制度的推进,应根据当时商品房市场价格、共有产权开发商运营收益情况以及居民收入水平合理确定个人获取剩余产权方式,充分体现共有产权住房的保障属性。①

五、结　　语

小区隔离墙不仅仅是一堵阻碍通行的墙,更是阻隔人心聚集的一道铁壁。其是“限地价、竞配建”政策的负外部性遗留下来的难题,牵涉多方利益,简单的推倒或放任不管都是不可取的,住房问题是中国民众最关心的问题之一,处理不当可能爆发群体性冲突事件。应当在厘清冲突背后的原因和逻辑的前提下,以拆除隔离墙为主,探索解决之道。政府应有力担当,完善和推进相关制度;企业要积极应对,有效落实政策;社会组织要摆正自身态度,与政府、企业共发挥调解作用;民众则要培育自己的公民精神和守法意识,共同探索混居小区的治理模式,构建和谐社区。

---

① 徐虹:《共有产权住房发展模式研究——以北京市为例》,载《价格理论与实践》2017年第12期。

论商品房销售中的信息披露法律制度

——以美国法为参考

石　伟　石　岩*

摘　要：在城市商品房的销售中，信息披露制度是保护买受人利益的重要制度设计。买受人有必要充分获得关于商品房的信息，进而作出谨慎的购买决定。我国现有的法律并没有系统地规定开发商的信息披露义务，不能向买受人提供全面的保护。美国的区分所有权制定法从信息披露的主体、文件、内容和法律救济方面，对信息披露制度作出了详细的规定，较好地保护了买受人的权益。为保护商品房买受人的利益，我国可以借鉴美国立法经验，构建合理的商品房信息披露制度。

关键词：信息披露；开发商；买受人保护

The Legal System of Information Disclosure in Commodity Housing Sale

—Taking American Law as Reference

Shi Wei　Shi Yan

Abstract: In the sale of commercial real estate, information disclosure system is the vital means to protect purchasers' interests. It is necessary for purchasers to get sufficient information for making a reasonable decision on buying a real property.

* 石伟，北京采安律师事务所顾问，法学博士。石岩，渤海大学法律硕士研究生。

本文是国家社科基金2013年青年项目"创新社会管理背景下社区居民自治法律规制研究"的阶段性成果。

对外经济贸易大学法学院王军教授、薛源教授、张琳博士，郑州大学西亚斯国际学院高瑛纬博士，吉林大学法学院赵海乐博士为本文的写作提供了诸多资料和建议，特此致谢！

There is no systematic information disclosure system for real estate developers, so the interests of purchasers cannot be completely protected. US condominium statues provide systematically the subject, the document, the content and the legal remedy of the information disclosure system, which properly protects purchasers' interests. It is necessary for us to take example by US legislation experience and make reasonable information disclosure system to protect purchasers' interests.

Keywords: information disclosure; developer; protection of purchasers

一、问题的提出

我国城市化进程不断加快。根据国家统计局的数据,我国城镇人口的比重在2017年达到了58.52%。[①] 在世界各国的城市化进程中,城市高层建筑是解决城市人多地少困境的有效途径,我国也不例外。在我国,城市房地产市场的发展与繁荣伴随着城市化的始终。在此过程中,与专业知识和资金都处于弱势地位的普通商品房买受人相比,商品房开发商处于优势地位,并主导着商品房销售的各个环节。与此同时,由于我国房地产市场所处的特殊成长阶段,以及相关法律制度的不完善,商品房开发商与买受人之间产生了诸多纠纷。[②]

商品房开发商与买受人之间的纠纷还会产生很多遗留问题,为商品房所在的社区治理带来诸多问题。[③] 比如,就商品房的建筑质量问题而言,当开发商将商品房售出后,一般就不再负责该商品房的日常维护,转由物业服务企业负责。在商品房出现应当由开发商负责的质量不合格、配套设施不完善等问题时,买受人往往会要求物业服务企业进行维修或解决,当物业服务企业以开发商的责任为由拒绝时,往往就会和买受人产生纠纷。在城市中,由商品房所组成的社区是城市的基本单位,商品房就是社区中的"细胞"。可以预见的是:因商品房所产生的诸多纠纷将对城市社区的稳定与和谐产生威胁。

---

① 参见《中华人民共和国2017年国民经济和社会发展统计公报》,载国家统计局:http://www.stats.gov.cn/tjsj/zxfb/201802/t20180228_1585631.html,最后访问日期:2018年7月30日。

② 参见潘军锋:《商品房买卖合同审判新类型问题研究》,载《法律适用》2015年第8期。

③ 参见徐琳:《物业管理中存在的问题分析——以南京市玄武区为小样本作为调查样本》,载《江苏科技信息》2011年第3期。

二、问题的解释:信息披露制度的缺失

(一)市场发展背景下的失灵制度

我国房地产市场形成的时间相对较短。从中华人民共和国成立之后至20世纪80年代城市住房制度改革之前,我国采取的是福利分配住房的制度,即城市居民的住宅基本上是由工作单位向其分配的,居民只支付少量的名义上的租金。① 在法律上,住宅的所有权归国家所有,居住者只是住宅的承租人。在这一阶段,并不存在法律意义上的"商品房"。

1980年6月,中共中央、国务院于批转《全国基本建设工作会议汇报提纲》时,正式允许住房商品化政策,自此揭开了我国住房制度改革的序幕。但是,住房商品化政策并没有大规模地在全国开展。随着我国经济的不断发展,国务院于1994年在《国务院关于深化城镇住房改革的决定》中进一步要求:把各单位建设、分配、维修、管理住房的体制改变为社会化、专业化运行的体制;把住房实物福利分配的方式改变为以按劳分配为主的货币工资分配方式。② 1998年,国务院在《关于进一步深化城镇住房制度改革加快住宅建设的通知》中明确要求:正式在全国范围内停止实物分房政策,逐步实行住房分配货币化。③

在我国房地产市场的发展过程中,为了解决商品房销售中的纠纷问题,我国先后制定了多部关于商品房的法律法规。早在1994年,我国就制定了《城市房地产管理法》,对商品房的开发、销售、登记等进行了规定。④ 针对商品房的销售,建设部也先后制定了多部规章:1994年,原建设部制定了《城市商品房预售管理

---

① 参见李汉林、王奋宇、李路路:《中国城市社区的整合机制与单位现象》,载《管理世界》1994年第2期。

② 参见该文件第1条第2款:"……把各单位建设、分配、维修、管理住房的体制改变为社会化、专业化运行的体制;把住房实物福利分配的方式改变为以按劳分配为主的货币的工资分配方式;……建立规范的房地产交易市场和发展社会化的房屋维修、管理市场,逐步实现住房资金投入产出的良性循环,促进房地产业和相关产业的发展。"

③ 参见该通知第1条第2款:"深化城镇住房制度改革的目标是:停止住房实物分配,逐步实行住房分配货币化;建立和完善以经济适用住房为主的多层次城镇住房供应体系;发展住房金融,培育和规范住房交易市场。"

④ 该法于1994年7月5日通过,1995年1月1日正式生效。2007年8月30日《关于修改〈中华人民共和国城市房地产管理法〉的决定》对其进行修正。

办法》,对商品房预售进行规定。此外,针对商品房销售中较多的纠纷,最高人民法院于2003年专门制定了《关于审理商品房买卖合同纠纷案件适用法律若干问题的解释》。除了上述与商品房销售直接相关的法律法规外,我国还制定了商品房登记、[①]物业管理[②]等配套法律法规。可以说,我国已经制定了比较全面的、体系化的关于商品房开发、销售、登记以及管理的法律法规。

从理论上讲,在上述不同层次的法律制度框架下,我国关于商品房销售的法律制度已经相对"完善"。然而,法律运行的实际状况并不尽如人意,实践中依然存在着诸多纠纷,"纸上的法"与"行动中的法"发生了偏离,有关商品房销售的法律制度出现了"失灵"。更具体地讲,实践中的问题在一定程度上折射出了我国现有制度框架的缺陷,那么导致这种缺陷的原因是什么?从根本上讲,尽管我国关于商品房销售的法律法规已经试图从不同角度对商品房买受人的利益进行保护,但并没有形成系统的、可操作的制度,进而在实践中无法得以有效运行,也无法实现保护买受人利益的目的。

(二)"行动中的法":信息披露制度

从法律角度而言,商品房买卖是一种基于当事人意思自治的法律行为,应由买卖双方根据其意志自由作出决定。然而,与资金和信息等资源都处于优势地位的开发商相比,买受人处于弱势地位,为了平衡二者的利益,实现市场的公平运转,法律制度有必要对买受人的利益进行保护。问题的核心在于,法律制度应当从何种角度、以何种方式对买受人进行保护,并且这种保护要在不违背买受人意志的条件下进行、不得代替买受人作出选择。

在上述背景下,通过信息披露制度,既可以使买受人充分获得信息,又没有代替买受人作出购买决定。首先,通过强制开发商进行信息披露,可以使买受人获取足以能够形成独立购买决策的信息。在商品房的销售中,通过充分、公正地信息披露,处于信息弱势地位的买受人能够全面地获得关于商品房的信息。其次,信息披露制度仅仅规定了开发商的信息披露责任,并没有代替买受人做出购买选择,也没有指出何种商品房是买受人所需要的。在信息披露制度下,法律通

① 比如,原建设部于2001年制定了《城市房屋权属登记管理办法》。
② 比如,国务院于2003年制定了《物业管理条例》。

过强制开发商向买受人披露信息的方式,使买受人全面了解其将要取得的权利和承担的义务,进而使买受人自己做出正确的选择。

(三)信息披露制度在我国法律制度框架下的缺失

上文已经论述,我国关于商品房销售的法律制度并没有较好地从“纸上的法”转变成“行动中的法”。其中的一个重要原因就在于,信息披露制度并没有得到系统性地确立,进而使相关法律规定无法在实践中被有效运用。从信息披露以及买受人权利保护的角度出发,我国现有法律制度的主要问题如下:

首先,现有法律制度并没有系统性地规定开发商的信息披露责任。与房地产市场和法律制度较为成熟的国家相比,我国法律规定比较简单和笼统。其次,现有法律制度无法确保买受人获得真实的信息。在实践中,商品房销售广告是买受人获得信息的重要途径,而开发商在很多情况下可能在广告中提供虚假信息。而在现有的法律制度下,难以对开发商进行有效地约束和处罚。最后,在买受人因虚假信息披露或信息披露不全面而利益受损的情况下,现有法律制度无法为买受人提供全面的救济。

在上述制度背景下,商品房买受人想通过开发商的途径来获得信息是非常困难的。此外,在我国目前的状况下,买受人想亲自或聘请专业人员进行信息调查也不现实。在房地产市场比较发达的国家,除了开发商公开披露的信息外,买受人还可以聘请专业的不动产律师和调查公司对商品房进行调查。而我国的房地产市场还处于成长阶段,并没有形成完善的信息调查服务体系。因此,即使买受人想自己负担成本来进行信息调查,也缺少客观条件。

综上所述,一方面开发商不愿意主动提供信息,另一方面买受人没有其他获得信息的渠道,这就导致我国商品房销售中开发商与买受人信息的严重不对称,进而使买受人不能在全面衡量信息的基础上作出购买决策。买受人不能对将要购买的商品房的信息进行全面了解,也就不能对商品房的质量、所处的环境等做出正确的判断。一旦出现现实商品房与预期不符的情况,纠纷的产生也就在所难免。

三、信息披露制度的构建:美国的经验

在商品房销售中,美国的立法,特别是区分所有权(condominium)制定法,经

过半个多世纪的发展,已经形成了相对完善的信息披露法律制度。为了保证买受人能够获得关于商品房的全面信息,进而在全面衡量各种因素后,谨慎地作出购买决定,美国法律从信息披露主体、时间、文件、内容,以及救济措施等方面进行了全面的规定。在我国,就法律属性而言,除了一部分由国家或企业单独拥有所有权的城市建筑外,[①]我国的城市商品房基本上都是区分所有权性质的。因此,美国区分所有权制定法关于开发商信息披露制度的规定对我国制度的构建极具参考价值。本文的分析以《统一共同权益所有权法》(以下简称 UCIOA)为基础,对于个别州的区分所有权法和案例也略有涉及。[②]

(一)承担信息披露义务的主体

承担信息披露义务的主体需要向买受人披露法律规定的信息。在美国法上,承担此义务的主体一般是商品房的开发商(developer)或销售商(dealer)。比如,在佛罗里达州,履行披露义务的主体是开发商(developer),即"创设区分所有权不动产的人,或者在正常商业经营中将区分所有权地块提供销售或者租赁的人"。[③]

与佛罗里达州的规定稍有不同,UCIOA 使用一个专门的术语"公告人"(declarant)作为承担披露义务的主体。尽管二者使用了不同的术语,但在实践中,"公告人"的主体就是"开发商",这两个术语所涉及的具体主体并没有太大的差别。为了行文方便,下文将使用术语"开发商"作为承担披露义务的主体。

(二)信息披露的时间

所谓的信息披露的时间就是指买受人能够获得披露信息的文件的最迟时间点。根据 UCIOA 的规定,在宏观层面上,在开发商向公众发出公开出售要约

---

① 比如,党政高级干部集中住宅区或部队军营大院内的家属住房。由国家或企业拥有所有权的城市建筑的数量相对较少,其销售模式具有特殊性,因此,本文将此类特殊的城市建筑排除在研究范围之外。

② 需要注意的是,由于美国实行联邦法与州法并行的双重法律体制,且区分所有权法具有很强的地域性,不能奢望美国各州能够消除区分所有权法律制度方面存在的差异。因此,如果要确实弄清楚某个规则在某个州是否有效,唯一的途径就是看该州的司法判决。

③ §718.103(16),F.S.

(offering)之前,开发商需要向广大的潜在买受人提交信息披露文件。[①] 在具体层面上,当开发商准备与具体的买受人达成交易时,开发商有义务在商品房所有权转让之前向该买受人提供披露信息的文件,最迟时间不得迟于销售合同的签订之日。[②]

(三)披露信息的文件

在商品房的销售中,信息一般是通过专门的文件进行披露的。根据 UCIOA 的规定,开发商在出售商品房之前要向潜在的买受人提供"公开出售声明"(public offering statement)。[③] 这里所谓的"公开出售声明"就是一份详细的信息披露文件。为了全面地保护买受人的权利,法律往往会规定一个包含多方面内容的信息披露表,详细规定开发商必须在签订合同之前向每个商品房买受人提供的信息。[④]

(四)信息披露的主要内容

概括而言,披露信息的文件中需要披露以下四个方面的内容:(1)关于商品房的基本信息;(2)关于商品房的相关文件;(3)关于商品房的财务信息;(4)关于买受人在交易中的权利。

1. 关于商品房的基本信息

商品房的基本信息包括以下几个方面:

第一,关于商品房的基本描述。比如名称、地址、单元的数量、共用部分的界限,以及开发商有关施工的开始和竣工的日程表,等等。[⑤]

第二,可能影响商品房所有权的事项。比如,商品房之上是否存在影响所有权的担保物权(lien)、负担(charger)或缺陷,[⑥]是否存在针对业主协会(home

---

① UCIOA(1994) Section 4 - 102(a).

② UCIOA(1994) Section 4 - 108(a).

③ UCIOA(1994) Section 4 - 102(a).

④ UCIOA(1994) Section 4 - 101 comment.

⑤ UCIOA(1994) Section 4 - 103(a) (1),(2),(3).

⑥ UCIOA(1994) Section 4 - 103(a) (8).

owners' association)①的未决(pending)诉讼、对商品房有重大影响的未决诉讼,②是否对商品房的转让有限制,③是否存在对商品房使用的限制,以及是否对占有商品房的人员数量存在限制,④等等。

第三,关于商品房的分期开发事项。如果整个社区是分期开发的,买受人在开发商没有完全行使开发权之前就购买了商品房,如果开发商将来进行的开发可能会影响到买受人的权益,则开发商应当进行相应的披露。

2. 关于商品房的相关文件

关于商品房的相关文件包括以下几类:

第一,关于商品房的基本文件,比如,商品房的平面图、⑤业主协会的内部规章、其他任何已登记的且影响商品房的文件,以及买受人在交易完成时需要签署的合同,等等。

第二,关于商品房的财务文件,比如,提交公开出售声明时的资产负债表,以及业主协会的预算报告。此外,UCIOA 还详细规定了预算报告应当涵盖的内容,比如,有关用于修理和更换的储备金数额,以及共同维护费用的数额,等等。⑥

3. 关于买受人缴付的费用

信息披露文件应当对买受人应当交纳和可能交纳的费用作出披露,比如买受人为使用共同部分和其他有关设施所要支付的费用;⑦在交易结束时,买受人应当缴付的任何费用,以及对征收该费用的目的和计算费用方法的描述。⑧

另外,对于开发商准备提供的、但是在预算中没有显示出来的任何收费型服

---

① 美国各州对于"home owners' association"有不同的称谓,比如单元所有人协会(Unit Owners Association, Unit-owners' Association)、房屋所有人协会(Homeowners Association)和区分所有权协会(Condominium Association)。美国的"home owners' association"类似于我国法律中的"业主大会",由全体业主组成,是业主对区分所有权物业小区进行管理的最高机构。

② UCIOA(1994) Section 4 – 103(a)(12).

③ UCIOA(1994) Section 4 – 103(a)(14).

④ UCIOA(1994) Section 2 – 105(b).

⑤ UCIOA 使用的术语是"平面图(plats)和详图(plans)"。"平面图和详图"是公告书的一部分,并要求所有的区分所有权建筑都必须遵守这一规定。UCIOA 还对每一平面图必须包含的特定信息作出了规定。UCIOA(1994) Section 2 – 109(b).

⑥ UCIOA(1994) Section 4 – 103(a)(5).

⑦ UCIOA(1994) Section 4 – 103, comment(8). 这些费用可能包括使用公共游泳池的费用、使用高尔夫球场的费用或休闲社团的加盟费。这些费用可能会构成所有人每月所缴纳的维护费之外的一笔可观的额外费用。

⑧ UCIOA(1994) Section 4 – 103(a)(7).

务,或者开发商已经支付的,但是将要由买受人最终承担费用,信息披露文件也应当对此进行披露。

4. 关于买受人在交易中的权利

披露信息的文件应当告知买受人在交易中所拥有的权利:第一,开发商提供或安排的、买受人能够获得的融资。① 第二,开发商为买受人提供的担保(warranties)的条件,以及对该担保的重大限制。② 第三,开发商为买受人的利益所投的保险。③

信息披露文件除了要向买受人披露其拥有的上述权利外,还需要重点披露以下两项较为重要且比较有特色的权利:

第一,买受人的撤销权(right to cancel)。根据 UCIOA 的规定,买受人在收到“公开出售声明”后的 15 日内,并且商品房的所有权没有向其转让,则买受人可以解除与开发商签订的购房合同。④

第二,买受人有权要求开发商按照法律规定将定金(deposit)进行托管(escrow)。⑤ 这就是所谓的“定金托管制度”,是保护买受人权利的重要手段。在“定金托管制度”下,对于买受人所交付的定金,在交易完成之前需要存放在第三方的托管账户中(escrow account),开发商不得随便挪用。如果买受人依法解除合同,买受人有权获得该笔定金。⑥

5. 披露的信息的更新

对于一些大型的社区,尤其是分阶段开发的社区,开发商的销售行为可能会持续较长的时间。随着时间的推移,信息披露文件中所包含的许多信息也可能

---

① UCIOA(1994) Section 4 - 103(a), comment(5). 包括由与开发商无关联关系的贷款人为合格的买受人提供的抵押贷款安排。

② UCIOA(1994) Section 4 - 103(a), comment(6). 文件必须披露开发商所提供的担保的条件,及其对该担保的重大限制。此规定要求开发商必须披露由其所提供的所有担保的条款,并描述对该担保的重大限制、对该担保的强制执行的重大限制,和对违反该担保时可获得的损害赔偿金的重大限制。

③ UCIOA(1994) Section 4 - 103(a)(15).

④ UCIOA(1994) Section 4 - 103(a)(11)(ii). 需要注意的是,买受人拥有解约权的前提条件是商品房的所有权没有转移。在所有权已经转移的情况下,如果再允许买受人拥有撤销权,这会在实践中引起太多的纠纷,造成交易的不安全。

⑤ UCIOA(1994) Section 4 - 103(a)(13).

⑥ 定金托管制度是美国区分所有权法律保护买受人权利的一项重要制度,笔者将另撰文进行详细论述。

随之发生变化,比如社区的预算和其他的财务文件每年都可能有所变化。为了保证买受人获得最新的信息,开发商需要对信息披露文件进行必要的更新。因此,美国区分所有权法律一般都对开发商在何种情形下必须对信息披露文件进行修订,或者在多长时间内必须对信息披露文件进行修订作出了规定。

(五)信息披露制度中的法律救济措施

如果承担信息披露义务的主体没有准备披露信息的文件,或者其准备的文件中存在虚假或误导性的内容,或遗漏了重大事实,则应当承担相应的法律责任,比如买受人可以解除合同或者向其请求损害赔偿。在实践中,准备信息披露文件的主体主要是开发商。[①] UCIOA 规定:准备信息披露文件的主体需对其作出的虚假陈述和实质性遗漏承担责任。[②] 当披露义务由多个主体共同完成时,各主体之间除实际知情外,一般不承担连带责任。[③]

1.买受人请求损害赔偿

如果承担信息披露义务的主体没有根据法律的规定进行信息披露,买受人有权获得损害赔偿。对于损害赔偿的计算方法,美国的制定法主要规定了两种方法:

第一种方法为:制定法直接规定赔偿的数额。比如,UCIOA 规定:如果开发商没有向买受人提供信息披露文件,买受人可以获得数额等于商品房购买价格的 10% 的赔偿。[④]

第二种方法为:由制定法规定确定损害赔偿额的方法。也就是说,在商品房的销售中,承担信息披露义务的主体因违反法律规定的披露要求而对买受人所造成的损失数额,由制定法中关于损害赔偿的规定来确定。

比较这两种方法而言,前者简单明了,易于操作,因为在实践中,让普通的商品房买受人承担其损失的举证责任是有一定困难的。但这种规定具体数额的方法也可能产生不公平的后果,比如,买受人的实际损失可能会高于或低于这个法

---

① 在少数情况下,开发商也会将准备信息披露文件的义务转移给销售商,但开发商需要向销售商提供原始信息。

② UCIOA(1994) Section 4 - 102(c).

③ 例如,UCIOA 规定:如果开发商提交的公开出售声明不是其准备的,则开发商仅对他知道或应当知道的瑕疵承担责任。See UCIOA(1994) Section 4 - 102(c).

④ UCIOA(1994) Section 4 - 103(a)(11)(ii).

定的数额,如果实际损失高的话,这一规定并没有达到对买受人的损失进行全面补偿的效果;反之,买受人就会因这一规定而获利,从而对开发商产生不公平的后果。第二种方法的操作可能相对复杂,但可保证赔偿数额的相对精确和公正。

2. 买受人解除合同

除了要求损害赔偿外,美国的区分所有权法律一般并不排除买受人获得其他救济的权利,这其中也包括解除合同。由于解除合同会给交易造成巨大的不稳定性,在实践中,买受人解除合同的权利一般会受到限制。需要注意的是,根据 UCIOA 的规定,一旦商品房的所有权被转让至买受人,那么即使开发商在转让前没有提供信息披露文件,买受人也不得撤销该转让。因为在所有权实际转让后的任何撤销或返还行为将会导致严重的问题。①

当然,区分所有权法律的上述规定并不会减少买受人根据其他法律所享有的权利。买受人可以根据其他法律的规定,向法院请求适当的救济,比如,禁止令救济(injunctive relief),实际履行(specific performance),或返还(rescission),等等。② 当然,如果买受人选择依照其他法律(如消费者保护法)上的诉因提起诉讼,则必须满足该法律的要求。

四、结语:我国商品房开发商信息披露制度的构建

随着我国城市化进程的发展以及房地产市场的不断完善,在可以预见的将来,商品房的销售将逐步由目前的卖方市场转变为买方市场。③ 与此同时,买受人的权利意识也将逐步增强。在此背景下,调整和完善现有的法律制度,构建全面的买受人保护制度,就成为当务之急。前文已经论述,信息披露制度是保护买受人权益的有效手段,同时,信息披露制度的构建是使"纸上的法"成为"行动中的法"的关键环节。为了有效地保护商品房买受人的权益,我国有必要借鉴美国的立法,构建完善的商品房销售信息披露制度。

---

① UCIOA(1994) Section 4 - 108, comment(6).

② UCIOA(1994) Section 4 - 117, comment(1).

③ 近两年来,受经济下行趋势的影响,二、三线城市的商品房的滞销屡屡见诸报端,地方政府也在通过各种方式去库存。可以预见的是:在不久的将来,随着市场的逐渐饱和,城市房地产将逐步走向买方市场。

（一）制定专门的商品房信息披露法律

我国现有的法律框架不足以给商品房买受人提供充分的保护。为了改善这种状况，我国可以考虑制定名为“商品房信息披露条例”的行政法规，或者名为“商品房信息披露管理办法”的部门规章，规定完整的信息披露制度。

在宏观的法律框架层面上，我国的商品房信息披露法律可以参考美国的立法经验，对信息披露的主体、时间、方式、内容，以及救济措施等进行规定。在微观的披露内容层面上，我国的商品房信息披露法律可以采用列举的方式，详细规定承担披露责任的主体，即商品房开发商，应当披露的信息，比如商品房的基本信息（尤其是可能对买受人的权益产生不利影响的信息、买受人在交易中的权利，以及买受人未来将要承担的义务）等。

（二）提高信息披露文件的法律地位

我国的信息披露法律可以明确规定：开发商或其销售商在与买受人正式签订买卖合同之前，应当向其提供一份信息披露文件。该文件必须包括法律规定的全部强制性披露信息。同时，为了保障不具备专业知识的买受人能够充分理解并有效获得信息，上述信息披露文件必须使用普通买受人能够理解的语言对法律规定的内容进行描述，而不是使用晦涩的法律、财务术语进行撰写。

为了提高信息披露文件的法律地位，我国的信息披露法律可以借鉴美国的立法经验，对信息披露文件进行登记备案。具体而言，在销售商品房之前，开发商需要将信息披露文件向相关主管部门备案，以备买受人查询。同时，开发商或销售商的销售广告的内容必须与披露文件的内容一致。为了方便开发商的实践操作，我国将来制定的信息披露法律可以提供一份标准的信息披露文件模板，供开发商采用。

（三）构建“冷静期”制度及买受人解约制度

在商品房销售中，买受人在签订合同时，往往会受到销售人员的各种“诱导”，可能会在不理智的情况下就签订了合同。等冷静一段时间后，买受人也许会后悔先前做出的决定。美国的区分所有权制定法规定了“冷静期”制度，即在法律规定的期间内，如果商品房的所有权还没有转让至买受人，则买受人可以解除先前签订的合同,而无须承担任何责任。

对于购买住房这种将对未来生活产生重大影响的行为,法律应当允许处于弱势地位的买受人在特定条件下撤销其已经作出的购买决定。我国目前的商品房销售法律法规还没有规定“冷静期”和买受人解约制度,[①]这对买受人利益的保护是不利的。比如,买受人签订了商品房预售合同,并预缴了定金。如果买受人意图反悔,该买受人可能会面临着如下困境:如果其毁约,该买受人将损失预缴的定金;如果该买受人最终购买了该商品房,又对此商品房不满意。而“冷静期”和买受人解约制度的构建则在可以化解这种困境。这种制度是对商品房买受人的一种特殊保护,可以平衡处于优势地位的开发商和处于劣势地位的买受人之间的利益。

① 我国《消费者权益保护法》(2013年修正)第25条规定,经营者采用网络、电视、电话、邮购等方式销售商品,消费者有权自收到商品之日起7日内退货,且无须说明理由。尽管该条规定的“七日内退货”制度类似于买受人“冷静期”和买受人解约制度,但该条仅适用于“网络、电视、电话、邮购等”销售方式。此外,商品房及其买受人是否属于《消费者权益保护法》项下的“商品”和“消费者”,这在我国仍存在较大争议;进一步地讲,《消费者权益保护法》的上述规定是否能够适用于商品房销售领域,仍然存疑。

个人网络求助的法律监管探析

——以网络公益平台为中心的观察

李　冬*

摘　要：伴随互联网领域的纵深发展，个人网络求助逐渐成为公益领域的新宠。由于欠缺配套的法律监管制度，个人网络求助中的夸大宣传、诈捐骗捐、余款使用及去向不明等问题层出不穷。在深入分析个人网络求助的监管现状和现存问题的基础上，提出以网络公益平台为监管制度构建的中心，从事前、事中、事后三个方面提出我国个人网络求助的具体监管建议：以平台准入机制、审查提示机制和求助上限机制为事前预防，以信息披露机制、沟通渠道机制和信息反馈机制为事中监督，以行政责任机制、民事责任机制和刑事责任机制为事后惩治。个人网络求助闭合监管制度的设计，将推动我国慈善事业在更加公开、完善、全面、透明的良好轨道上前进。

关键词：慈善募捐；公益众筹；网络求助；网络治理

Analysis of Legal Supervision on Personal Network Assistance

—Obser Vation Centered in the Network Public Welfare Platform

Li Dong

Abstract: With the deep development of the Internet, personal network help has gradually become the new favorite of public welfare. Due to the lack of a matching legal supervision system, the problems of exaggerated propaganda, fraudulent

---

* 暨南大学法学院、知识产权学院民商法硕士研究生。

donation, use and attribution of personal funds in the personal network for help continue to emerge. Starting from the analysis of the concept, through the division of individual fundraising and personal help, to clarify the boundaries of personal network for legal and illegal. On the basis of in-depth analysis of the supervision and problems of personal network help, we advocate the network public welfare platform as the center of the supervision system, and put forward the specific supervision suggestions for the personal network help: the platform access mechanism, the review suggestion mechanism and the help capping mechanism are the prevention, and the information disclosure mechanism, the communication channel mechanism and the information feedback mechanism are the oversight supervision, and the administrative responsibility mechanism, the civil liability mechanism and the criminal responsibility mechanism are used as punishments. The design of the closed supervision system for personal network will promote the philanthropy of China to advance on a better track of more open, comprehensive, comprehensive and transparent.

Keywords: fundraiser; crowd-funding; network help-seeking; internet governance

2016年9月1日实施的《慈善法》将个人排除在网络募捐主体之外,规定个人不能进行网络募捐,但允许个人进行网络求助。伴随网络公益平台(以下简称平台)的迅猛发展,个人网络求助也成了公益领域的新宠。借助于网络公益平台,个人求助正以全新的形式践行着"人人公益"的慈善理念。相较于传统的线下求助活动,个人网络求助通常具有操作简单、成本低廉、传播迅速、影响力大等优势。个人网络求助在带来更广层面慈善普及的同时,也带来了不少新的问题。由于缺乏必要的法律监管制度,个人网络求助中的夸大宣传、诈捐骗捐、挪用善款、余款使用及去向不明等问题层出不穷。2017年7月20日,民政部发布了慈善组织互联网公开募捐信息平台基本技术规范等两项行业标准,不仅表明上述问题已经引起国家层面的高度重视,也拉开了构建我国网络公益事业监管制度的序幕。然而从掌握的现有资料上来看,国内对这一领域的专门研究较少,尚无专门的文献论述如何对其进行规范化。本文试图通过对我国个人网络求助的现状和发展进行深入剖析,以网络公益平台为中心探讨个人网络求助法律监管制度的建立。

一、个人网络求助的概述

个人网络求助是指个人为了解决本人或者家庭的困难通过互联网平台发布求助信息，向社会公众寻求帮助的行为。在社会保障制度尚未完善的情况下，《慈善法》没有禁止个人网络求助行为，契合了个人求助的本质——自然权利的行使，为个人求助留下了自由空间。

（一）个人网络求助的流程

据《2015 年中国公益众筹发展报告》显示：2015 年近 700 个公益团队或个人，采用公益众筹渠道为公益项目开展筹款，共有 873 个公益项目众筹成功，筹资额达 3432.7 万元，获得约 60 万人次支持。国内目前类似轻松筹、水滴筹的网络公益平台超过 300 家，其中有 13 家被民政部指定为首批"互联网募捐信息平台"。[①] 虽然不同的网络公益平台在运作细节上有所差异，但总体而言，个人网络求助的流程基本可以归纳如下（见图 1）。

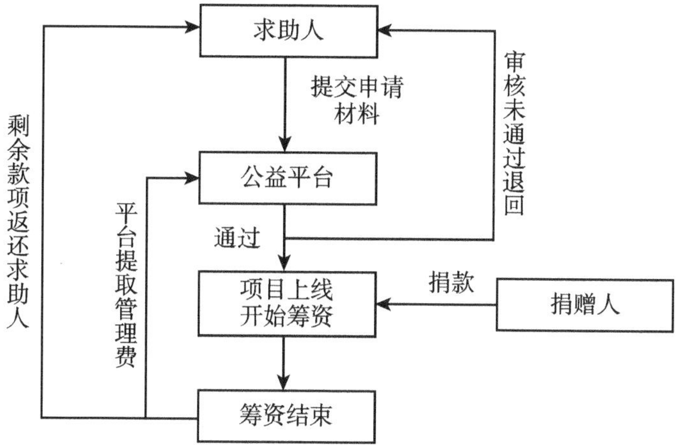

图 1　个人网络求助的流程

① 参见《民政部指定首批 13 家慈善组织互联网募捐信息平台》，载 http://www.xinhuanet.com/gongyi/2016-09/01/c_129265609.htm，最后访问日期：2018 年 8 月 6 日。

(二)个人网络求助中的法律关系

在个人网络求助中存在三方主体即求助者、网络公益平台和捐赠者,三者之间形成三种法律关系。① 有人认为三者的关系分别为:网络公益平台与捐赠者之间形成的利他赠与合同与委托关系、网络公益平台与求助者之间形成的委托关系、捐赠者和求助者之间形成的附义务赠与合同关系。② 有人认为三者的关系分别为:求助者、捐赠者和网络公益平台之间都形成的代理合同关系、捐赠者和求助者之间形成的赠与合同关系。③ 参考杨立新教授的《网络交易法律关系构造》一文④,笔者认为个人网络求助三方主体之间分别形成如下法律关系:

第一,网络公益平台提供者与求助者、捐赠者之间形成公益平台服务合同关系。网络服务企业作为网络公益平台的提供者,为求助者、捐赠者提供捐赠平台服务,由求助者和捐赠者在该平台开展慈善捐赠活动。网络公益服务合同的主体是网络公益平台的提供者、求助者以及捐赠者。网络公益平台的提供者一般具有企业法人身份,其提供的网络公益平台应符合民政部门的相关要求;求助者是遭遇灾害、重大疾病等困难而急需帮助的自然人;捐赠者是具有公益之心的自然人或者组织。网络公益服务合同的客体是网络公益平台服务行为,包括给求助者提供求助信息发布平台、善款的存放与支取等服务,给捐赠者提供捐赠财物的平台、求助信息搜索查询等服务。第二,求助者与捐助者之间形成赠与合同法律关系。在个人网络求助中,求助者通过网络公益平台开展求助活动,捐赠者通过网络公益平台捐赠财物,二者之间形成赠与合同关系。如果按照求助事项使用获赠的财物属于该赠与合同所附带的义务,则进一步形成附义务的赠与合同关系,当求助者不履行义务或者履行不适当时,捐赠者有权要求撤回捐赠。

---

① 为了行文和理解的需要,本文的网络公益平台与网络公益平台的提供者不进行实质区分,均为同一指代,如"轻松筹平台"与"北京轻松筹网络科技有限公司"。

② 参见金玥:《个人网络求助中众筹平台的法律监管》,华侨大学2017年硕士学位论文,第8~10页。

③ 参见汪银辉:《论网络募捐平台连带责任制承担》,甘肃政法学院2017年硕士学位论文,第8~9页。

④ 参见杨立新:《网络交易法律关系构造》,载《中国社会科学》2016年第2期。

二、个人网络求助的监管现状及问题

（一）个人网络求助的监管现状

随着《慈善法》等法律规定的出台，公开募捐的监管变得更加程序化和规范化。较之于公开募捐，个人网络求助作为私益求助的一种重要形式尚未引起法律上的重视，至今没有正式的法律规范对其进行定性。目前，个人网络求助的监管尚处于“空白”的状态，主要表现在以下三个方面：

首先，监管主体的缺位。《公开募捐平台服务管理办法》第11条仅规定公开募捐行为的监管主体是民政部门，而未涉及私益求助行为的监管主体。网络公益平台上的个人求助行为究竟由民政部门或是网络安全监督部门还是平台提供方监督，至今尚无明确规定。这导致个人网络求助中监管主体问题模糊，由谁监管、怎样监管、如何确定彼此监督范围，以及监督所得出结果如何处理，都需要法律进一步的明确。

其次，监管法律规范的缺乏。我国目前出台的调整慈善行为的法律规范包括《慈善法》等，这些法律规范基本都是针对慈善组织的公开募捐行为进行调整。由于个人网络求助行为不属于公开募捐范畴，因此其不能适用公开募捐的管理措施。《公开募捐平台服务管理办法》第10条仅规定网络服务提供者的风险提示义务，对信息的披露、善款的处理及责任承担均未予以规定。个人网络求助是一种全新的模式，如果仅依靠在特定情况下援用民法、刑法等传统法律规范予以事后调控是远远不够的，如剩余善款如何处置？平台收取一定的管理费却仅负担风险提示的义务，正当性何在？[1] 生硬的套用传统法律规范进行规制难免顾此失彼、挂一漏万，因此制定专门性的条款对个人网络求助进行监管是应当予以考量的。

最后，监管乏力。主要表现在个人网络求助中的诈捐骗捐得不到有效的惩治。一方面，监管法规的缺乏直接导致诈捐骗捐行为面临无法可依的状况。除数额巨大的个别案例才可能进入民法处罚，甚至是司法程序外，大多数的诈捐骗

---

① 王丹阳：《慈善法视域下网络众筹平台的规制路径——以“轻松筹”为研究样本》，载《天津法学》2017年第3期。

捐行为难以纳入民法惩戒之列;①另一方面,网络公益平台应承担的责任与义务也缺乏明确的规定。作为个人网络求助的桥梁,网络公益平台是诈捐骗捐行为的控制器。换言之,网络公益平台的严格把关将有效遏制诈捐骗捐行为。由于缺乏义务与责任的明确规定,网络公益平台对求助项目的监管较为松懈,导致诈捐骗捐行为的频发。

(二)个人网络求助存在的主要问题

1. 诈捐骗捐现象屡屡发生

个人网络求助相应监管措施的缺乏,给不法分子留下了可乘之机。经曝光的就有:陈岚诈捐骗捐事件、罗一笑诈捐骗捐事件、"犬口救童"诈捐骗捐事件、"知乎童谣"诈捐骗捐事件、天津港爆炸诈捐案等。实际上,诈捐骗捐事件经曝光后,多数事件由诈捐骗捐者退还款项而不了了之,仅极少事件的诈捐骗捐者受到行政或者刑事处罚。诈捐骗捐事件屡屡发生而诈捐骗捐者却极少得到惩治,究其缘由:一方面,由于网络的开放性和网络用户未实名,个人求助者发起项目的真实动机无法判定且网络公益平台对项目核实审查多有漏洞和疏忽,导致个人网络求助项目参差不齐、鱼龙混杂;另一方面,由于目前法律规定不够完善,对诈捐骗捐行为入罪没有直接的法律规范,量刑方面更是没有确切依据。行政执法部门对此类诈捐骗捐行为并不能及时有效地进行惩治。文明社会应当允许个人求助与帮助行为的存在,但是更应当明确个人网络求助的法律边界。②

2. 余款的使用及归属不明

慈善捐赠行为是基于慈善公益的目的,以无偿捐赠的形式,将其所有的资金、实物等财产直接或间接给付至慈善受益人的行为。善款钱物的使用情况直接关系着捐赠人的目的是否达到,也关系着被救助者后续费用的缺口或者盈余。然而捐赠财物的使用和剩余归属不明,直接影响爱心人士捐赠目的和价值的实现。个人网络求助所获得财产的使用目的非常明确,受助人应当审慎管理和使用获得的财物。但是个人网络求助获得的善款因欠缺公益机构那样的公开、透明的管理办法而缺乏透明性,在社会生活实践中,受助者对获捐财务的管理和使

---

① 黄春蕾:《协同治理视角下我国网络募捐监管体系研究》,载《东岳论丛》2017年第10期。
② 鞠晔:《网络消费者个人信息法律保护探讨》,载《现代商贸工业》2014年第12期。

用往往与逻辑上的推论相背离。

3. 网络公益平台的义务与责任不明

2016年4月广西教育学院某学生通过网络公益平台为其母亲求助手术费，两周内筹款6万多元。但该学生不经意将支付宝余额在朋友圈晒出，结合她"经常晒吃喝玩乐，不更新母亲病情"的表现，捐款人士认为自己的善意遭到欺骗，要求网络公益平台承担相应的民事责任。捐赠者认为：网络公益平台应当对求助信息进行核实，对善款的使用及归属实施监控、对诈捐骗捐行为进行制裁等；网络公益平台则认为：求助信息纷繁复杂、数量庞大，平台仅有风险提示的义务无法承担严格的信息审查义务，对于发生的诈捐骗捐行为应由求助者负责。网络公益平台是否要为事件承担责任，以及承担何种责任成了当前争议的话题。民事责任承担要以违反相应的法律义务为前提①。目前，仅有《公开募捐平台服务管理办法》第10条规定网络服务提供者应当在显著位置向公众进行风险防范提示的义务。网络公益平台是否具有其他义务尚无明文规定，只存在于各个网络公益平台自己网站的相关说明或类似声明中②，以及依据《合同法》和《侵权责任法》的原则性规定要求其有类似义务。法律规范对网络公益平台所应承担的义务与责任未进行明确的规定，将导致平台内部自我监管的松懈，也给个人网络求助失范行为的滋生留下了可乘之机。

三、个人网络求助的法律监管建议

（一）监管思路的选择

1. 确立原则导向的监管方向

个人网络求助的混乱现状和网络慈善的功效决定必须对其进行适当的监管，合理监管制度的确定必须回归监管的基本原理。规则导向监管与原则导向监管是常采纳的两种监管方向。规则导向监管注重整套监管法律、法规的运用，重点关注行为的合规性，但为行为主体和监管机构的主观判断与灵活调整预留

---

① 杨立新主编：《民法总则》，法律出版社2013年版，第558页。

② 轻松筹平台在《使用条款》中就做出了相关的声明，"轻松筹对于个人信息的真实性不予担保，真实性由发布人自己负责"。

的空间非常有限。[①] 原则监管是以监管目标为出发点,主要以引导的方式对监管对象实施的监管。原则监管具有灵活性、主动性、持久性特点,是一种动态的监管。我国个人网络求助目前尚处于初始发展阶段,需要更多的成长空间。借鉴美国众筹监管规则经验并结合我国网络公益事业的发展现状,笔者认为我国个人网络求助确定原则导向监管较为妥当。在具体监管制度设计上,要审慎对待具体行为的调整,注重引导个人网络求助与慈善组织对接。对求助事由、求助标准、捐赠金额等事项尽量避免作出强制性规定,以便为我国个人网络求助的发展预留空间,推动其朝着合法、有序、健康的方向发展。

2. 确立网络公益平台为监管中心

网络的交互性和及时性使个人网络求助活动的监管面临参与者众多、信息流量大、涉及范围广等监管难题,尤其在目前个人网络求助尚处于"空白"监管的状态下,若对个人网络求助进行逐个监管势必造成监管效率低下。因此,基于下列考虑,笔者建议将网络公益平台作为监管制度构建的中心:首先,网络公益平台在个人网络求助中处于中心地位。在个人网络求助过程中,网络公益平台是衔接求助者和捐赠者的桥梁和纽带,也是我国个人网络求助蓬勃发展的"催化剂"。将其作为监管中心,可以有效地遏制频发的个人网络求助失范行为。其次,我国已经采取措施对网络公益平台开展的慈善募捐活动进行了监管。《慈善法》对登记注册的慈善组织利用网络开展公开募捐的行为制定了基本规范,《公开募捐平台服务管理办法》已经明确民政部门依法对网络服务提供者提供平台公开募捐信息、开展公开募捐的行为实施监督管理,平台技术规范和平台管理规范对网络公益平台开展公开募捐活动进行了较为详细的规范。最后,采取逐个监管的难度大、成本高。求助者具有分散性、不特定性,求助事由具有多样性、突发性,在这种情况下进行监管本身就有难度。加之目前监管措施的缺乏,逐个监管必然造成"监管成本高、监管效率低、监管效果弱"的窘境。

3. 确立民政部门为主导的协同监管

网络慈善行为具有涵盖范围广、互动性强、传播效率高等特点,单一的监管

---

① 何欣奕:《股权众筹监管制度的本土化法律思考——以股权众筹平台为中心的观察》,载《法律适用》2015年第3期。

主体和单一的监管手段实际上并不能够适应网络募捐运行变化及发展的要求,①同样也不能适应个人网络求助监管的需要。《公开募捐平台服务管理办法》已经明确民政部门为网络平台募捐行为的监管主体,民政部也已经出台了两部管理规范对网络募捐行为进行规范。换言之,民政部门已经具备了网络慈善监管的经验和能力,将个人网络求助的监管主体设定为民政部门可谓是应然的选择。在明确民政部门为监管主导的前提下,我们应顺应信息化时代的要求,在《互联网信息平台服务管理办法》的基础上,强化政府部门之间和不同层级之间的合作和协调,着力构建无缝隙、一体化的监管体系。民政部门可以协同网络安全部门、公安、金融、工商等多个部门,尽快设立部际联席会议,建立网络公益平台准入机制、健全信息沟通共享机制、信用信息披露机制和违法违规行为协查机制,开展跨地区和跨部门综合执法,形成监管合力。②

(二)具体监管制度的设计

个人网络求助行为的乱象与缺乏相应的监管机制密切相关。目前利用网络进行的个人求助越发普遍,法律对个人网络求助又存在诸多规制盲点,有必要健全相关监管制度,将个人网络求助纳入法治化的轨道之内。③ 在明确民政部门为监管主体和网络公益平台为监管中心的前提下,笔者通过观察股权众筹监管的变迁轨迹,客观地审视我国个人网络求助的发展路径,探讨建立我国个人网络求助法律监管闭合制度,力求实现将个人网络求助行为放在"透明玻璃"中的监管管理目的。④ 以下是对我国个人网络求助行为提出的监管建议,主要框架如图 2 所示。

---

① 陈思:《网络募捐监管方式的反思——以〈慈善法〉的相关规定为视角》,载《贸大法律评论》2016 年第 1 期。

② 黄春蕾:《协同治理视角下我国网络募捐监管体系研究》,载《东岳论丛》2017 年第 10 期。

③ 张倩:《个人网络求助行为的法律探讨》,载《江苏法制报》2017 年 1 月 16 日,第 A07 版。

④ Cagla Okten, Burton A Weisbrod, "Determination of Donation in Private Nonprofit Makets", *Journal of Public Economic*, 2000, p. 75.

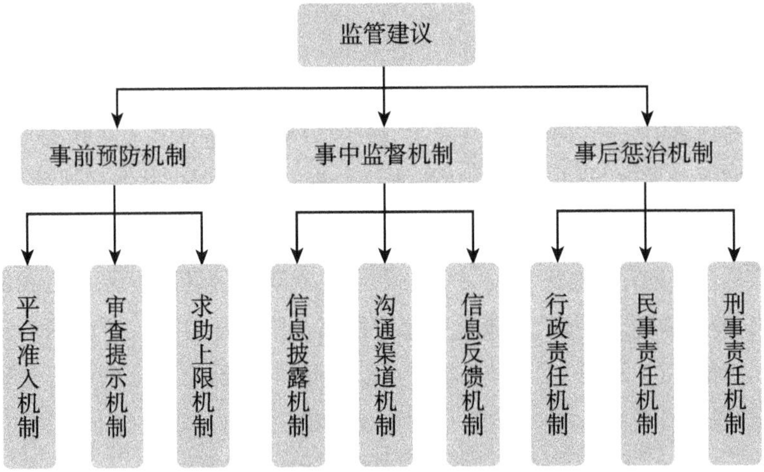

图2 监管建议

1. 事前预防机制

事前预防是风险防范的核心,对个人网络求助而言,事前预防机制能够有效防止诈捐骗捐、超额筹资、余款去向不明等问题的出现。具体包括三项机制:平台准入机制、审查提示机制和求助上限机制。

(1)平台准入机制

个人网络求助乱象的治理始于对网络公益平台的重点监管,对网络公益平台的重点监管始于平台准入机制的确立。在我国,《慈善法》第23条以政府授权民政部门认定的方式对网络慈善募捐平台的准入进行限制,民政部也已经指定了首批13家网络募捐平台。《慈善法》的本意是无论是网络募捐行为还是个人网络求助行为,都应该在这些经过备案公示的平台上进行。由于并没有明文规定未经民政部认定的网络公益平台不能开展慈善活动,所以实际上仍然有大量未经认证的网络公益平台接受募捐信息或者个人求助信息,使本来就无制度规范的个人网络求助行为更加陷入监管困境。[①] 因此,网络公益平台监管的第一步,必须对平台的准入资格进行限制。鉴于个人网络求助和网络公开募捐的同根同源,笔者认为平台准入机制的内容可以包括:①网络公益平台必须向民政部提出申请,经过审核认证符合相应的标准和条件后,才能开展个人网络求助活

① 朱偲媛:《个人网络求助的法律监管探究》,载《文化学刊》2018年第7期。

动。②平台准入的标准可以参照网络公开募捐平台的建设标准,即平台管理规范和平台技术规范。③由于个人网络求助的规范标准本身就低于网络公开募捐的规范标准,因此获得民政部认定具有募捐资格的平台自然应具有开展个人网络求助的资格。

(2)审查提示机制

其一,平台的审查核实义务。网络公益平台一般会从个人求助所获得资金中扣除部分作为运营费用,例如轻松筹平台在求助者提现所筹善款时扣除2%的手续费。基于权利与义务的一致性,平台收取相应的管理费自然应当承担必要的形式审查甚至实质审查义务,包括对求助者的身份证件、病例材料、诊断证明、受灾证明文件、财产状况等进行审查核实。平台对求助人的真实性审核,应采取安全保护措施以确保个人信息处于完整与真实状态,进而维护主体所受社会评价的公正性。[①] 其二,风险提示义务。网络公益平台的风险提示义务包括但不限于:平台应当在显著位置向公众进行风险防范提示且必须提供精确的、足够的、清楚的风险提示,并且根据求助者和求助项目的不同采取不同的警告措施。告知求助者信息不属于慈善公开募捐信息,真实性由信息发布个人负责。网络公益平台在捐赠人进行支付前,应向捐赠人展示相应的权责协议,并在显著位置告知用户捐赠款项无法从平台上退回。

(3)求助上限机制

求助上限制度主要针对求助者的目标金额进行限制。具体规则设计:①平台应当组建专业团队对求助者的求助事项进行评估,合理确定筹款金额上限。②平台必须禁止求助者个人修改金额权限,否则会导致求助金额修改乱象。③在求助事项顺利进展的情况下,依据求助者的申请,平台可以调整金额上限。

2. 事中监督机制

(1)信息披露机制

外部监管的有效推进,必须依靠完善的信息披露制度。个人网络求助的捐赠者与求助者、网络公益平台之间是超级集中支付系统与个体移动支付的统

---

① 李仪:《网络环境下个人信息再利用的立法规制》,载《重庆大学学报》(哲学社会科学版)2014年第3期。

一,[①]加之捐赠者相关经验的缺乏,使个人网络求助与慈善募捐相比,面临着更加严重的信息不对称。其一,求助者一般都是弱势群体,信息披露的能力极为有限,捐赠者的范围较为分散导致其信息获取整合能力较低。其二,网络捐赠者的捐赠额度一般较小,个人进行信息调查和后续监督的意愿不甚强烈,因此捐赠者更愿意选择“搭便车”,而不是自己承担相应的信息成本。因此,有必要建立信息披露制度来防范求助者与捐赠者信息不对称而引发的风险。

鉴于求助者的信息披露能力有限,信息披露的主要责任应由网络公益平台承担。①平台应主动履行信息披露义务,定期向社会公众披露相关信息,并接受社会质询。②平台应具有信息汇总、查询、统计功能,能为捐赠人提供完整的个人求助信息,方便捐赠人查询个人活动进展、捐赠款项使用等情况。③平台应具有对个人求助项目进展反馈的功能,提醒和督促求助者及时主动向捐赠人反馈有关情况。④平台应建立客服系统,包括电话客服和网络客服,及时有效回复公众的问询。网络公益平台信息披露的具体内容以及信息披露保障功能的建设标准,应有民政部主导制定详细的细则。网络平台应对披露信息的真实性、准确性负责,确保公开披露的信息内容通俗易懂,无虚假或误导性陈述,无重大遗漏。

(2)沟通渠道机制

沟通渠道是指网络公益平台在其网站界面上搭建的,供捐赠者、求助者等相关公众信息交流互通的渠道,目的是降低信息披露成本,减少诈捐骗捐,实现公众监管的效应。沟通渠道制度作为解决信息不对称的有力工具,是充分运用大众智慧的结果,因为不同的人群是发现隐藏的真理和预测不确定结果的有力力量。[②] 笔者对民政部指定的13家首批“互联网募捐信息平台”中的7个平台的沟通渠道制度建设情况进行了统计(见表1)。

---

① 杨东:《互联网金融的法律规制——基于信息工具的视角》,载《中国社会科学》2015年第4期。

② See C. Steven Bradford, “The New Federal Crowdfunding Exemption: Promise Unfulfilled”, 40 *Securities Regulartion Law Journal* 1, 2012, p. 18.

表 1　七个平台沟通渠道的建设情况

对比项目	腾讯公益	蚂蚁金服公益平台	微公益	京东公益	轻松筹	百度慈善捐助平台	公益宝
平台名称	意见反馈	项目评论	网友热议	我要提问	筹款动态	提点意见	爱心评论
发表评论	非会员	会员	会员	会员	会员	非会员	会员
公众能否查看意见	能	能	能	能	能	不能	不能
评论字数	10 ~ 10000	5 ~ 200	0 ~ 140	0 ~ 1000	无限制	无限制	无法查看
评论数量(随机)	20 条以内	20 条以内	5 条以内	无法查看	20 条以内	5 条以内	无法查看

从表 1 可以看出,我国网络公益平台沟通渠道建设存在以下问题:其一,沟通渠道设置缺少统一标准。各网络公益平台是否为相关公众设置沟通渠道以及如何设置的实践做法并不一致,不排除部分平台欠缺考虑或处于其他目的故意妨碍沟通交流。目前我国沟通渠道的名称、评论要求、查看条件、评级要求等形式多样、条件不一、缺少规范。其二,平台沟通参与度较低、缺乏有效交流。笔者随机抽取网络公益平台的部分项目观察发现:评论数量在 20 条以上的项目极少,基本都保持在 10 条以内,有的项目甚至是零评论。①

借鉴美国《众筹条例》沟通渠道制度设计的经验,②笔者认为我国沟通渠道制度的建立应遵循如下规则。首先,由民政部设置沟通渠道的具体规则:①强制要求网络公益平台搭建信息沟通渠道,且应做到名称统一、不得限制评论次数和字数。②平台应当保持中立性,禁止引导劝捐等行为。③平台应允许公众无限制地访问沟通渠道中所讨论的所有内容,但出于减少无用信息的考虑,只允许平台注册会员发表意见。④由民政部主导建立网络公益平台评价系统,督促平台主动提升沟通渠道的信息质量与效益。③

(3)信息反馈机制

在调查中发现,个人求助方面的回馈消息非常稀少,关于善款使用情况的回馈可以说是不足 1% 。能做到较为完整及时的回馈信息的平台目前只有“蚂蚁金服公益平台”,绝大多数网络公益平台都存在回馈信息延迟,数量少,甚至没有回馈信息的情况。④ 从管理学角度而言,管理是否有效,其关键在于管理信息系统

① 李冬:《美国〈众筹条例〉中沟通平台制度的构建及启示》,载朱羿锟主编:《金融商法论集》,暨南大学出版社 2018 年版,第 179 页。

② Rule 303(c) of Regulation Crowdfunding.

③ 范文坡:《股权众筹法律供给及制度构建》,载《浙江金融》2016 年第 11 期。

④ 李梦晗:《网络募捐平台监管的法律问题研究》,兰州大学 2018 年硕士学位论文,第 18 ~ 19 页。

是否完善,信息反馈是否正确、有力、灵敏。因此,在面临网络公益平台信息反馈如此严峻的时刻,我们急需建立高效的信息反馈机制,减少诈捐骗捐事件的发生,规范个人网络求助的运行。笔者认为,相较于《慈善法》规定的公开募捐的反馈机制,个人网络求助的信息反馈应该更加及时具体。网络公益平台的信息反馈机制应当包括:①平台应具有信息汇总、查询、统计功能,能为捐赠人提供完整的个人网络求助活动信息,方便捐赠人查询活动进展、捐赠款项使用等情况。②平台应具有求助活动的进展反馈功能,能提醒求助者及时主动向捐赠人反馈有关情况,在反馈周期、反馈内容等方面应做到及时有效。例如,善款的使用情况必须每个月进行一次反馈,使用完毕一个月内反馈使用细则。③引进《侵权责任法》中通知删除机制,即平台接收到举报、投诉后及时采取合理措施的,避免损失的扩大。

3. 事后惩治机制

基于网络公益平台提供者与求助者、捐赠者之间形成公益平台服务合同关系,网络公益平台提供者应当承担提供符合标准的网络公益平台的义务、求助项目的审查发布义务、善款托管支付义务、剩余善款妥善处置的义务等。平台事后惩治是对平台行政责任、民事责任以及刑事责任的追究,责任追究机制的建立也是平台义务履行的保障。

(1)行政责任机制

可以说,对于网络公益平台的违法违规行为,行政责任的追究是最有效、最迅捷的惩治制度。对于网络平台的积极责任,我国法律法规已经课以相当数量的行政义务,涵盖事前的实名登记、身份核实、内容审查,事中的跟踪监测、信息管理、及时制止、保存和报告,事后的配合执法等一系列义务。平台行政责任追究的机关是以民政部门为主导的网信、工商、金融等协同监管方,追究的对象是指定和非指定平台,责任事由包括非法运营、项目信息发布不规范、资金使用不规范以及考核不达标等事由,责任的承担方式包括警告、予以约谈、限期整改以及取消指定等。

(2)民事责任机制

民事责任属于私法责任,是网络公益平台法律责任承担中覆盖范围最广的一种。例如,对于平台未尽到合理审查义务侵犯他人合法权益、私自挪用求助者资金等行为,根据相应的民事法律规范,网络公益平台将承担违约责任、侵权责任。

首先,平台的违约责任。网络公益平台与求助者、捐赠者之间存在的基础法律关系就是服务合同关系,求助者在平台上发布信息、捐赠者在平台上捐款之时服务合同即成立。由于缺乏法律的明确规定,实际上双方成立的都是格式合同,合同的内容包括个人求助的条件、项目发起的要求、捐赠款项的使用以及不对等的免责条款等。就违约责任的构成要件而言,只要一方不按合同的约定履行义务,都会构成违约,需要承担违约责任。违约责任的形式包括:平台未及时准确发布求助信息的违约、平台未有效管理项目的违约、平台未妥善保管善款的违约等。

其次,平台的侵权责任。在尚未有法律明确规定之前,平台侵权责任的认定应以一般侵权责任的构成要件为依据。即满足违法行为、损害结果、过错及因果关系的构成要件。①违法行为。违法行为的认定要以存在法定义务为前提,平台的法定义务至少应该包括求助信息真实性的必要审查、求助项目的运行管理、善款的管理等。②过错。为平衡求助者、捐赠者与平台的权利义务,宜对平台采取过错推定的归责原则,由平台对其已经履行法定义务进行证明。③损害结果包括人身、财产以及精神损害,如捐赠者财物的损失、求助者未得到应有求助而产生的人身损害及精神损害等。④因果关系。平台未进行合理的风险提示与捐赠者财物损失之间存在因果关系,平台未及时通知删除虚假项目与捐赠者财物损失之间存在因果关系。虽然存在上述显而易见的因果关系,但如果要受害者来承担证明责任,并严密的推断加害行为和损害结果之间的联系,那么过错推定就失去了其救济受害人的本质属性。[①] 故在因果关系的认定上也可以考虑适用推定原则。

最后,责任承担方式。一方面,当发生平台未妥善管理善款造成损失等事件时,可能会产生违约责任和侵权责任的竞合,此时受害者可择一行使;[②]另一方面,参照《侵权责任法》第15条的规定,网络公益平台责任的方式主要有停止侵害、赔礼道歉、返还财产及赔偿损失。如平台接到举报后,应及时进行审核并通过关闭求助项目停止侵害;在平台上发布致歉说明,发表申明消除负面影响;发

① 郑永宽:《论责任范围限定中的侵权过失与因果关系》,载《法律科学》2016年第1期。

② 参见杨立新、韩煦:《网络交易平台提供者的法律地位与民事责任》,载《江汉论坛》2014年第5期。

生诈捐骗捐后,平台不仅应返还多余善款而且依据《侵权责任法》第36条的规定还应承担连带的赔偿责任。①

(3)刑事责任机制

要正确区分网络公益平台上出现的各种非法集资、诈骗及侵犯知识产权的行为,并通过相应的刑事责任承担来对行政责任和民事责任进行配合和补充。网络求助的行为人如果以非法占有为目的,虚构事实在网络或其他媒体上传播,骗取他人财物,情节严重的则涉嫌构成诈骗罪。如果网络公益平台的提供者放任诈捐骗捐活动的发生,该行为可视为消极帮助犯实施的帮助行为或技术支持行为,当达到诈骗罪的入罪标准时,平台可认定为诈骗罪的帮助犯。另外,如果网络公益平台的提供者不履行网络安全管理义务"致使违法信息大量传播"等危害结果的,将面临刑事制裁,构成拒不履行信息网络安全管理义务罪。②

四、结　　语

法律作为调整和控制社会行为的工具,理应作为解决社会现实问题的圭臬。《慈善法》对个人网络求助的暂时回避,绝不能成为居心叵测之人侵蚀国家慈善事业的理由。现实生活中,个人网络求助行为导致的违法事件接连出现,其背后的共性问题经梳理后不难总结。出于对公益事业健康发展的考量,国家应考虑出台相应的司法解释或者专门条款,将个人网络求助纳入法治监管的轨道,本文以问题解决为导向,借鉴相关制度经验,提出个人网络求助的部分监管建议。鉴于个人能力有限,对于此种问题的探讨难免有所疏漏,但仍尽力梳理总结、拓展思路,以期为该领域的法制建设和制度研究做一萌蘖。

---

① 在诈捐骗捐事件发生后,诈捐骗捐者是直接侵权者,网络公益平台由于未尽到相应的审核义务而构成帮助侵权。网络公益平台与诈捐骗捐者构成共同侵权,网络公益平台则需承担连带责任。

② 涂龙科:《网络内容管理义务与网络服务提供者的刑事责任》,载《法学评论》2016年第3期。

我国商业银行不良贷款资产证券化的风险及法律防范

柳　叶*

摘　要：近年来，受宏观经济形势的影响，我国商业银行不良贷款余额屡创新高，快速处置不良资产成为商业银行审慎经营的迫切需求。传统不良资产处置方式存在处置成本高和处置效率低的缺陷，相较而言，资产证券化手段优势鲜明。不良贷款资产证券化的重启给商业银行批量、高效回收不良贷款提供了新的选择，然而其显著的基础资产质量劣后特征也衍生出比一般资产证券化更加严重的信用风险、道德风险、法律风险等风险。金融创新不能脱离风险防控而自由生长，为更好地培育不良贷款资产支持证券市场，可以从法治建设的角度出发，合理筛选基础资产，建立健全社会征信体系，强化信息披露、提升市场透明度，加强信用评级机构监管，完善相关法律法规文件等来保证不良贷款资产证券化的规范运行。

关键词：不良贷款；资产证券化；风险；法律对策

Risk and Legal Precaution of Non-performing Loan Asset Securitization in China's Commercial Banks

Liu Ye

Abstract: In recent years, due to the impact of macroeconomic situation, as the remaining sum of non-performing loans of China's commercial banks are getting

* 中央财经大学法学院2016级金融服务法研究生。

higher, disposal of non-performing assets become urgent for commercial banks. The shortcoming of traditional method of disposing bad assets are high disposal cost and low disposal efficiency, while the asset securitization method has distinct advantages in comparison. The re-opening of the non-performing loan asset securitization provides a new choice for commercial banks to recover the bad loans in bulk and efficiently, but the outstanding characteristics of the underlying asset quality also derive more serious risks such as credit risk, moral risk and legal risk. Financial innovation without risk control and regulation could be a disaster, in order to cultivate the non-performing loan assets to support the securities market more effectively, there are something we can do, screening basic assets, establishing a sound social credit system, strengthening information disclosure, enhancing market transparency, strengthening the supervision of credit rating agencies, improving the relevant laws and regulations to ensure the non-performing loan asset securitization operation.

Keywords: non-performing loans; asset securitization; risk; legal countermeasures

一、我国商业银行不良贷款资产证券化发展概况

(一)商业银行不良贷款资产证券化的内涵与探索进程

我国自2005年起开始尝试资产证券化。2005年4月,银监会颁布《信贷资产证券化试点管理办法》,标志着我国资产证券化试点正式启动。2005年至2008年年底,银行间债券市场陆续发行了17单证券化产品,其中有4单为重组不良资产支持证券。但此后受次贷危机影响,市场对"资产证券化"一度避之不及,不良资产证券化也随之搁浅。直至2011年,经国务院同意继续试点、银监会颁发《关于进一步扩大信贷资产证券化试点有关事项的通知》,信贷资产证券化才得以重启。此后几年,资产证券化业务步入迅速扩张的"快车道",中国人民银行对产品发行实施注册制,银行间交易商协会发布一系列信息披露指引进行规范,资产证券化运行日趋稳健。而今,综观我国宏观经济的运行状况,体量巨大的不良贷款已有引发系统性风险之虞,为化解这一风险,2016年4月银行间市场交易商协会发布《不良贷款资产支持证券信息披露指引(试行)》(以下简称《信

息披露指引》),我国不良贷款资产证券化正式重启。

(二)商业银行不良贷款资产证券化的运作模式与交易结构

欲探析不良贷款资产证券化中存在的风险,有必要先厘清其具体操作。目前,我国商业银行开展不良贷款资产证券化大致遵循如下流程:首先,商业银行作为发起人将不良贷款债权委托给受托机构(信托公司),由受托机构设立不良贷款财产信托,实现风险隔离。其次,受托机构向投资者发行以信托财产为支撑的资产支持证券,包括优先档和次级档两类,二者在评级和偿付顺序上存在差别。此外,为保障评级结果的客观公正,该证券必须由两家评估公司分别评级,资产证券化也是我国所有债务融资工具中唯一适用双评级制度的业务。最后,不良贷款资产支持证券面向银行间债券市场的机构投资者发行,且发起人须自留一定比例的证券以防范道德风险。信托存续期间,受托机构一般委托发起人即商业银行继续担任贷款服务机构,负责资产池的日常管理、维护和回收工作(见图1)。

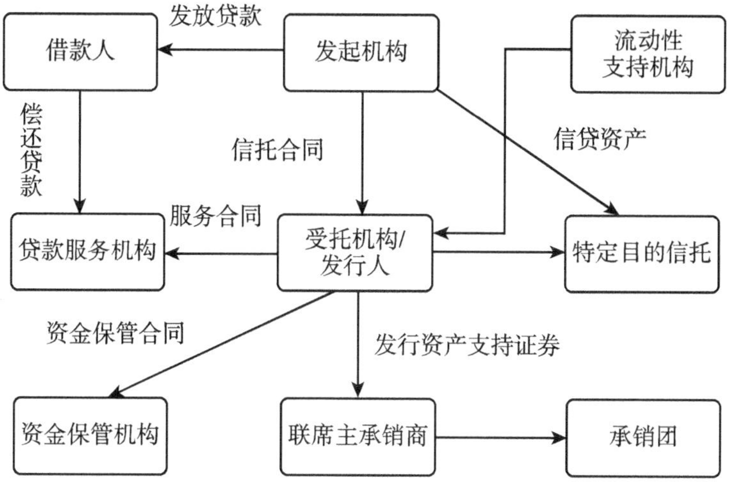

图1 商业银行不良贷款资产支持证券交易①

① 笔者根据2016年部分不良贷款资产支持证券项目的交易结构整理得来。

(三)重启商业银行不良贷款资产证券化项目特点评述

截至2017年年底,商业银行共发起33单不良资产类证券化产品,规模为285.71亿元。[①] 笔者根据部分项目发行说明书及互联网公开信息总结了当下商业银行开展不良贷款资产证券化业务的特点。[②]

1. 基础资产较为"优质"

受次贷危机影响,不良贷款资产证券化的启动饱受市场质疑,因此各商业银行在筛选基础资产时都保持了审慎态度。从已披露的信息来看,除"和萃一期"属纯信用类的信用卡不良贷款外,其余项目的大部分入池资产均有抵押担保,且担保物多为土地、房屋,变现能力较强。债务人还款能力也是一大评估标准,如"中誉一期"的债务人均为合法存续的工商主体,其持续经营能力是未来还款的有力保障。此外,部分项目还注重选择来自经济发达地区债权,如"农盈一期"的基础资产主要选自江浙地带,良好的经济、法律环境有利于其后续的清收变现。

2. 信息披露显著提升

《信息披露指引》对不良贷款资产证券化的信息披露做了较为严格的规定,其中对基础资产总体信息的披露获明显强化。《信息披露指引》规定:"受托机构应披露……基础资产总体信息,包括但不限于入池资产笔数、金额与期限特征、入池资产抵(质)押特征、入池资产借款人特征、借款人基础信息等。"具体到项目发行说明书,除招商银行"和萃"系列因信用卡和小微贷款过于庞杂且分散,无法做到逐笔披露外,其余以抵押贷款为主的项目都逐一披露了各不良贷款的金额、地域、行业、违约类型及担保情况等具体信息。

3. 投资者保护与激励并行

一方面,针对优先级投资者的按期偿付需求,各项目除遵循《信息披露指引》明确规定的各档次证券清偿顺位、违约应对机制、争议解决措施等投资者保护要求外,还采取了多项增信措施。其中,最为普遍的是设置流动性储备账户和外部

---

① 资料来源于联合资信:《2017年信贷资产证券化市场运行报告及展望》,载新浪网:http://finance.sina.com.cn/money/bond/research/2018-04-12/doc-ifyzeyqc1527433.shtml,最后访问日期:2018年8月3日。

② 有关项目信息均来源于中国债券信息网、中国资产证券化论坛网以及其他互联网公开资料。

流动性支持机构。[①] 此外,发起人还会通过将自身暴露在风险当中的方式彰显对项目的信心。较为典型的是“中誉一期”通过优先级利率跳升机制保证在优先档证券违约时支付罚息,“建鑫二期”以特殊现金流偿付安排来担保同作为资产服务机构的建设银行最多只收取信托财产5%的处置费用等。另一方面,针对次级投资者较强的投资盈利目的,项目多聘请次级投资者担任贷款服务顾问参与资产回收,以激励其充分发挥清收能力来获取超额分成。

二、我国商业银行不良贷款资产证券化风险分析

不良贷款资产证券化按照风险性质分类,不良贷款资产证券化面临信用风险、市场风险、操作风险、技术风险、环境风险等多项风险。但从不良贷款资产证券化的基本原理出发,导致不良贷款资产证券化估值定价困难、市场流动性差、投资者疑虑重重的根本原因还是其资产本身的“不良”、交易信息的复杂以及监管者对此规范的不足。兹此出发,本文将对不良贷款资产证券化的信用风险、道德风险和法律风险作重点分析。

(一)信用风险

1. 信用风险分析

信用风险是指当事人到期不能按时履约的违约风险。根据交易主体不同,资产证券化中的信用风险可分为债务人信用风险、发起人信用风险和其他参与主体信用风险。[②] 资产证券化中,发起人和第三方参与机构一般是资历雄厚、信誉良好的商业银行、证券公司、中介机构等,在法律监管及市场声誉机制的约束下,违约可能性较小。与之相反,资产证券化的支柱——资产池,是由大量债务人的债务汇集而成,这些债务人个体能否按时还本付息、现金流是否稳定、流动性是否充足等,则存在较多的不确定性。在不良资产证券化中,这一问题尤其凸显。不良资产证券化的基础资产是已经存在违约“前科”的逾期贷款,而在后续清收中,不良资产债务人还可能出现破产、解散、被关闭、吊销营业执照或下落不

---

① 参见郑彤明:《中国银行业不良资产证券化:现况与展望》,载《金融与经济》2018年第1期。

② 参见李鹏雁:《商业银行不良资产证券化风险分析》,载《燕山大学学报》2009年第6期。

明等情形,不良资产债权也可能出现因超出诉讼时效、转让不能对抗善意第三人、担保物毁损、灭失等情形,导致资产不能清收。且在目前已发行的所有项目中,各项目的主要交易方均无违约记录,因此,不良贷款资产证券化的信用风险主要是债务人信用风险。①

从资产证券化的原理来看,债务人信用风险主要为提前偿付风险和违约风险。债务人的提前偿付行为会打乱不良贷款基础资产池的现金流预期,进而影响证券化机构对投资者的正常偿付。但在不良贷款资产证券化中,由于标的资产均已违约,不存在提前偿付可能,因而债务人信用风险主要为债务人违约风险。值得注意的是:债务人违约不必然导致贷款无法收回,否则不良贷款资产证券化就失去其融资本意了。应当说那些可以部分收回,或者说经过努力可以收回,但何时能够收回、最终能收回多少具有不确定性的不良贷款仍然是适合证券化的。

2. 信用风险的规制现状

目前,不良贷款资产证券化的信用风险主要通过发起人筛选入池资产和评级机构的评级控制。由于不良贷款均已违约,发起人在筛选入池资产时应充分考虑是否附带担保以及担保财产的变现问题。具体而言,担保财产的回收受担保方式、担保物类型、抵(质)押财产初始抵押率、抵押率等因素的影响。进一步讲,担保方式包括信用担保、抵(质)押担保以及保证担保等,不同类型的担保方式对贷款回收的额度和效率影响不同。② 担保物类型包括房屋、土地使用权、在建工程、机器设备、应收账款等,不同种类的担保财产在折旧成本、流动性上也有所差别,进而影响资产变现的进度。最后,抵押率是基础资产抵(质)押财产与未偿本息的比例,抵押率越高,基础资产回收的可能性显然越大。信用评级不能直接起到降低债务人信用风险的作用,但评级机构的评级结果能在一定程度上保证资产池构造的合理性。

---

① 参见王隽:《不良资产证券化的风险控制》,载《中国金融》2016 年第 7 期。

② 如中债资信评估有限公司在《工元 2016 年第一期不良资产支持证券信用评级报告及跟踪评级安排》中指出,"入池不良资产大部分保证人自身经营困难,偿债能力较差,同时代偿意愿较差……保证人对资产池回收作用较低,抵质押物类贷款占比较高,有效提高了资产池整体回收水平"。

(二)道德风险的监管现状

为抑制不良贷款证券化参与主体的道德风险,监管机构采取了多重措施,主要包括发起人风险自留和强制信息披露制度。

发起人风险自留是次贷危机后美国针对资产证券化道德风险设计的一项新规则,即在发行资产支持证券时,证券化机构应自留不低于发行规模5%的证券。① 我国借鉴美国经验后也设置了这一条款,银监会《关于进一步规范信贷资产证券化发起机构风险自留行为》规定:"信贷资产证券化发起机构需保留一定比例的基础资产信用风险,该比例不得低于5%。"具体到不良贷款资产证券化,目前实务中的普遍做法是发起人按照监管要求持有总额不低于当期全部发行规模的5%,且持有的次级档证券不低于次级档发行规模的5%,最后持有期限不低于各档证券的存续期限。② 虽然风险自留的操作流程已经十分清晰,但其具体效果如何也不乏疑问。一是实务中尚未出现发起人道德风险事件,如何确定5%的自留比例能够防控风险,毕竟5%是风险自留的下限而非上限。二是目前已发行的全部不良贷款资产证券产品均以5%为风险自留比例,但各证券的基础资产类型实不相同,证券化参与主体所确定的风险自留比例时是经过精确计算得出,还是仅将其作为一项监管要求,照章办事,其动机存疑。

信息披露是全面防范参与机构道德风险的另一道有力屏障,《信息披露指引》对此作了严格规定。首先,在时间上,指引区分发行环节披露、存续期定期披露和存续期重大事件披露。其次,信息披露过后,交易商协会有权跟踪评价披露信息的真实、及时性,对于不合格披露有权处分。最后,在制作披露文件时,相关主体应按照《信息披露指引》附注的表格范式书写,保障信息披露的清晰、完整性。更进一步地说,笔者通过比对《资产支持证券信息披露规则》和《不良贷款资产支持证券信息披露指引》两项文件发现,不良贷款资产证券化更加强化了在基础资产、参与机构资格以及交易结构等方面的信息披露要求。具体如下:其一,

---

① See "Securities Exchange Act of 1934", available at https://www.sec.gov/about/laws/sea34.pdf., p. 253.

② 《信贷资产证券化试点会计处理规定》第4条规定:"发起机构已将信贷资产所有权上几乎所有(通常指95%或者以上的情形,下同)的风险和报酬转移时,应当终止确认该信贷资产",据此"95%以上"为发起人资产出表的标准。综合银监会风险自留的监管要求,实务中发起机构一般各持5%比例的优先档和次级档证券。

发行文件应公开基础资产的筛选标准、基础资产的总体信息、基础资产的分布信息、与基础资产价值评估相关的尽职调查程序及方法、基础资产估值程序及回收预测依据等内容;其二,发行文件应披露发起机构以及为证券化提供服务的受托机构、联席主承销商、贷款服务机构、资产服务顾问、资金保管机构的基本信息、相关经验和历史数据;其三,发行文件应披露不良资产证券化的交易结构信息,包括但不限于交易结构示意图、中介机构简介、参与机构权利与义务、信托账户设置、各交易条款设置、各触发条件设置及解决机制、现金流分配机制、信用增进措施、资产支持证券持有人大会的组织形式与权利等。

总体而言,相较于一般信贷资产证券化,不良贷款资产证券化在要求披露的内容上更加精确。但与不良贷款资产可能引起的道德风险相比,这些披露内容仍然较为笼统,存在较大的改进空间。如《信息披露指引》只关注了基础资产的总体信息披露,但事实上基础资产的种类多种多样,如对公贷款、信用卡贷款、抵押贷款、小微企业贷款等,不同类型的贷款在抵押担保情况以及后续资产处置上存在差别。从精控风险的角度来讲,笔者认为,监管部门有必要进一步细化基础资产的信息披露要求。①

(三)法律风险

1.法律风险分析

真实出售原则能为投资者隔离发起人破产的风险,是开展资产证券化业务的本旨所在,②但当下开展证券化业务存在的一大法律风险正是"真实出售"含义不清问题。"真实出售"含义不清具体体现在以下两个方面:其一,《信托法》对信托财产转移界定模糊,法条中使用的是"委托"而非"信托"一词,③由于我国不承认衡平法上的双重所有权,故委托不是财产所有权的转移,而是一种代理关系,因此至少在《信托法》上很难说确立了真实出售原则。其二,根据《信贷资产

---

① 参见杨迪川:《不良资产证券化的重启:机理、案例与改进思路》,载《南方金融》2016年第10期。

② 参见秦亚东、杨健:《论我国资产证券化的法律风险——从美国次贷危机谈起》,载《当代法学》2009年第2期。

③ 《信托法》第2条规定,"本法所称信托,是指委托人基于对受托人的信任,将其财产权委托给受托人,由受托人按委托人的意愿以自己的名义,为受益人的利益或者特定目的,进行管理或者处分的行为"。

证券化试点管理办法》规定,信贷资产由金融机构"信托"给受托人,[①]但对于信托一词的内涵与外延,办法没有另行解释。如依上位法,"信托"也不应超出"委托"的界限。综上所述,我国实际不存在资产证券化中真实出售的法律环境。故发起人不仅可能要承担"道德上的追索权",[②]在法律上也有被否认资产出表的风险,如此一来证券化也就丧失了其消解银行不良资产的主旨了。为克服这一明显的缺陷,银监会在《金融机构信贷资产证券化试点监督管理办法》另行声明受托人的追索权限于信托财产。[③] 不过,且不论这一法律规范与上位法的意旨可能存在冲突,仅从法理来看,我国对信托财产的定位也不像英美法系一样放置在SPV公司中并拥有独立的人格,使其承担有限责任是没有依据的。[④]

2. 法律风险的司法与监管应对现状

在信托效力的判断上,尽管有法院因严格秉持信托公司为受托人中介机构,认定经营不良贷款债权的信托无效,[⑤]但之后也有其他法院持开放意见。如江苏高院认为,信托设立的目的是"通过转让信托受益权以提高委托人处理银行不良资产的效率",且这一转让不违反法律法规或损害第三人利益。所谓这类信托只用于诉讼或追讨债权的裁判理由既过于单薄也不能反映实际情况,在当前鼓励金融创新的大背景下,认定信托有效才是解决不良资产处理难题、树立市场信心的正确选择。[⑥]

至于对证券化关键环节——风险隔离和真实出售的认定,银监会在《关于规范商业银行同业业务治理的通知》中引入了特定目的载体概念。根据通知规定,

---

① 《信贷资产证券化试点管理办法》第2条第1款规定:"在中国境内,银行业金融机构作为发起机构,将信贷资产信托给受托机构,由受托机构以资产支持证券的形式向投资机构发行受益证券,以该财产所产生的现金支付资产支持证券收益的结构性融资活动,适用本办法。"

② 参见张金若:《关于"发起人金融资产转移会计处理方法"的评判》,载《证券市场导报》2010年第1期。

③ 《金融机构信贷资产证券化试点监督管理办法》第22条规定:"发起机构应当确保受托机构在资产支持证券发行说明书的显著位置提示投资机构:资产支持证券不代表发起机构的负债,资产支持证券投资机构的追索权仅限于信托财产。发起机构除了承担在信托合同和可能在贷款服务合同等信贷资产证券化相关法律文件中所承诺的义务和责任外,不对信贷资产证券化业务活动中可能产生的其他损失承担义务和责任。"

④ 参见侯太领:《资产证券化的法律本质及其监管选择》,载《金融监管研究》2012年第10期。

⑤ 参见《以信托方式将不良资产打包转让被法院驳回》,载新浪网:http://blog.sina.com.cn/s/blog_3f867e130100i5jv.html,最后访问日期:2018年8月3日。

⑥ 参见张淳:《我国信托法关于讨债信托和诉讼信托无效的规定应当删除》,载《南京大学法律评论》2014年秋季卷。

特定目的载体包括但不限于商业银行理财产品、信托投资计划、证券投资基金、证券公司资产管理计划、基金管理公司及子公司资产管理计划、保险业资产管理机构资产管理产品等。由此,尽管我国立法未对资产证券化中的特殊目的实体作确切规范,但目前信托意义上的不良贷款资产证券化业务业已获得了监管部门的承认。①

三、我国商业银行不良贷款资产证券化风险控制的法治路径

从现今已披露的受托机构偿付报告来看,市场上的不良贷款资产证券化项目均运行正常,未出现违约情形。但证券按期偿付不等于项目不存在风险,且目前项目还处在试点阶段,各方保持高度审慎也情有可原。不良贷款资产证券化的内在价值是化解风险而非成为下一个危机的起源,在2008年金融风暴的前车之鉴下,如何管理不良贷款证券化因其"不良"带来的风险,使这一资产处置途径真正服务于经济转型、维护金融稳定将是未来研究的重点。随着市场的逐步开放,当中小银行进入市场成为可能,出现基础资产抵押率降低、抵押资产质量降低、折扣率上浮时,如何保障市场风险依然可控,需要市场主体、监管部门以及立法机关共同努力。

(一)合理筛选基础资产

不良贷款资产证券化的首要风险是资产已经违约,且还款缺乏预期,在这种情况下,对资产进行严格筛选即是降低信用风险的第一步骤。以次贷危机为鉴,次贷危机风险最终蔓延全球虽然与其过高的杠杆率不无关系,但直接给危机埋下隐患的还是资产池质量的欠佳。美国次级贷款的对象是收入较低或不稳定、有负债的客户,因此在还款上也具有比优质客户更大的风险。但是,美国住房抵押贷款支持证券(RMBS)的发行却没有对此作过多区分,金融学上将RMBS定义为过手证券(pass-through securities),就是在不区分投资者风险偏好的前提下,以相同的收益率将基础资产回收的现金流"转手"给投资者。此后,投资银行在

---

① 《关于规范金融机构同业业务的通知》(银发〔2014〕127号)第6条。

开发衍生产品的过程中虽然又引入了分档技术,区分不同风险和收益率进行再证券化,但最初的资产池还是没有变化,资产证券化的根基已然被动摇。[①]

回到不良贷款证券化,不良贷款在字面意义上与“次贷”无异,但究其本质,次贷危机隐含了投资银行对投资者的欺诈,不良贷款证券化则已明示了资产的质量及风险。只是不良贷款虽然都已逾期,但并不意味着不能回收,且其回收概率根据逾期长短不同有所区别,因此发起人应根据风险程度的高低严格筛选可证券化的资产,以免除类似次贷危机造成风险传染之虞。根据财政部《金融保险企业财务制度》对贷款的正常、逾期、呆滞、呆账分类,一些企业如经营状况良好、只是轻微逾期,或企业破产倒闭,债务只能当作损失冲销,则这些资产都是不适合被证券化的。只有那些可以部分收回,或者说经过努力可以收回,但回收时间和回收比例不很确定的不良贷款才是适合资产证券化的不良贷款基础资产。[②]在具体判断上,行业协会或监管部门可以制定管理办法,为发起人、中介机构筛选资产设置标准,优化评估方法,提高不良贷款资产证券化的运作效率和可靠性。

(二)建立健全社会征信体系

以美国为例,其征信体系模式是以市场化运营为核心,辅以完善的法律法规体系和监管框架构建起来的。[③] 在市场化运营方面,美国市场上有专门的征信公司,负责收集、调查政府、金融机构、大型上市公司、中小企业以及个人消费者的信用记录和信息,并通过大数据评估给出不同的信用评级和调查报告。在立法方面,美国国会出台了《公平信用报告法》《公平获取信用评分法》《诚实租借法》《信息自由法》等,以此保障市场主体信用信息在搜集、生产、加工、销售等过程中的规范流动和合法使用,保护企业商业秘密及个人隐私权等。[④] 在监管方面,美国征信体系的主要监管部门是联邦贸易委员会,美国财政部、司法部、美联储以

---

① 参见许多奇:《次贷危机法律根源探究——美国金融监管制度及思想先进性质疑与启示》,载《交大法学》2011 年第 1 期。

② 参见沈炳熙:《资产证券化:中国的实践》,北京大学出版社 2013 年版,第 213 ~214 页。

③ 姚东:《“每人所做的一点一滴都和信用有关”——约瑟夫 · 米拉那博士谈美国征信体系》,载《中国金融家》2015 年第 5 期。

④ 徐志军、周悦丽:《个人信用信息数据库在我国征信体系构建中的法律定位分析》,载《河北法学》2008 年第 1 期。

及货币监理署等司法、金融监管部门也有一定的监管权,配合联邦贸易委员会共同对信用信息的收集、评估、评分、信用评级报告的制作、销售、隐私权保护等进行全流程监管。此外,美国征信体系的高效运营还离不开一套科学的信用评分模型——FICO 评分体系,FICO 通过将征信数据导入信用评分模型,能够量化估算出个人在近 2 年内的信用状况和违约概率。在市场、技术以及监管部门的严密配合下,美国社会可以说是一个建立在"信用"之上的社会。①

具体到不良贷款资产证券化与我国征信体系建设的结合上,首先,要建立健全法律体系。对不良贷款资产证券基础资产质量的评估取决于债务人信息的真实、准确、完整,因此在立法时应对信息的流转、保存、传播等各个环节进行详细规定,保证评估口径一致,评估结果准确。其次,要构建有力的政府监管框架。可以由中国人民银行牵头、负责整体监管,并同财政部、发改委、司法部、最高法、最高检等部门组建联席会议机制,共享监管信息,之后再由具体部门如银保监会负责对不良贷款证券化资产质量的监管。最后,以利益为导向的市场化征信是最有效的征信方式。2018 年 2 月,中国人民银行已经审批发放首家个人征信机构牌照,未来在整合互联网海量信息的基础上,对筛选合乎标准的不良贷款资产也将有所裨益。

(三)强化信息披露,提升市场透明度

危机过后,美国证券交易委员会(the U. S. Securities and Exchange Commission, SEC)在反思资产证券化问题的基础上,重新修订了 SEC 规范资产证券化业务的专项法规——Regulation AB,形成了 Regulation AB Ⅱ(以下简称 Reg AB Ⅱ)。② Reg AB Ⅱ 制定的主要目标是消除信息不对称、增强市场透明度,其对资产证券化信息披露内容、格式、表格标准等均重新作了厘定,可资我国借鉴。具言之,其一,新规将危机前的"资产池层级披露"(pool-level disclosure)向前推进为"资产层级披露"(asset-level disclosure),以便于投资者更清晰地了解基础资产质量,提高投资人对风险的自我评估能力,减少对信息评级的依赖。其二,新规要求,证

① Brent C. Smith, "Stability in Consumer Credit Scores: Level and Direction of FICO Score Drift as a Precursor to Mortgage Default and Prepayment", *Journal of Housing Economics*, 2011, 20(4): 285 – 298.

② See Charles A. Sweet, "The SEC Finally Adopts Regulation AB Ⅱ", *Journal of Structured Finance*, Winter2015, Vol. 20, Issue 4, pp. 22 – 29.

券参与方提交的所有报告应一律采用 XML 的电子格式，针对所有资产证券化信息披露，均应适用新的登记表格 SF－1(储架发行以外的其他发行)和 SF－3(储架发行)，针对存续期的报告披露适用 10－D(定期披露)、10－K(年度披露)、8－K(临时事项披露)表格，这些表格都已列明了所有需要披露的内容，证券化参与机构只需对应填写即可。[①] 其三，在静态资产池的信息披露上，新规还提出应当对静态资产池涉及的专业数据、方法等进行解释、比较，对异常情况进行说明，必要时可借助图形及表格的形式进行展示。[②] 综上所述，笔者认为，在考察信息披露有效性时，不仅要考虑信息从发起主体的完整输出，还要考虑信息在投资者处的有用输入，只有两者兼顾，才能实现市场的公平透明。

(四)加强信用评级机构监管

遏制不良贷款资产证券化道德风险的另一重有力措施是加强对评级机构监管、规范评级机构的责任承担体系。评级机构在为资产证券化提供服务时，应勤勉尽责，对相关文件、数据、实物资料进行核查验证，对出具报告内容的真实、准确、完整予以保证。金融危机后，美国颁布《多德—弗兰克法》(以下简称多德法)、《信用评级机构改革法案》，着重布局了对信用评级机构的监管改革。一是多德法要求在 SEC 下设立专门监管信用评级机构的监管组织——信用评级办公室(Office of Credit Rating)，负责核查评级机构的评级行为，同时赋予 SEC 对评级机构公司治理、独立性的检查权，SEC 有权处罚违法评级机构。[③] 二是多德法细化了评级机构的民事责任体系。在原则层面，多德法将评级机构纳入了与会计师、证券分析师一体的资本市场“看门人”行列，在发布报告、专家意见出现错误时与后者承担同样的中介机构责任。在具体内容上，过去评级机构的公开言论受“前瞻性预测”理论保护而不受法律责任约束，但该规则在此次改革中被革除，评级机构因故意或重大过失导致披露的信息存在错误的，投资者可以起诉评

---

① See SEC, “Asset-Backed Securities Disclosure and Registration”, available at https://www.sec.gov/rules/final/2014/33－9638.pdf.

② 许余洁、任少雄、余志斌：《美国资产证券化新规及其对我国市场发展的启示》，载《金融法苑》2015 年第 1 期。

③ Charles W. Murdock, “The Dodd-Frank Street Reform and Consumer Protection Act: What Caused the Financial Crisis and Will Dodd-Frank Prevent Future Crises?”, *SMU Law Review Fall*, 2011, p. 38.

级机构赔偿损失。①

我国在不良资产证券化重建之时也有必要吸取发达金融市场的前车之鉴。首先,应制定一部专门的监管评级机构的法规,对评级机构涉及的各项问题进行规范调整,统一市场标准。其次,应在专项立法中授权或新设某一监管部门对评级机构进行专门监管。美国法下的统一监管部门是SEC,我国目前人民银行、发改委、银保监会对不同市场的评级机构都有监管权,但存在监管口径不一,监管信息流通不畅的问题,建议统合各部门监管权,提高监管效率。最后,应建立严格的评级机构追责制度。评级机构在金融市场上具有巨大的影响力,其本应独立、客观、公正的开展工作,但次贷危机的教训表明,评级机构不是天然的具有公正性,对其行为也应基于必要的约束,给被评级对象、公众投资者造成损害的,应承担相应的民事责任。

(五)完善不良贷款资产证券化的相关法律制度

当前我国不良贷款资产证券化正处于试点阶段,中央政府和监管机构都对项目开展予以大力支持,因此在政策层面上,项目运行不存在过多阻力。但回归法律层面,立法缺失、法律法规冲突、配套制度不健全等问题却一直是证券化市场发展的积弊。吴晓灵曾指出:"中国金融界缺乏对法律风险的深刻认识。然而如果对法律风险没有进行充分的事前研究,将会造成一个金融产品的系统性风险",②由此防范法律风险也是维护金融市场稳定的重中之重。

解决不良贷款资产证券化法律问题的治本之策是颁布一部专门的资产证券化法。因为从各国的经验来看,资产证券化中的资产出表、SPV构造、破产隔离等基本制度都需要以立法的形式固定下来,继而保障交易的稳定。③ 美国是首个发行不良贷款证券化产品的国家。20世纪80年代末,美国国会为应对储蓄机构破产倒闭风潮,通过了《金融机构改革复兴和实施法案》,开启了以证券化的形式处理商业银行不良贷款的先河。日本政府出台多部金融法规如《金融机构重组

---

① See "Dodd-Frank Wall Street Reform and Consumer Protection Act", Sec, pp. 931 - 939.

② 参见中国人民银行金融市场司编:《中国资产证券化:从理论走向实践》,中国金融出版社2006年版,第111页。

③ 参见彭冰、王涌、陈芳:《从学术视角看目前资产证券化的法律与监管》,载中国资产证券化论坛:http://www.chinasecuritization.org/cn/NewDetails.aspx? classCode = 600&id = 7c0c2219 - 4a4a - 4f04 - a01f - bc2dbf90fda7,最后访问日期:2017年2月18日。

方针》《冲减金融机构技能紧急措施法》等，涉足不良资产证券化处置项目，韩国政府也成立专门资产管理公司——韩国资产管理公司并颁布《资产证券化法案》，授权韩国资产管理公司专门运营不良资产证券化。[①] 总结以上发达金融市场国家在运用证券化工具的经验可知，各国在开展不良贷款资产证券化时均是立法现先行，借助审慎的立法程序对这一金融创新的边界、监管部门、监管权限进行明确，使不良贷款资产证券化这一金融活动在法律的框架下更加规范、有效的运行。

我国目前关涉资产证券化的法律规范主要由中国人民银行、银监会、证监会颁布，效力层级较低。笔者认为，面对风云变幻的金融市场，为了更好地开展证券化项目，立法机关可以在现有的资产证券化试点实践基础上总结经验，完善资产证券化相关法律规范。其一，应明确不良贷款资产证券化信托的效力。针对"讨债信托或诉讼信托无效"的规定，有研究表明：这一条款源于法律移植，没有我国的实践基础，也与推行不良资产证券化相悖，故笔者认为可以在立法中删除这一条款并重申不良贷款资产证券化信托的效力。[②] 其二，应明晰《信托法》中的真实出售内涵。商业银行向特定目的信托转让不良贷款必须满足真实出售标准，否则不能发挥证券化这一不良资产处置渠道的创新价值。参照美国法关于真实出售的认定，美国破产法院判断一项资产转让与否的法律标准通常包括以下几个方面：受让人对出让人有无追索权、出让方是否对资产持续管理并参与收益分配、受让方是否对债务人进行独立的信用调查、出让方对超额收益权利、资产回购的安排为何、受让方对定价机制有无决定权等。[③] 笔者认为，我国未来在修改《信托法》、厘清真实出售条件时，也可结合美国法院经验以资借鉴。

---

① 参见林华、许玉洁、黄长清、李耀光：《中国开展不良贷款证券化的相关思考与建议》，载《金融会计》2015 年第 12 期。

② 参见张淳：《我国信托法关于讨债信托和诉讼信托无效的规定应当删除》，载《南京大学法律评论》2014 年秋季卷。

③ 参见张泽平：《资产证券化法律制度的比较与借鉴》，法律出版社 2008 年版，第 127 ~ 132 页。

我国个税递延型养老保险的完善探析

郭军麟*

摘　要：在我国当前人口老龄化趋势加剧和养老保险体制面临严峻挑战的大背景下，个税递延型养老保险具有重要的经济与社会意义。从完善我国个税征管体制改革和养老保险体制改革的角度来看，目前推行个税递延型养老保险面临着在推行过程中会产生不公平现象、个税递延优惠制度与我国现行税制相抵触等障碍。通过借鉴美国的成功经验，应当完善并规范我国个税递延型养老保险的制度设计，对中高收入者的递延优惠进行限制并加大对低收入者的补贴，对递延金额的设置采取类型化的方法等，并加强各职能部门之间的交流协作与政策沟通。

关键词：个税递延型养老保险；个税征管；税收优惠；养老保险体制

Analysis on the Improvement of the Individual Tax Deferred Pension Insurance System in China

Guo Junlin

Abstract: In China's current aging population and pension system facing severe challenges, the individual tax deferred pension insurance has important economic and social significance. From the point of view of perfecting the reform of individual income tax collection and management system and the reform of endowment insurance system in China, the implementation of individual income tax deferred

* 对外经济贸易大学法学院2016级本科生。

pension system is faced with the obstacles of unfair phenomenon, the system of individual income tax deferred preferential benefit and the current tax system in China. Learning from the successful experience of the United States, it is necessary to improve and specify the design of individual tax deferred pension insurance system, such as restricting the deferred benefits of middle and high income earners and increasing the subsidies for low income earners, adopting the method of classifying the deferred amount, and strengthening cooperation and policy communication between functional departments.

Keywords: individual tax deferred pension insurance; personal income tax collection and management; tax incentives; endowment insurance system

一、引　言

近年来,随着民众生活质量和社会医疗水平的逐渐提高,我国人口的预期寿命也不断延长。按照国际标准,中国已经步入老龄化社会,并且呈现出程度日益加深的状态。① 但是目前中国人均收入水平较低,社会整体上存在"未致富先养老"的风险,从而对以城镇职工养老保险为核心的社会保险制度带来了巨大挑战。经济的快速发展带动了消费水平的提高,民众对退休后待遇的要求也越来越高。但目前我国的养老保险水平较低,退休人员除养老金外也很少有其他收入,而养老金只能满足基本的生活需求,难以维持其退休前的生活水平。这些因素迫使我国应尽快建立由社会养老保险、企业养老保险和个人养老保险三大支柱构成的多层次养老保险体制。就此而言,个税递延型养老保险具有重要的意义。目前我国已经在天津、上海等城市进行了试点工作,但结果以失败告终。财政部声明:自 2018 年 5 月 1 日起,在上海市、福建省(含厦门市)和苏州工业园区实施个人税收递延型商业养老保险试点,且采取了非常典型的 EET 模式。

① 按照国际公认标准,65 周岁及以上的老年人口占总人口比例 7% 以上,或者 60 周岁及以上老年人口占总人口 10% 以上,就属于老龄化社会。数据显示:截至 2016 年年底,中国 65 岁及以上老年人口超过 1.5 亿,占总人口的 10.8% ;60 岁及以上老年人口超过 2.3 亿,占总人口的 16.7%。预计到 2050 年,中国老年人口将达到 4.8 亿,约占届时亚洲老年人口的 2/5、全球老年人口的 1/4。参见《中国 60 岁以上老年人口超 2.3 亿,中国老龄化现状 2017》,载 http://city. shenchuang. com/city/20171207/709066. shtml? _t = t,最后访问日期:2018 年 3 月 12 日。

二、我国个税递延型养老保险在试点中的缺陷

(一)个税递延型养老保险试点概述

2007年,天津市政府与保监会联合发布《加快天津滨海新区保险改革试验区发展的意见》,明确提出给予个人补充养老保险业务以税收优惠。2008年,《天津滨海新区补充养老保险试点实施细则》进一步规定了相关细节(见表1),但由于税收优惠额度过高,未能与税务部门有效协调,最终在试行两个月后被叫停。①

表1 天津个税递延型养老保险的实施细则

税优额度	企业代缴部分不得超过上年度企业职工工资的8% 个人缴费部分不得超过个人工资收入的30%
产品形式	传统寿险,万能保险,投资连结保险
领取条件	领取期以被保险人达到法定退休年龄为准 被保险人在积累期内死亡的可直接领取保险金
领取方式	一次领取,终身领取,定期领取,定期保证领取
退出机制	对于申请退保的个人,应自行前往税务部门补缴个人所得税 保险公司收到税务部门出具的补税凭证后方可支付退保金

2009年,国务院出台《关于推进上海加快发展现代服务业和先进制造业建设国际金融中心和国际航运中心的意见》,开启了上海试点个税递延型养老保险的步伐。根据媒体报道,上海市政府制定了《上海个人税收递延型养老保险实施细则》并提交财政部(见表2),但由于牵涉内容较广至今未得到批准。②

① 参见丁阳:《我国个税递延型养老保险试点问题分析》,载搜狐网:http://www.sohu.com/a/208291138_748523,最后访问日期:2018年3月16日。

② 同上。

表 2 上海个税递延型养老保险的实施细则

税优额度	企业缴纳个税递延型养老保险税优额度为每人每月 300 元 个人缴纳个税递延型养老保险税优额度为每人每月 700 元
税优模式	EET 模式,即缴费期和投资期免税、领取期缴税
缴费方式	个险团办模式,即投保人向企业申请,由企业统一购买
产品形式	万能险,契约型分红险
领取方式	一次领取,多次领取
退出机制	除放弃中国国籍、重疾、全残情况外,被保险人不得早于法定退休年龄申请领取养老保险金

(二)个税递延型养老保险在试点过程中产生的问题

1. 个税递延型养老保险与现行财税制度存在矛盾

个税递延型养老保险虽然可以促进民众对个人商业性养老保险的需求和积极性,缓解政府在社会保障支出上的压力,但却会影响到国家财政收入及社会公平,且与我国现行税制存在一定的抵触。我国现行个人所得税主要采用源泉扣缴的征管方式。源泉扣缴是以所得支付者为扣缴义务人,在每次向纳税人支付有关所得款项时代为扣缴税款。这种"前端征税"的方式可以有效保护税源、保证国家的财政收入,然而个税递延型养老保险普遍采取前端免税的方式,这与我国现行个人所得税制显然存在抵触之处。

天津和上海试点个税递延型养老保险都是以保监会和地方政府联合发布条例的方式实施的,往往出现税收优惠方案与《个人所得税法实施条例》(以下简称《个税实施条例》)相违背的情况,从而因"下位法违反上位法"被叫停。① 根据《个税实施条例》第 25 条规定,只有单位为个人缴付和个人缴付的基本养老保险费,才能从纳税义务人的应纳税所得额中扣除。国家税务总局也明确规定,企业为员工支付养老保险金、失业保险金、医疗保险金以外的保险金,应按工资薪金所得项目计征个人所得税。可见按照我国现行法律规定,个人应纳税所得额中是不允许扣除个人商业养老保险金的,而这显然与个税递延型养老保险的制度

① 参见尹音频、刘美洁:《个税递延型养老保险制度的政策变量测度与思考——基于上海市社会经济数据的实证测度》,载《税务与经济》2016 年第 3 期。

目标及效果有冲突,也是个税递延型养老保险试点工作遭遇困难的根本原因。此外,上海试点的个税递延型养老保险在税收优惠中采取EET模式,即个人购买商业养老保险在缴费和积累阶段免税,而在领取阶段征税,从而实现"前端免税"的方式。这与我国现行个人所得税制采取的"前端征税"模式相抵触,"前端免税"将使国家当期财政收入减少,依靠远期征税来弥补财政收入的不确定性较大。随着经济的发展和消费水平的提高,个税起征点会逐渐提高,不同收入所对应的税率也会逐渐下降,实际能征得的个税所得额便会减少,这会对国家财政收入产生很大的影响。由于延迟纳税与现行个税征管制度存在明显冲突,采取EET模式的个税递延型养老保险制度在试点中屡屡碰壁。①

2. 个税递延型养老保险在推行过程中容易出现不公平

个税递延型养老保险作为一种税收优惠,目的是提高全民的养老保障水平,但在推行过程中也会在客观上产生不公平的问题,包括对不同收入水平劳动者的不公平,以及对不同年龄、不同职业劳动者的不公平。一方面,由于个人所得税实行累进税率制,中高收入者可获得较大的降税幅度,因此他们可从中获得较高的收益。而低收入者由于难以享受大幅度的降税优惠,只能获得较少收益或根本得不到收益。由此可见,该制度间接损害了低收入者的利益,扩大了贫富差距,与个人所得税的立法宗旨有所背离。另一方面,由于不同年龄、不同职业的劳动者对养老保险的需求程度不同,个税递延型养老保险也会产生相应的不公平。由于整个社会承受的养老压力日益增加,刚入职的新职工或即将退休的老职工收入较低、负税能力较差,导致这一制度对他们的惠及程度也较低。此外个税递延政策的目标群体目前主要定位于工薪阶层,很多自由职业者、个体工商户和失业者很难享受到这一政策的福利。

天津和上海试点个税递延型养老保险均实行的是单一比例和定额税收优惠,导致中高收入者可以比低收入者获得更大的税收优惠。"根据量能负税原则,高收入者原本是个人所得税的主要课征对象,但通过投保个税递延型养老保险,高收入者就拥有一个合法的免税账户,获得了一种简单有效的避税工具",造成"富者越富、穷者越穷"的现象,由此引发的公平问题越发尖锐。不公平还存在

① 2009年12月,国家税务总局发布《关于企业年金个人所得税征收管理有关问题的通知》,明确规定企业年金的个人缴费和企业缴费部分均不得抵扣个人所得税,这对个税递延型养老保险无疑形成了重大的阻碍。

于不同年龄、不同职业的群体之间。比如对于50岁以上的老年职工,由于其年龄较大,享受税收优惠的期限将会缩短,退休时账户积累的养老金也比较少,个税递延型养老保险对他们来说吸引力就比较小。再如,对于个体工商户、自由职业者和失业者来说,由于试点是通过个人投保和企业代为缴费的模式进行的,因此这几类群体不符合缴费的条件,享受不到税收优惠,而这部分人恰恰是社会上最需要养老保险的人群。"即使目前由于种种原因不能将这部分人群纳入试点之中,相关部门也要做好长期规划,通过创新保险产品或者是创新渠道满足他们的养老需求。"①

三、美国个税递延型养老保险的典型经验

目前,世界上大多数发达国家均建立了多支柱的养老保险体系,个人商业性的养老保险占据越来越重要的地位。以美国为例,美国的养老保障体系与中国的十分相似,每一支柱的作用极为相近。美国的税收优惠政策也主要针对养老保障体系的第三支柱,因此美国的个人退休账户(IRAs)税收优惠的成功对中国个税递延型养老保险的完善和推行具有借鉴意义。

IRAs是指政府向个人提供一定比例的税收优惠,个人可以自愿选择建立养老金个人账户,并可以根据个人偏好选择不同的投资产品。具体的税收优惠方案,考虑到民众收入水平的高低、年龄、单身或已婚等因素,分别制定不同的税收减免额度、个人所得税率等优惠。例如,美国设置了税收优惠逐渐退出机制,收入越高者的税前扣除额越低直至无扣除。这种制度设计的差异化在一定程度上避免出现"富者越富、穷者越穷"的现象。美国还为不同地区的不同职业群体设置多种账户类型,来保证该制度下的税收优惠在不同职业群体间的公平性。

该制度的另一项突出优点是个人可以自主选择多种投资组合产品。账户所有人具有完全的投资自由度并承担投资风险,可委托金融机构投资于银行存款、共同基金、人寿年金以及股票、债券等产品。② 民众的参与率很高,同时也可根据

① 郭林林:《人口老龄化背景下我国个税递延养老保险试点应注意的几个问题》,载《哈尔滨金融学院学报》2012年第6期。

② 参见《美国IRAs的"是""非"及启示》,载搜狐网:http://www.sohu.com/a/132144830_481760,最后访问日期:2018年9月11日。

自身的收入、年龄、职业等条件来选择资产配置方案。例如,年龄较小或者由足够储蓄资产的参保人可以选择高风险的投资方案,年龄较大的参保人可以选择相对保守的投资方案。① 因此,该税收优惠计划有多种组合方式,能满足大部分公众的需求。作为美国养老保险体系的第三支柱,IRAs 成为近 30 年来美国养老金资产持续增长的主要来源。尽管中美的国情和经济发展状况有很大的差异,可能造成影响个税递延型养老保险的因素略有不同,但整体而言各因素对个税递延型养老保险的推行与发展较为相似,具有借鉴意义。

四、完善和推行我国个税递延型养老保险的意义及建议

在我国,个税递延型养老保险一直处于探索阶段。在天津、上海试点近 10 年之后,2017 年 7 月,国务院办公厅发布《关于加快发展商业养老保险的若干意见》,指出支持符合条件的商业保险机构积极参与个人税收递延型商业养老保险试点。之后国家税务总局发布了《关于开展个人税收递延型商业养老保险试点有关征管问题的公告》(以下简称《公告》),自 2018 年 5 月 1 日起,在上海市、福建省(含厦门市)和苏州工业园区实施个人税收递延型商业养老保险试点。可以预见的是:尽管试点中存在各种问题,但国家对个税递延型养老保险的支持态度还是非常明显的。

(一)个税递延型养老保险的意义

1. 个税递延型养老保险对个税征管改革的意义

作为一项公共政策,个税递延型养老保险不仅可以在宏观层面促进养老保险体制的优化以及商业性养老保险行业的发展,还可以在微观层面减轻纳税人的负担。后者对于个税征管改革具有重要的意义。由于个人所得税的征管成本高、纳税遵从度低,税法上会设置一系列的强制性和惩戒性的制度,比如要求所得达到一定数额的纳税人承担自行申报义务,对不按照法律规定履行纳税义务的纳税人予以较重的处罚等。但是从实践来看,提高个税纳税人纳税遵从度只

---

① 参见丁少群、王一婕:《税制对养老保险业务发展的影响——以美国个人退休账户的养老保障税优政策为例》,载《中国保险》2017 年第 6 期。

靠惩罚是远远不够的,而应着力完善激励措施。“激励机制的本质就是使个人所得税纳税人的纳税申报情况与其所能享受的社会公共服务和福利成正比,让纳税人体会到主动如实申报缴税带给自己的经济利益,从而提高纳税人申报纳税的积极性和主动性”。① 从经济影响来看,个人所得税实际上是个人收入在个人与国家之间的分配,对个人会造成比较强的剥夺感,这是个人所得税纳税遵从度较低的重要原因。所以能够有效实现个税纳税人利益增加的激励机制非常重要,个税递延型养老保险的价值正在于此。

2. 个税递延型养老保险对养老体制改革的意义

目前世界上大多数国家的养老保险体系主要由三大支柱构成:第一支柱为社会养老保险,与医疗保险、工伤保险、失业保险、生育保险等共同构成现代社会保险制度。第二支柱为企业养老保险,即企业年金。第三支柱是个人养老保险。目前,我国的养老保险体系的发展十分不均衡,民众对社会养老保险的依赖较重,使第一支柱承担了过重压力,并存在巨大的资金缺口。第二支柱、第三支柱则发展缓慢,养老体系综合性、层次性的功能无法实现。第三支柱甚至不能作为一个单独的支柱。② 税收优惠是促进养老保险体系中第三支柱发展的重要推动力量,是激励个人投保商业性养老保险的有力杠杆。个税递延型养老保险通过个税递延优惠激励中高收入者投保个人商业性养老保险,弥补公共养老金和企业年金的不足,提高其自我养老保障能力。以此为基础,可以降低社会对第一支柱的依赖程度,减轻社会养老保险的压力,进而增强整个养老体制的可持续性和整体能力。

3. 个税递延型养老保险对于保险业发展的意义

推行个税递延型养老保险有利于促进保险业的发展,增加保险市场的活力。随着我国人口老龄化程度日益加深,养老保险的需求也将不断扩大,个人养老保险市场前景广阔。同时,“国际经验表明,人均 GDP 在 8000 ~ 12000 的经济发展时期,正式保险业需求正旺盛的阶段”。③ 推行个税递延型养老保险将丰富商业

---

① 张奕:《基于自行申报的分类综合个税改革的个税激励机制建立研究》,载《经济论坛》2017 年第 4 期。

② 参见张晏玮、王国军:《美国个税递延型养老保险的影响因素对中国的启示》,载《武汉金融》2018 年第 1 期。

③ 徐卫周、张文政:《个税递延型商业养老保险的国外经验及我国借鉴探究》,载《北京交通大学学报》(社会科学版)2017 年第 1 期。

性养老保险的种类,带动保费的快速增长,促进保险业的繁荣。有学者估算,2010年上海因个税递延型养老保险的试行能够增加保费收入60亿元,这对于当时全国约8000亿元的年度寿险保费规模来说比例虽然不大,但作为一个新的业务增长点,发展前景非常广阔。[①] 对保险业而言,如果具体政策和激励措施到位,市场导向、营利导向的保险公司的积极性是毋庸置疑的。个税递延型养老保险将开辟保险业的新市场,扩大保险公司的业务范围,促进新时期我国保险业的发展。

(二)我国个税递延型养老保险制度的完善建议

我国个税递延型商业养老保险早在2007年保监会就已提出,但始终未能成功试点,其根本原因是缺乏确定的个税递延型税收优惠政策。为确保个税递延型养老保险制度建设的平稳运行,一方面要更合理设计税收优惠政策,另一方面要严格制度规范。

首先,应当对中高收入者的递延优惠进行限制。中高收入者是个税递延优惠的最大受益群体,他们有较高的需求投保个税递延型养老保险,从而获得一种简单有效的避税工具。但中高收入者同时又是个人所得税的主要课税对象,适用税率也较高,给予其税收优惠,会对政府的财政收入带来较大的影响。为此应该对中高收入者特别是高收入者的递延优惠进行限制,通过限制递延金额的比例和额度,将养老保险待遇的差距控制在一定范围之内。由于中高收入者特别是高收入者更愿意将即期收入转入个人退休账户以达到避税的目的,所以从稳定当期税收收入的角度考虑,应对递延金额设定比例限制。如个人每月用于购买个税递延型养老保险的费用不得超过月工资的一定比例;同时还应设定总额限制,规定每年缴纳的递延金额总数不能超过规定的额度。此次试点政策设置了比例和定额双重缴费扣除上限,例如对于月收入在16667元(1000÷6%)以上的高收入人群,每月最多只能扣除1000元,[②]这在一定程度上避免了收入越高,税优幅度越大的现象。比例和额度应当与物价和消费水平建立相关性,并予以定期调整。在限制中高收入者的递延优惠的同时,还应加大对低收入者即无法获得个税递延型养老保险利益的群体的补贴。由于个人所得税实行累进税率

---

① 参见王雅丽:《我国推行个税递延型养老保险的探讨》,载《浙江金融》2010年第7期。

② 参见危素玉:《我国个人商业养老保险的税优政策研究——基于个税递延型商业养老保险试点》,载《金融理论与实践》2018年第8期。

制,中高收入者将从个税递延中获得较大的收益,低收入者一般获益较少,收入在个税起征点以下的低收入者甚至无法获得收益。为了避免个税递延型养老保险制度间接扩大贫富差距和产生社会不公平的问题,在大规模放开个税递延型养老保险的同时,应当加大政府对低收入者的补贴,提高其生活水平。

其次,应当对不同年龄群体之间的递延金额的设置采取类型化的方法。由于养老压力现实而紧迫,相对于年轻职工,老年职工的负税能力较差。比如对于在个税递延型养老保险制度出台之前已经参加工作、同时对距离退休不足5年的职工来说,这一制度对他们的惠及程度很低。因为其个人养老金账户建立的时间相对滞后,退休时个人积累不足、补充养老保险替代率过低,导致其最终得到的优惠也很少。① 总之,如果个税递延优惠平等地适用于所有年龄阶段的人,收入较高、负税能力强的年轻职工会得到较高的保障,而收入较低、负税能力差的老年职工只能得到较低的保障。为避免这种不公平,个税递延优惠政策应考虑到不同年龄阶段群体的养老需求,适当提高那些正在工作但又即将退休的劳动者的递延金额,增加其个人账户积累以达到预期的替代率水平,用以保障其退休后的生活,通过这种类型话的方法消解制度实施可能导致的不公平。

同时,个税递延优惠的产生的社会不公平还存在于不同的职业群体之间,尤其是在职者、失业者及自由职业者之间。因此,建议对不同职业群体开辟多样性账户。由于政府准确掌握收入状况的个人及家庭数量有限,个税递延型养老保险虽属个人商业养老保险,但目前的规定是不能由个人单独投保,只能采取投保人所在单位统一投保的方法。这样就导致了资金实力越强的企业,个税递延型养老保险的普及程度越高,而且这类企业的员工一般收入较高,可以通过税收递延优惠享受更大的利益。同时,企业资金实力越强,就越有能力建立企业年金制度来保障员工的养老,员工由此可以获得较高的企业年金。这些因素导致了这种类型的劳动者与收入较低的劳动者、失业者和收入不稳定的自由职业者之间产生更大的贫富差距。此外,由于个税递延政策目前仅能对工薪阶层实施,很多自由职业者、个体工商户和失业者很难享受到这一政策带来的优惠。综上所述,在坚持以工薪阶层为主要对象设计个税递延型养老保险时,应当开辟多样性账

① 参见张宵临、王裕明、朱文君:《对我国“个税递延型养老保险”政策的思考》,载《劳动保障世界》(理论版)2011年第7期。

户给予其他职业群体获得递延优惠的可能性与选择权，以避免个税递延型养老保险在不同职业群体之间的不公平。新出台的《公告》扩大了可以投保的对象，规定"取得个体工商户的生产经营所得、对企事业单位的承包承租经营所得的个体工商户业主、个人独资企业投资者、合伙企业自然人合伙人和承包承租经营者"均可参与投保。

(三)加强各部门之间的联动机制

个税递延型养老保险试点工作涉及税务总局、财政部、保监会，以及地方监管等部门，需要解决税收分配、社会公平等诸多问题，因此必须加强沟通协调，做好与现有政策法规之间的有效衔接。个税递延型养老保险与我国现行个税征管制度存在抵触，并且在推行过程中容易引发不公平问题，因此需要全面评估、测度其对经济、社会和产业等多个方面的影响。从短期来看，个税递延型养老保险的实施即个税的延期缴纳，势必会减少财政收入。但这项政策将给保险公司开辟新的业务领域，保险公司上缴的营业税和企业所得税也会增长。长远来看，这种增长能够对个税减少起到越来越明显的弥补效应。而且个税递延能够产生消费刺激功能，从而使消费领域的相关税收实现增长。此外，虽然个税起征点会逐渐提高、适用的税率会逐渐降低，但在整个税收收入体系中个人所得税所占比例相对较低，因此个税递延对我国财政收入的总体影响不大。就个税递延型养老保险制度的推行而言，建议政府要求具体职能部门或聘请第三方机构通过调研、分析和模拟，测算个税递延型养老保险对当期税收的影响、在给付环节纳税时收缴税款的具体额度、对当期消费的积极效应，以及保险公司因个税递延型养老保险业务而增加的企业所得税额、保险公司使用该项保费用于投资对金融市场的影响等关键问题，[①]落实"成本—收益"分析方法在行政决策中的运用，并根据评估和测算的结果对个税递延型养老保险的具体规则予以灵活调整。

个税递延优惠制度与现行财税制度存在矛盾，建议通过立法形式对个税递延政策进行规范，并补充到相关税法体系之中。最新出台的《公告》中明确规定了纳税申报的要求与征管方式。同时，有关部门应根据试点过程中遇到的新问题，及时找到应对策略并对相关法律法规进行补充和完善。此外，借鉴以往试点

---

① 参见王雅丽：《我国推行个税递延型养老保险的探讨》，载《浙江金融》2010年第7期。

失败的经验，监管部门要加强参与试点经营的保险公司的监管。在险种设计方面严格把关，产品应当突出保险保障功能，以传统险，分红险为例，保证最低收益率。在信息沟通、风险管控能力等方面严格要求，保障投保人的合法权益。在操作层面而言，以30岁开始缴纳个税递延型养老保险，90岁死亡为例，跨越几十年的养老保险缴纳意味着需要建立涵盖全国的保险信息系统，[①]在“互联网+”和“大数据”建设背景下，实现养老保险基金的精准管理，为之后的工作增加便利性。税务部门必须对递延的个人所得税进行准确记录并保存，如果有投保人到期后未能及时缴纳，就要根据税法及相关法律进行处理。防止个税递延型养老保险成为个人逃税避税的工具。

五、结　　语

随着人口老龄化加剧，我国城镇职工基本养老保险制度面临着严峻的挑战。个税递延型养老保险的发展对于应对人口老龄化趋势、建立健全多层次养老保障体系、促进养老服务业多样化发展以及对于我国个税征管改革等具有重要意义。但目前个税递延型养老保险尚面临着在推行过程中产生公平性争议、个税递延优惠制度与我国现行税制相抵触等障碍，对此应当采取相应的对策予以解决。现代社会的养老保险体系对政府的角色和行为提出了更多和更高的要求，要求政府积极运用税收工具、发挥税收的调节和分配功能以增强养老保险体系的承载能力；同时也要合理运用补贴等方式扩大社会保障的覆盖面，在推动我国养老保险体系多层次发展的同时，促进社会公平。

① 参见张晏玮、王国军：《美国个税递延型养老保险的影响因素对中国的启示》，载《武汉金融》2018年第1期。

新时代背景下人民调解制度的研究

——以深圳为例

田佳平*

摘　要:人民调解是以我国民间调解的优良传统为基石发展起来的解决社会纠纷的机制,在改革开放40年的新时代背景下,为了缓解人民法院过度的办案压力,同时高效解决当前社会多元化的矛盾纠纷,深圳市积极推动人民调解成为解决社会矛盾纠纷的重要机制,也取得了一定的进展与成就。通过实地调研深圳市12家参与人民调解的机构,笔者深入了解了深圳市人民调解的工作现状和运行模式,并对以上机构的组织机构、人员和经费安排、工作经验以及存在的问题这四个方面进行了归纳总结,同时进一步对深圳市人民调解制度存在的问题进行分析,最后立足于人民调解与司法、仲裁相结合的深圳实践模式,提出了进一步完善我国人民调解制度的建议。

关键词:人民调解;解决机制;调诉对接;调仲对接

The Perfection of People's Mediation System in the New Times

—Take Shenzhen as an Example

Tian Jiaping

Abstract: People's mediation is a mechanism to solve social disputes that is based on the fine tradition of folk mediation in our country. In the new era of 40 years of reform and opening up, in order to ease the excessive pressure of the people's

---

* 深圳大学法学院。

courts in handling cases, and at the same time effectively to solve the current social multiple contradictions, Shenzhen actively promoted people's mediation as an important mechanism to resolve social contradictions and disputes, and also have made certain progress and achievements. Through on-the-spot investigations into the 12 agencies involved in people's mediation in Shenzhen, the author has gained insights into the working conditions and operating models of Shenzhen's people's mediation, and summarized the four aspects of the organization, personnel and funding arrangements, work experience and existing problems of the above institutions, and further analyzed the problems existing in the people's mediation system of Shenzhen. Basing on the Shenzhen practice model of combining people's mediation with litigation or arbitration, then put forward suggestions for further improving people's mediation system in our country.

Keywords: people's mediation; solution mechanism; docking litigation and conciliation; docking arbitration and conciliation

我国调解方式主要是人民调解、司法调解和仲裁调解。人民调解,属于诉讼外调解,在人民调解委员会的主持下,以国家法律、法规、规章和社会公德规范为依据,对民间纠纷双方当事人进行调解、劝说,促使他们互相谅解、平等协商,自愿达成协议,消除纷争的活动。① 与司法调解、仲裁调解不同,人民调解具有群众性、自治性和民间性的特征。经人民调解达成的协议不具有可强制执行的法律效力,但双方当事人认为有必要的,可以协商在法律规定的时限内共同向人民法院申请司法确认,经司法确认的调解协议则可强制执行。人民调解来自群众、服务于群众,程序灵活便捷、不拘形式,有利于纠纷当事人自愿选择和接受调解,亦不妨碍在调解不成时另行行使诉讼权利,是一项具有中国特色的化解矛盾、消除纷争的非诉讼纠纷解决方式。

一、深圳市人民调解制度的发展背景

改革开放以来,我国各级人民法院受理的案件数量逐年上升,在近些年更是

① 参见王恒勤:《人民调解理论与实务》,中国政法大学出版社2011年版,第56页。

呈爆发式的增长趋势,社会对诉讼的期待与依赖性显著过高,给法院造成过度的办案压力,从而导致了司法资源紧缺。以深圳市为例,2017年,深圳市全市人民法院案件总量再创历史新高,共受理各类案件448842件,同比上升31.7%;办结376913件,占全省21.5%;深圳市中院受理案件54212件,办结43957件,均位居全国中级法院第一;全市法院法官人均结案达408件,同比多结125件,收结案总量和法官人均结案数量均位居全省第一。

深圳市一直非常重视人民调解方面工作的开展,深圳的调解组织数量也逐年增加,近年来也取得了一定的进展和成就,2012年施行了《深圳市实施〈中华人民共和国人民调解法〉办法》,结合深圳本地开展人民调解工作的实际情况进一步细化《人民调解法》的相关规定,使其更具有可操作性。2014年又施行了《深圳市人民调解工作经费管理规定》,详细规定了人民调解工作经费的发放与使用。此外,福田区更是形成了极具特色的人民调解的"福田模式",首创政府购买人民调解公共服务模式,通过在纠纷集散地设立人民调解室的方式提供专职与兼职相结合的全天候的社区调解服务。不仅提高了人民调解的工作效率,更是完成了人民调解运作的机制创新,构建了将矛盾纠纷解决在基层的机制。[①] 深圳市人民调解组织主要形式包括:深圳市人民调解工作联席会议及其办公室,区人民调解工作指导委员会,街道(办事处)人民调解委会员及其派驻工作室、社区(居委会)人民调解委员会及其派驻工作室,专业性、行业性人民调解委员会,人民调解小组等。

二、12家参与人民调解的机构实地调研情况

为了深入了解深圳市调解组织的现状,同时探索在新时代下调解组织对于和仲裁、司法合作的需求,笔者对12家参与人民调解的组织进行了实地调研,详细了解了这些参与人民调解的机构的组织架构、人员与经费安排、主要的调解对象、采取的调解程序以及调解的数量和金额,并对这些组织参与调解的效果和经验进行总结。

笔者共走访了12家开展调解工作的机构和组织,其开展调解工作的方式和

① 参见汪世荣:《人民调解的"福田模式"研究》,北京大学出版社2017年版,第35页。

擅长调解领域具体见表1。

表1　12家参与人民调解的机构和组织走访情况

序号	单位名称	调解方式	调解领域
1	深圳国际仲裁院	根据其制定的《调解规则》进行	各类商事纠纷
2	深圳市证券期货纠纷调解中心	将商事仲裁、专业调解、行业自律、行政监管有机结合,形成“四位一体”的运作模式	投资者、证券期货经营机构及资本主义市场其他主体之间的纠纷
3	深圳市福田区维德法律服务中心	通过政府采购的方式参与福田区司法局的人民调解工作	各类民商事纠纷,主要为劳动、婚姻家庭和侵权纠纷
4	深圳市潮汕商会	行业内部设立调解部门开展调解工作	主要为商会内部企业之间的纠纷
5	深圳市银行业消费者权益保护促进会	促进会内部设立调解中心开展调解工作	信用卡纠纷约占40%,借款纠纷30%,理财纠纷20%,其他纠纷10%
6	深圳市消费者委员会	通过受理消费者投诉,对投诉事实予以调查并实施调解	消费者权益纠纷当事人,即向消委会投诉的消费者与被消费者投诉的商家之间的纠纷
7	深圳市妇女联合会	设立婚姻家庭纠纷调解室对婚姻家庭纠纷进行调解,同时参与法院人民调解服务的采购	罗湖、福田、宝安三区法院的婚姻家庭案件当事人之间的纠纷
8	广东广和律师事务所	通过政府采购的方式参与福田区司法局的人民调解服务	派出所、交警队等矛盾集中区的矛盾纠纷;街道的信访矛盾纠纷;医疗、金融、物业等专业领域的矛盾纠纷
9	深圳市版权纠纷人民调解委员会	设立行业展会的知识产权保护工作站开展展会现场调解;与法院合作为其提供调解服务	与版权、知识产权相关的纠纷
10	深圳市律师协会	通过政府采购的方式派驻调解人员至调解委员会开展调解工作	主要调解深圳市律师之间、律师事务所之间、律师与律师事务所之间以及律师与其他社会主体之间的民事纠纷

续表

序号	单位名称	调解方式	调解领域
11	深圳市民商事纠纷调解中心	根据其制定的《调解规则》进行	平等主体的公民、法人和其他组织之间发生的合同纠纷和其他财产权益纠纷
12	前海法院诉调对接中心	由诉调对接中心具体负责,依托13家商事调解组织、行业调解组织等特邀调解组织,配备3名主审法官,7名法官助理,负责多元化纠纷解决机制及案件速裁快审工作	为合作区与自贸区建设、"一带一路"提供国际化的纠纷解决服务,还特别突出了金融、贸易等专业化背景以及行业协会特色,为当事人提供专业化的纠纷解决服务

根据组织性质的不同将以上的调解组织分为以下五类:参公管理的事业单位、在民政局登记注册的调解组织、在司法局注册的各级各类人民调解委员会、仲裁委员会组织的调解组织以及前海法院诉调对接中心。以下对这五类组织的组织机构、人员和经费安排、工作经验以及存在的问题四个方面进行了总结归纳。

(一)参公管理的事业单位

有调解职能的事业单位主要有深圳市消费者委员会和深圳市妇女联合会,他们开展调解工作的主要情况如下:

1. 组织机构

深圳市消费者委员会和深圳市妇女联合会是参公管理的事业单位,全额财政拨款。

2. 人员和经费

消委会的调解人员为消委会秘书处的工作人员,市妇联的调解人员包括律师、社会工作师、心理咨询师、婚姻指导师等具有资质的人员。

经费均纳入财政预算进行核拨。

3. 工作经验

消委会主要处理消费者权益纠纷,市妇联主要处理婚姻家庭纠纷,作为参公管理的事业单位,在各自的工作领域开展纠纷调解工作,具备较强的专业性与一定程度的权威性,有利于调解工作的开展。

4. 存在的问题

作为参公管理的事业单位，不可能作为供应商直接提供服务，也不可能将自有工作人员派驻法院进行调解。此外，当事人对于第三方组织进行调解的程序正当性以及由此签订的调解协议的强制效力也存在疑问。

（二）民政局注册的行业组织、社团和民办非企业

这一类组织是在民政局登记注册成立的，如银行业促进会、证券与期货纠纷调解中心、潮汕商会、福田区维德法律服务中心等，他们在法律性质上均为社会组织，或是行业协会，或是社团法人，或是民办非企业。其开展调解工作的主要情况如下：

1. 组织机构

民政局注册的行业组织、社团和民办非企业是经市民政局批复成立的具有公益性质的事业单位和社团法人。

2. 人员和经费

人员主要为相关行业的专业人士以及专业律师等。

经费主要是通过自筹，包括缴纳会费、接受捐赠，或者参与政府采购，由政府拨款予以财政支持。

3. 工作经验

民政局注册的行业组织、社团和民办非企业依据自身的社会职能调解与本组织相关的纠纷，取得了一定的成就，为当事人快捷和谐、低成本有效地解决了大量的纠纷，节约了当事人的经济成本，防范了行业组织内部的风险，同时也节约了行政资源和司法资源，缓解了社会的矛盾。

4. 存在的问题

一方面，目前法律对于第三方调解机构的法律地位还有待厘清；另一方面，民政局注册的行业组织、社团和民办非企业作出的调解结果只是民事合同，不具有法律效力，可能产生反悔的情形，需要和仲裁委员会或法院对接，进行仲裁和司法确认。但仲裁委的费用较高，会让小额消费者望而却步，而司法确认是否会给法院增加负担也需要进一步研究。

（三）司法局登记注册的人民调解委员会和律师事务所

司法局登记注册的人民调解委员会和律师事务所如深圳市版权协会人民调

解委员会、深圳市律师协会人民调解委员以及广和律师事务所等。

1.组织机构

司法局登记注册的人民调解委员会和律师事务所通常由市司法局或者区司法局管理,提供行业性专业性的调解服务。而律师事务所则是以供应商的角色,通过参与政府采购形式,由司法局统一组织,以人员派驻方式向各级各类人民调解委员会提供劳务服务。

2.人员和经费

司法局登记注册的人民调解委员会和律师事务所人员包括具备专业法律知识和调解技能的律师以及相关行业的专业人员等。

人民调解委员会经费部分由财政局拨款,另外一部分由行业内部的会费予以支持。

3.工作经验

司法局管理法律服务组织的调委会通过招募各专业领域内的专家、学者等行业性专业性人才,通过其行业专业优势,采取说服、教育、疏导等方式居中调解,有利于缓解法院办案人员的工作压力,及时有效化解纠纷,维护各专业领域的正常工作秩序,有利于减轻司法机关和行政机关处理日益增多的纠纷压力。

4.存在的问题

行业性、专业性人民调解还存在制度机制不完善、经费保障没有落实到位等问题,需要采取有效措施切实加以解决。行业性、专业性人民调解机构一般由民间组织组成,相比于人民法院的司法调解,因发展较晚,没有完善的立法支持,导致当事人对其不够信任,因而适用得较少。应当对调解机构应由哪个部门负责管理规范,不同的调解机构的调解范围如何确定,调解结果是否可以得到法院的直接认可和执行等问题予以明确的法律规定,进一步完善其制度机制。

此外,由于行业性、专业性人民调解机构是具有公益性的社会组织,没有政府的经费保障,案件增多后经费的缺乏导致人力资源的短缺。

(四)仲裁委员会组织的调解组织

仲裁委员会组织的调解中心主要为深圳仲裁委组织的深圳市民商事纠纷调解中心以及深圳国际仲裁院设立的调解中心。

1. 组织机构

仲裁委员会组织的调解组织通过设立调解中心的方式,以调解中心为主导,联合深圳市其他组织机构共同行使调解职能。

2. 人员和经费

调解中心受理调解案件,当事人可根据《调解专家名册》或《调解员名册》选择调解人员。

由调解中心予以经费补贴。

3. 工作经验

向仲裁机构申请调解与仲裁不同,当事人之间无论事前是否存在调解协议,均可向调解中心申请调解。同时,通过调解与仲裁相结合的方式,以制作调解书或裁决书的方式,赋予了调解结果以强制执行力。调解中心为当事人快捷和谐、低成本有效地解决了大量的纠纷,节约了当事人的经济成本同时也节约了行政资源和司法资源,缓解了社会的矛盾,作为具有公益性质的机构在社会上树立了正面积极的形象。

4. 存在的问题

调解中心不同于法院或者仲裁机构,其具有公益性质,因此收费标准很低,有些甚至免费提供调解服务。因此在实践中当事人就可能因为调解的成本很低而将调解程序任意化。

(五)前海法院诉调对接中心

1. 组织架构

前海法院多元化纠纷解决工作由诉调对接中心具体负责,依托13家商事调解组织、行业调解组织等特邀调解组织,建立特邀调解员名册,并根据当事人的自愿选择,在诉前委派或诉中委托特邀调解组织和特邀调解员进行调解,调解成功后由主审法官依法审查确认调解协议的法律效力,从而灵活、高效解决各类民商事纠纷。

2. 人员和经费

人员:前海法院诉调对接中心依托诉讼服务中心建立,配备3名主审法官,7名法官助理,负责多元化纠纷解决机制及案件速裁快审工作。

经费:前海法院实施《调解员费用补贴规定(试行)》,向成功调解案件的特邀调解组织或者特邀调解员发放费用补贴。案件虽未成功调解,但特邀调解组织或者特邀调解员已实际开展调解工作,已进行无争议事实记载或者其他有利于争议公正高效解决工作的,可以参照成功调解案件的50%标准,向本院申请费用补贴。

3. 工作状况

前海法院调诉对接中心不仅引入了港澳台籍调解员及外籍调解员等社会力量积极参与纠纷解决,为合作区与自贸区建设、"一带一路"提供国际化的纠纷解决服务,还特别突出了金融、贸易等专业化背景以及行业协会特色,为当事人提供专业化的纠纷解决服务,此外还积极支持商事调解组织、行业调解组织、律师事务所等相关组织按照市场化运作,根据当事人的需求提供有偿调解服务,并与当事人协议收取费用,充分体现了其国际化、专业化和市场化的特色。

4. 存在的问题

前海法院诉调对接工作在取得一定成就的同时,也存在一些困难与问题,如当事人及代理人申请调解积极性不高,特邀调解组织和特邀调解员的调解成功率不高,港籍调解员参与案件调解的积极性欠缺等,因此需要进一步完善与改革多元化纠纷解决机制。

三、深圳市人民调解制度存在的问题分析

(一)调仲、调诉对接有待加强

诉讼在纠纷解决中所起的主导性作用是任何其他纠纷解决方式都无法替代的,尤其是在维护合法权利以及强制义务的实现、阐明和宣传国家的法律规范、维护法律秩序的尊严等方面,诉讼的效用是任何其他纠纷解决机制所不及的。此外,随着仲裁制度的不断发展,不愿将矛盾纠纷诉诸法院的当事人会约定将争议提交仲裁机构予以解决,特别是涉及商业秘密的纠纷,当事人大多倾向于提交仲裁。但是,无论是诉讼还是仲裁,结合新时代背景下矛盾纠纷多元化发展的现实,考虑到成本、周期、程序等因素,其优势难以发挥,对于小额、简单的纠纷,通过寻求人民调解的途径解决更为适宜。

深圳市各法院的案件量长年居高不下,仲裁机构的办案数量也逐年增加,可见大多数人仍更愿意选择诉讼或者仲裁解决纠纷,但一味将争议诉诸法院和仲

裁机构就不可避免地忽视了人民调解组织对于解决矛盾纠纷的重要作用。为了有效发挥人民调解组织的作用,促进调仲对接、调诉对接就显得尤为重要,这不仅可以分流法院、仲裁机构的办案压力,更能促进人民调解制度的完善与发展。

(二)经费保障机制有待完善

《人民调解法》第4条规定:"人民调解委员会调解民间纠纷,不收取任何费用。"由此可见,调解不同于诉讼和仲裁,其工作开展具有公益性,即使有的仲裁机构设立的调解中心会收取一定的费用,其收费标准相比于诉讼和仲裁而言是极低的。经费没有保障、调解员待遇偏低一方面会影响调解员的积极性,导致调解纠纷的数量和质量没有保证;另一方面,也影响了调解在社会中的地位,导致调解员职业的吸引力不足,优秀人才无法进入调解员队伍,调解员队伍不稳定,反过来制约了人民调解的长期稳定发展。根据《深圳市人民调解工作经费管理规定》第4条的规定:"区财政部门给予每个人民调解委员会每年不低于3万元工作补助,给予人民调解委员会专门负责人民调解事务的人员每月不低于600元的工作津贴。"在当前的物价水平下,补贴数额完全无法满足调解员的基本生活需求。

以深圳为例,深圳市调解组织中的民政局管理行业组织的调解组织有财政拨款予以经费补贴,行业协会依靠会费予以支持,但总体而言,人民调解员的收入与其付出的劳动严重失衡。这些经费远远不能满足调解员的基本生活和劳动力付出,特别是律师兼职调解员的情况下,导致律师无法长久稳定地从事调解员的工作。

(三)人民调解员的专业性有待提高

人民调解员的工作能力、调解方式和业务素质一直是社会各界广泛关注的问题。人民调解制度不能很好发挥作用的重要原因之一就是调解员的结构不合理、素质不高、法律知识有所欠缺等原因。目前深圳市的调解组织中专职调解员偏少,具备专业法律知识和调解技能的调解员更少,不利于深圳市调解工作的开展。

此外,当前调解员的培训机会不多,培训内容单一,调解组织对调解员的培训大多通过邀请领导、专家给人民调解员授课,组织学习调解业务知识和最新法律、法规,开展论坛交流、案例分析讨论、调解案卷评比等活动开展业务培训的方式提升调解员的业务素质,偏重对政策和法律、法规的解释,实用性不强,对提高专业的调解技能作用不大。

四、完善我国人民调解制度的建议

随着现代化社会各种矛盾纠纷多元化、复杂化程度的加剧,人民调解制度作为多元化纠纷解决机制之一受到空前的重视。为了进一步发挥调解组织的积极作用、促进矛盾纠纷的解决以及法治社会的建设,立足于深圳市调解组织以及前海法院诉调对接中心的创新经验以及存在的问题,对我国当前的人民调解制度提出以下四条完善建议。

(一)进一步打造仲裁机构与调解组织合作模式

借鉴深圳市调解组织与国内外仲裁机构的经验,目前可以分为两个方面,一方面是通过调解组织引导调解成功的案件进行仲裁确认以增强调解协议的法律效力,另一方面是调解组织引导调解不成功的案件当事人通过仲裁方式解决纠纷。①

首先,《深圳市民商事调解中心调解规则》第 15 条以及《深圳国际仲裁院调解中心调解规则》第 13 条均规定了调解与仲裁相结合的内容,即当事人可依据和解协议中的仲裁条款,向仲裁委员会申请仲裁,请求仲裁庭根据和解协议的内容制作调解书或者裁决书,以此赋予了调解协议法律意义上的强制执行力。基于此,我国仲裁机构对调解组织已经形成的调解书做裁决时可以降低收费标准,以减轻当事人的经济负担,我国最高人民法院《关于人民调解协议司法确认程序的若干规定》(以下简称《规定》)中明确规定,法院将调解协议进行司法确认是不收取任何费用的,仲裁机构可以适当借鉴;此外对调解协议作出裁决的过程并不会改变案件的性质,即不会将调解案件转变为仲裁案件,只是赋予调解协议与仲裁裁决同等的法律效力。

其次,通常情况下当事人选择调解的方式解决纠纷就是不想对簿公堂,将双

---

① 参见宛安妮:《试论我国仲裁与调解结合的创新方式》,载《经济研究导刊》2015 年第 9 期。

方的矛盾争端扩大化，但并非每一件调解案件都能成功达成调解协议，对于调解不成功的案件，调解组织可以引导当事人转而选择仲裁的方式解决纠纷，仲裁、调解不同于诉讼的最大特点就是更加注重纠纷解决的和谐性，此外还具备低成本、高效率的优势。① 但由于申请仲裁的前置条件要求双方当事人之间签订过仲裁条款，因此调解组织在引导当事人选择仲裁方式解决纠纷时要告知双方当事人先签订仲裁条款，待签订了仲裁条款之后再向约定的仲裁机构申请仲裁，由此实现调解组织和仲裁机构的双向合作。

（二）进一步推动人民法院与调解组织合作模式

当前虽然大多数人更偏向于公力救济即更愿意选择诉讼方式解决纠纷，但其实在西方国家，调解被公认和推广为最重要的纠纷解决途径之一，许多律师已把业务扩展到调解的领域，提供专业性和自愿性的调解服务的机构也如雨后春笋般地涌现出来。② 尤其是以前被称作有着“好讼之风”的美国，调解这种替代纠纷解决方式已经与诉讼形成了一种真正的竞争关系，在通过法院审判之前，大部分纠纷都已通过调解得到了解决，可见调解具备替代补充、弥补诉讼局限的功能。③

当前我国各地法院案件量逐年增长，法官每年的工作量很大，也承受着巨大的工作压力，重压之下办案效率在一定程度上必定会受到影响，将人民调解与司法调解结合可以实现诉讼与调解的有效衔接以减轻法院的办案工作量，从而提高办案效率、提升办案水平。借鉴深圳市调解组织与法院之间的合作经验，目前可以采取法院采购有调解能力的机构组织进行调解以及直接聘请专业调解人员这两种方式实现诉调对接。

1. 法院采购有调解能力的机构组织进行调解

人民法院可以设立购买调解服务的专项经费，通过政府采购的方式向行业性、专业性的人民调解组织或者具有专业法律知识和调解技能的调解组织采购专业的调解服务，由各级法院自行采购社会服务，由行业性、专业性的人民调解

---

① 参见岳力：《论仲裁中调解的功能》，载《北京仲裁》2008 年第 2 期。

② 参见潘剑锋：《民诉法修订背景下对“诉调对接”机制的思考》，载《当代法学》2013 年第 4 期。

③ 参见刘同君、储晓雷：《论“诉调对接机制”之正当性——基于江苏经验的思考》，载《江苏大学学报》（社会科学版）2012 年第 4 期。

组织参与把关和推荐,保证相关领域调解员的专业性和工作质量。可以采取调解组织常驻法院的方式,也可以选择定期安排调解组织派驻法院或者依据案件的实际情况灵活安排调解组织派驻法院,实现调解组织与法院的调诉对接。

法院通过采购有调解能力的机构组织进行调解一方面可以充分发挥具有专业性调解能力的机构组织运用自身的专业知识和技能在特定行业领域有针对性地开展调解工作,有利于了解当事人的切身需求;另一方面可以有效促进调解组织和法院之间的联动,推动调解工作的顺利开展。

2. 法院直接聘请专业调解人员

根据前海法院的经验,法院也可以直接与专业的调解人员签订聘任合同,建立专业调解人员名册,当事人可以根据专业调解人员名册自愿选择调解人员进行调解。[①] 此外,调解人员要在充分了解纠纷事实的基础上实施调解,在进行调解的过程中,要实时与法院和当事人进行沟通交流,完成法院诉调工作的衔接。法院可以定期对调解人员进行考核,以保证调解人员具备专业素质。

根据法院受理诉讼案件的范围有针对性地聘请相关专业的调解人员,有利于根据案件类型的不同在个案中区分选择专业的调解人员,有助于专业的调解人员运用其具备的专业知识和技能以及调解经验协助法官开展调解工作,在调解过程中可以根据专业性思维分析案情,不仅有利于促成当事人达成调解协议,更有利于形成当事人可以信赖的司法环境。

3. 调解组织引导当事人将调解协议进行司法确认

根据《民事诉讼法》、《人民调解法》以及《规定》等法律和司法解释,人民调解组织对达成人民调解协议,应告知、引导和帮助当事人共同向人民法院申请司法确认。可见法律层面倡导调解组织积极引导当事人将调解协议进行司法确认以提高其法律效力,但法律却并未对当事人申请司法确认的形式、程序等问题作进一步规定,导致当事人在申请司法确认的过程中无规则可依,为了完善当事人将调解协议进行司法确认的相关环节,可以从申请司法确认的方式、司法确认的程序、申请司法确认的费用三方面予以规范。[②]

---

① 参见张卫平:《诉讼调解:时下势态的分析与思考》,载《法学》2007年第5期。

② 参见史智军:《民事诉讼视角下诉讼调解与人民调解的程序衔接途径探究》,载《法制与经济(中旬)》2012年第3期。

4. 诉调对接的阶段

根据调研结果，调解组织与法院之间的诉调对接大多是在立案后审理前进行调解，根据《民事诉讼法》第122条规定，当事人起诉到人民法院的民事纠纷，适宜调解的，先行调解，但当事人拒绝调解的除外。因此可以探索适宜调解案件的调解前置程序，使调解成为某些特定类型案件进入诉讼的必经程序。将适宜调解的案件导入诉前调解程序，并确定该类案件经过调解前置后再进入立案或审理程序，更大程度发挥诉调对接的作用，实现司法资源和其他纠纷解决资源之间的合理配置。

此外，为了引导当事人自觉选择诉调对接机制解决纠纷，一方面，在当事人达成和解协议申请撤诉或者达成调解协议，法院制作民事调解书结案时，可以适当减免诉讼费用；另一方面，在当事人诉讼费的承担方面，审判人员可以依据当事人胜诉比例以及当事人在推动调解程序适用所发挥的作用行使自由裁量权，确定诉讼费用在当事人之间的合理分担，以充分发挥诉调对接工作的优势。①

（三）完善调解组织以及调解人员的经费保障机制

笔者认为，在综合考虑多家调解组织的经费需求情况下，政府应当适当提高对调解组织的经费支持，为其提供经费保障，以此激发调解员的积极性，促进调解工作的顺利开展，具体操作如下：

1. 基本工资

基本工资主要来源于公共财政，政府需要针对人民调解组织单独开展公共财政预算，②必须要做到定期和定量地给付人民调解员工资报酬，以免影响其工作积极性，不利于调解工作质量的提高。深圳市人民调解员的现行补贴为600元/人/月，此标准结合当前社会的物价水平明显过低，但目前深圳市还未出台更为细化的补贴规定，因此只能借鉴其他地区的补贴数额规定与相关实践，如江苏

① 参见冯伟、舒秋膂：《“诉调对接”的理论透视及制度建构——司法救济与社会救济的互补性研究》，载《中南大学学报》（社会科学版）2008年第1期。

② 参见何阳、孙萍：《有序推进人民调解员职业化——兼评昆山市人民调解员职业化制度》，载《中国劳动关系学院学报》2017年第3期。

省昆山市专职人民调解员待遇按照昆山市聘用人员每年3.5万元的标准发放,① 上海市徐汇区的专职人民调解员的收入由两部分构成,一部分是街镇通过政府购买服务的形式按月给付基本补贴,一般在每月1500元左右;另一部分是司法行政部门通过“一事一奖”的形式,给予一定的奖励。② 对比以上地区的补贴标准,深圳市以及我国其他地区应结合各地区的经济发展水平适当调高人民调解员特别是专职人民调解员的补贴标准,具体数额因地而异,深圳市可提高至1500~2500元/人/月的区间发放基本工资。

2. 案补

《深圳市人民调解工作经费管理规定》第5条规定:人民调解委员会成功调解纠纷后,可以申领补贴经费。补贴经费按照一案一补的原则发放,补贴标准不低于简易纠纷每宗100元,疑难复杂纠纷每宗200元,重特大纠纷每宗2000元。补贴经费由区财政部门参照上一年度成功调解纠纷数量确定额度,列入区司法行政部门预算。但根据此项规定,一方面案补的标准弹性过大,最低案补金额与最高案补金额之间存在20倍的巨差;另一方面案补缺乏判断调解案件难易程度的标准。

鉴于调解案件的三级补贴差距较大,同时案件难易程度难以判定,可制定相关条例进行细化并根据案件实际情况判断,尽可能确保公正性。另外,由于社会上的大多数纠纷都是生活中微小的争议,数量很大,案件很简单,因此形成案件档案并不容易。可以考虑通过照片,记录,情况报告,工作人员之间的相互证明等方式证明调解工作的数量与质量。此外,发放案补的时间可以从一年一次改为一个月一次,确保案补支付的及时性,减轻人民调解员的税负。

3. 奖励

针对人民调解员日常工作中的工作态度,如迟到、早退以及请假等问题均可以作为奖励发放的考量标准,而调解业务的开展情况则主要从调解纠纷的数量、质量作为考量的标准。政府可以拿出公共财政的一部分设立绩效考核奖金,以

---

① 参见何阳、孙萍:《有序推进人民调解员职业化——兼评昆山市人民调解员职业化制度》,载《中国劳动关系学院学报》2017年第3期。

② 参见徐文泉:《人民调解员职业化建设探索——以徐汇区人民调解工作为研究分析基础》,载《人民调解》2013年第4期。

月度、年度绩效考核为依据，每月、每年绩效考核优异者可以获得适当的绩效奖励，由此激励人民调解员认真负责地开展调解工作，追求调解质量和调解水平的不断提高。

（四）培养专业化、职业化的人民调解员

人民调解员的工作能力、调解方式和业务素质一直是社会各界广泛关注的问题。人民调解制度不能很好发挥作用的重要原因之一就是调解员的结构不合理、素质不高、法律知识有所欠缺。①

为了改善调解员不甚专业的局面，一方面，可以在培养调解员的过程中，采取将其派驻到社区挂职锻炼的方式进行培训，在保证调解员的群众性和民间性的同时提高调解的专业技能；②另一方面，可以通过面向社会招聘执业律师、基层法律工作者、退休法官和检察官等方式以实现调解员队伍的专业化，以及将人民调解员请进法院，通过观摩经验丰富的审判人员的"调解"过程，以学习司法调解的技能，实现人民调解员的人民调解与司法调解技能的同步提升，以促进调诉对接的顺利进行。

五、小　　结

人民调解制度的不断完善与我国法治社会的建设进程密切相关。改革开放40年，深圳市作为经济特区与对外开放的窗口，在调解制度的建设上也体现出鲜明的深圳特色，创造性地形成了人民调解与司法、仲裁相结合的新模式，对多元化解决社会矛盾与纠纷发挥了重要作用。深圳市人民调解的制度实践在取得相应成就的同时，也依然存在一定的问题，其中最为突出就是经费保障问题以及调解员的专业性问题，这些问题不仅对人民调解制度解决矛盾纠纷造成负面影响，也制约着深圳调解制度的进一步发展。

值此改革开放40年之际，随着现代社会各种矛盾纠纷多元化、复杂化程度的加剧，法治社会的建设进程也到达了一个新的转折点，在此背景下必须要促进

---

① 参见何远展：《诉讼调解的价值正当性与优先性——兼论"调解优先"》，载《国家检察官学院学报》2012年第10期。

② 参见汪世荣：《人民调解的"福田模式"研究》，北京大学出版社2017年版。

人民调解制度的多元化发展,我们应以深圳经验为基础,即促进人民调解与诉讼结合,形成调诉对接,与仲裁结合,形成调仲对接。同时,也应正确解决人民调解的经济激励问题以及调解员的培养问题。

论诉讼系属中标的物移转的程序对策

方　铮*

摘　要:关于诉讼中争议民事权利义务发生转移的程序处理,2015 年《民诉法司法解释》确立当事人恒定原则的处理模式,并规定受让人可向法院申请参加诉讼或者替代原当事人承担诉讼。但在当事人单纯转让标的物而并未移转作为诉讼标的之权利义务关系之情形,能否适用尚不明确。标的物于诉讼系属中发生移转,将影响本案诉讼请求的成立及实现,诉讼程序上应建立相应的处理对策。当事人恒定能确保程序安定及当事人与受让人之利益平衡,并具有高度的理论契合性,作为原则性对策较为合理。在此基础上,还应从受让人程序保障之视角对具体制度设计予以细化、完善,从而针对诉讼系属中的标的物移转问题,形成体系化的程序处理对策。

关键词:当事人恒定;诉讼承继;当事人适格;程序保障

Procedural Countermeasures for Transfer of Subject Matter in Proceedings

Fang Zheng

Abstract: Shift of civil rights and obligations of litigation, the judicial interpretation in 2015 established the principle of constant mode of processing, and the transferee may apply to the court for litigants to participate in litigation or to replace the original lawsuit. However, it is not clear whether it can be applied in cases where the parties simply transfer the subject matter without transferring the

---

* 西南政法大学法学院 2017 级诉讼法学专业硕士研究生。

subject matter as the object of action. The transfer of the subject matter in the lawsuit will affect the establishment and realization of the lawsuit request. The parties' constancy can ensure the stability of the procedure and the balance of interests between the parties and the transferee. On this basis, also should guarantee the perspective of concrete system design of the assignee procedures shall refine, perfect, so as to the subject matter of the transfer problem for legal action, form systematic procedures.

Keywords: party constancy; litigation succession; party eligibility; procedure guarantee

一、诉讼系属中标的物移转的程序应对现状及问题

关于诉讼系属中当事人实体权利义务关系发生变动时的程序处理规则,我国现行民诉法并无条文涉及。2015年最高人民法院《关于适用〈中华人民共和国民事诉讼法〉的解释》(以下简称《民诉法司法解释》)为填补立法空缺,在第249条、第250条就诉讼中实体关系变动的处理方式作出规定,实务上也形成相应的运作方式。

(一)现行制度及司法实践状况

根据《民诉法司法解释》第249条第1款规定,诉讼中争议的民事权利义务发生转移时,当事人的诉讼主体资格不受影响,且法院作出的生效裁判对受让人具有拘束力。考虑到受让人程序利益的保障,根据该条第2款规定,受让人可申请以无独立请求权第三人身份参加诉讼,或者申请替代原来的诉讼当事人(出让人)承担诉讼,是否准许则均由法院根据案件具体情况予以决定。在第250条进一步就受让人承担诉讼时的当事人变更规则进行了规定,并要求受让人承继已由出让人形成的诉讼状态。

从我国司法实践情况来看,诉讼中当事人进行实体处分引发权利义务关系变动的案件大量存在,①依照上述规定在程序上形成了具体的应对方法。具体而

① 在"中国裁判文书网"对适用上述司法解释作出处理的案件进行检索,共涉及民事判决书373份、民事裁定书99份。http://wenshu.court.gov.cn/,最后访问日期:2018年6月10日。

言，实务上对诉讼中标的物移转等实体变动的处理方式，大致可梳理为如下几点：第一，实体变动原则上不改变原当事人主体地位，诉讼程序的进行不受影响；第二，法院无论是否知晓实体变动情况，都不得依职权主动裁定变更当事人，且出让人与对方当事人无权申请法院变更当事人，仅受让人能提出承担诉讼的申请；第三，受让人既可申请替代原当事人（出让人）承担诉讼，也可申请以第三人身份参加诉讼，是否准许均由法院视具体情况而定；第四，即使受让人并未参加诉讼，法院作出的生效裁判仍可对其发生效力。

（二）现行制度存在的问题

结合以上实践状况的考察，实务中对于诉讼中发生的实体变更，依照司法解释的规定已经形成处理模式。其中反映出的适用范围与处理标准差异以及受让人保障程度较低等现象，应归结为现行制度存在的固有缺陷所致，具体可归纳为如下几个方面的问题。

其一，制度规制的范围不明。司法解释规定所谓“争议的民事权利义务”，其具体含义尚不明确，是否仅仅指作为本案诉讼标的之权利义务关系发生移转的情形？如果当事人在诉讼系属中，单纯将作为诉讼标的物的特定财产转让给第三人，但并未移转诉讼标的之法律关系，此时能否适用上述规定进行处理？此两种情形必然存在本质区别，且在实践中因第三人尚不知晓诉讼系属之事实，单纯受让标的物的情形可以说更容易出现，但司法解释规定中“争议民事权利义务”含义不明，难免导致实务中就标的物转让情形的处理产生疑惑，学理上也尚未对此予以明晰。[①] 本文认识到上述区别的存在，将研究重点定位在诉讼系属中单纯转让标的物而未同时移转诉讼标的权利义务之情形。

其二，原则规定的合理性有待论证，且与例外规定界限不明。司法解释规定诉讼中实体关系发生转移“不影响当事人的诉讼资格和诉讼地位”，以此作为程序处理的原则，但同时将是否准许第三人替代原当事人承担诉讼交由法院决定，使原则性规定在适用上终究受制于法院的职权，淡化了原则与例外之间的界限。而且，针对诉讼系属中的实体变更，现行规定究竟为何采取“当事人恒定”作为原

---

① 我国台湾地区学界虽同样存在扩大解释的倾向，但已有研究认识到单纯转让标的物（系争物）之情形存在特殊性。参见陈荣宗：《诉讼系属中当事人让与系争物所引发之法律问题》，载台湾地区民事诉讼法研究基金会编：《民事诉讼法之研讨》（五），台北，三民书局1996年版，第146页以下。

则,而并不直接通过程序上的手段使受让人替代原当事人实施诉讼,也需对其合理性加以论证。

其三,生效裁判效力的扩张缺乏正当化根据。以上述原则为基础,司法解释规定法院就本诉作出的生效裁判"对受让人有拘束力",然而,如果受让人并不知晓该标的物已经进入诉讼系属之事实,则无法对本诉的审理施加任何影响。倘若本诉的终局判决否认受让人对标的物享有权利,且依照规定直接将判决效力扩张及于受让人,在并未赋予其程序保障基础上对其固有利益课以不利影响,难谓妥当。

(三)问题的成因

针对现行制度中存在的上述问题,其产生的原因大致可从以下方面予以把握。首先,司法解释借鉴域外制度时并未对其要素形成明确认识,导致适用上出现困难。我国制度建构受到域外理论及制度的影响,有关诉讼中发生实体变更的程序上处理,域外存在当事人恒定与当事人承继(也称诉讼承继)两种基本模式,但两种模式趣旨有别且各有利弊,选择借鉴其一则应当明确其缘由所在。[①]其次,一定制度的建构应当注重与相关制度与理论的衔接、调适以实现体系化,但我国在判决效力(尤其是既判力)扩张范围方面尚缺乏制度依据,无独立请求权第三人制度也存在明显缺陷,制度整体运行效果难以理想。此外,我国在制度设计上多基于诉讼政策的考虑,缺乏对各方主体利益平衡的关注。当事人恒定原则强调保护对方当事人的利益,例外情形下的承担诉讼以及参加诉讼则是为了兼顾受让人利益的保护,但司法解释却因此忽视原则规定之初衷进而造成了矛盾,将使制度在功能上大打折扣。

以上结合实践状况,对现行制度存在的问题及其成因有了初步的把握。关于诉讼中实体权利义务发生移转的程序上处理,本文将研究重点放置在诉讼系属中标的物发生转让之情形,并围绕上述核心问题展开论述。以下首先对诉讼中标的物转让的实体上与程序上效果进行分析,明晰其对本案诉讼请求的影响,

---

① 现行制度选择以当事人恒定作为原则,很大程度上由于我国台湾地区也采用这一原则。最高人民法院也仅阐释当事人恒定原则与诉讼承继原则各有优劣,并未说明采取当事人恒定原则的具体理由。参见沈德咏主编:《最高人民法院民事诉讼法司法解释理解与适用》(上),人民法院出版社2015年版,第639页。

由此将单纯转让标的物之情形纳入诉讼制度的规制范围。

二、诉讼系属中标的物移转的程序规范必要性

当事人在诉讼系属中单纯转让标的物而并未同时移转作为诉讼标的的实体权利义务时,该当事人也即出让人仍为该权利义务的归属主体。[①] 但若受让人就标的物取得相应权利,将会对本案诉讼请求的实现产生影响,且依诉讼标的之权利义务关系在实体上性质上的不同,受让人取得权利对本案请求产生影响的程度亦有区别。以下通过两例对此展开说明。

例 1:

原告 X 起诉被告 Y,主张因其为房屋 A 的所有权人而对无权占有房屋的登记名义人 Y 享有物上请求权,要求法院判决 Y 向其进行房屋 A 的所有权移转登记。在诉讼系属中,Y 与第三人 Z 达成房屋 A 的买卖合同,并将房屋 A 的所有权移转登记于 Z。

例 2:

原告 X 起诉被告 Y,主张因房屋 B 的买卖合同而对出卖人 Y 享有债权,要求法院判决 Y 向其进行房屋 B 的所有权移转登记。在诉讼系属中,Y 又与第三人 Z 达成房屋 B 的买卖合同,并将房屋 B 的所有权移转登记于 Z。

上述两例均为原告 X 要求法院判决被告 Y 向其进行房屋所有权移转登记的给付之诉,但两例中作为诉讼标的的 X 所主张的实体权利性质不同,例 1 中 X 向 Y 所主张的是物上请求权,而例 2 中 X 向 Y 主张的则是债权请求权。实体法性质上的差异,决定了原告 X 通过诉讼请求主张的权利,与受让人 Z 对标的物享有权利之间的相互关系有所不同,理论上可从实体法角度和诉讼法角度分别对此加以分析。

---

① 在诉讼标的的识别标准上,存在新、旧诉讼标的理论的对立,以及众多学说之争论,参见陈荣宗:《民事程序法与诉讼标的理论》,台湾大学法学丛书编辑委员会 1977 年版,第 335 页以下。为便于分析标的物转让情形中,因诉讼标的(诉讼上的请求)在实体法上性质的区别而产生的不同法律效果,本文采取旧诉讼标的理论(或称旧实体法说)展开论述,特此说明。

(一)实体法视角之分析

若从实体法视角考察诉讼标的之权利属性,例1中诉讼标的为X所主张的物上请求权,性质上属于对物关系而具有对世效力及直接支配标的物的效力。故在该情形下,即使Y单纯转让标的物房屋A,从而Z对房屋A取得可以对抗X的权利,将会使X对Y的请求无法成立。与之不同,例2中诉讼标的为X所主张的债权,性质上属于对人关系,此关系仅存在于X、Y之间而不具有对世效力及支配标的物之效力。该情形下若Y单纯转让标的物房屋B,而未同时移转其对X承担的债务,即使Z取得对房屋B的权利也并不影响X、Y之间的债权债务关系,X对Y的请求在满足实体法所规定的构成要件时仍可成立。因此单从实体法角度,例2中标的物转让并未对本案诉讼请求的成立产生影响,X的权利主张即使获得判决承认,其对Y享有的债权也无法对Z发生效力。有观点立足于此等分析,认为在诉讼系属中单纯转让标的物之情形,仅当诉讼标的为对物关系(包括物权、物上请求权以及占有)时,诉讼法上始有调整之必要,进而确定判决效力应及于标的物受让人;而当诉讼标的为对人关系(债权以及债权的请求权)时,确定判决的效力并不及于受让人。①

(二)诉讼法视角之分析:基于纠纷解决机能的考量

在例2中,即使X对Y的请求获得判决承认,但可能因Z已取得对房屋B的所有权而使X的请求最终因给付不能而无法实现,并未使当事人与受让人之间的纠纷在本诉中得到解决。若依照上述基于诉讼标的的实体属性决定判决效力扩张的观点,X获得的胜诉判决效力并不及于Z,若要实现权利则需另对Z起诉,通过另一程序最终解决纠纷。由此可见,即使在例2情形中,转让标的物也会对本诉请求产生决定性影响,仅因实体权利属性的区别而在程序上采取不同的处理方式则有所不妥。故从纠纷解决之诉讼法视角出发,无论诉讼标的为对物关系(例1)抑或对人关系(例2),均应使本诉裁判效力及于标的物受让人,并寻求当事人与受让人之间利益的平衡。

---

① 此观点称为判决效力扩张的实体法属性说,在我国台湾地区先为实务界所采用(见台湾地区"最高法院"1972年台再字第186号判例,与本文例2情形相同),后逐渐为多数学说所接受,颇具影响。参见许士宦:《新民事诉讼法》,北京大学出版社2013年版,第179页。

诉讼系属中发生实体关系变更,无论第三人受让诉讼标的之权利义务或者其标的物,都会对纠纷主体的利益状况及诉讼实施权之基础产生影响。程序上的规制范围不应限于诉讼标的之法律关系发生移转,而应将单纯转让标的物之情形包含在内,且无论诉讼标的之实体法属性,设置统一的处理方式。诉讼制度的设计应在维护实体法秩序的同时兼顾纠纷解决之程序法要求,平衡追求实体利益与程序利益。① 因此,诉讼系属中单纯转让标的物之情形确有加以规制的必要,现行规定中"争议的民事权利义务转移"宜进行相应修改,将系争标的物移转纳入适用范围。② 在修改之前,也应将司法解释第249条的规定理解为包括上述情形在内。

三、诉讼系属中标的物移转的程序对策原则

明确将单纯移转标的物的情形纳入规制范围,进而首先应当确定程序上处理对策的原则。如前所述,近代各国法制允许在诉讼中进行系争物转让以来,按照实体变动是否产生诉讼当事人变更的效果,形成了当事人恒定主义与诉讼承继主义两种对立的处理方式。两种方式虽关注的重点有别,但均体现出程序法视角下的纠纷解决与诉讼效益等价值追求。考虑到两种方式各有其利弊,各国在制度建构时并未机械地全然适用其中一种处理方式,而是在采取其一的同时保留了例外情形。因此在制度层面,上述两种处理方式是作为原则性规范而存在,称为当事人恒定原则和诉讼承继原则。大陆法系国家中,德国与日本分别为采取上述两原则的典型代表,并在具体制度的设计和运行上形成了较为完整的体系。③ 我国现行制度所确立的处理模式,即受到德国法中当事人恒定等制度的深刻影响。为明晰两种模式之优劣与利弊,有必要对德、日两国相关制度进行比

---

① 参见许士宦:《实体法与程序法之关系》(下),载《台湾法学杂志》2010年第146期。

② 如《德国民事诉讼法》第265条即规定,诉讼系属中当事人仍有"转让系争物或移转其所主张的请求权"之权利,并对此采取当事人恒定原则的处理模式,可见德国法即在适用范围上将两种情形包括在内,予以同样处理。

③ 英美法系国家对此也形成了相应的处理模式,如《美国联邦民事诉讼规则》第25条(c)项规定:"于利益发生移转之情形,诉讼仍由原来的当事人续行。但法院依声请命利益受移转者承当,或与原当事人共同成为当事人时,不在此限。"可见美国法大体上也采取当事人恒定为原则,当事人承继为补充的处理模式,在法理基础上与大陆法系国家并无二致。由于我国制度受大陆法系国家尤其是德日两国制度及理论影响颇深,本文仍以德国法、日本法为考察对象。

较考察,为我国制度建构指引方向。

(一)德国法中的当事人恒定原则

德国法的当事人恒定原则,是指在诉讼系属中即使实体权利义务发生移转,诉讼当事人原则上并不因此发生变更(《德国民事诉讼法》第265条第1款)。德国法一方面允许当事人在诉讼中进行实体权利的变动,不因诉讼程序而限制其实体处分之自由;另一方面则强调对方当事人利益的保护,不因移转行为对其造成不利影响。基于纠纷解决实效性之考虑,德国法规定本诉判决的效力(既判力和执行力)及于受让人(第325条、第727条),体现出程序安定性与诉讼经济的兼顾并重。在理论根据上,德国民事诉讼理论明确区别诉讼实施权与本案适格,两者分别属于诉讼的合法性与正当性范畴,诉讼实施权与实体关系的归属并无必然联系。因此在发生实体变动时,出让人依法律规定仍然享有诉讼实施权,标的物转让等实体变动引起本案适格发生变化,从而有当事人恒定原则之适用,其理论根据为出让人与受让人成立法定诉讼担当之关系,也使判决效力及于受让人得以正当化。[①]

考虑到当事人恒定原则使诉讼当事人与实体关系归属主体分离而有碍于纠纷的实质性解决,德国法也将诉讼承继主义作为当事人恒定原则的补充,规定受让人经双方当事人同意,可例外地替代出让人成为当事人。此外,德国法规定受让人提起参加诉讼(独立当事人参加)也须经当事人同意,并可作为从参加人(辅助参加人)参加诉讼(第265条第2款)。换言之,如果对方当事人不予同意,受让人既不能替代出让人承担诉讼也不能以独立当事人身份参加诉讼。由此可见,当事人恒定主义不仅被德国法采为原则,而且在具体制度中对其贯彻程度较高。

(二)日本法中的诉讼承继原则

日本向来以德国为母法国,然而在实体权利义务移转的程序处理方面,日本法却采取与德国法相对立的模式。不过日本法采用诉讼承继主义,最初并非由

① 参见[德]罗森贝克、施瓦布、哥特瓦尔德:《德国民事诉讼法》(第16版),李大雪译,中国法制出版社2007年版,第735页以下。

于对当事人恒定主义的缺陷有所认识,仅仅是为了配合既有的制度。[①] 后来学界逐渐认识到当事人恒定导致诉讼主体与实体关系归属主体不一致,实体变动使出让人丧失了纠纷主体地位,难以期待其认真实施诉讼,而受让人作为新的纠纷主体却无法对诉讼程序施以影响,缺乏对其固有利益的保护。因此,《日本新民事诉讼法》(第49条至第51条)明确采取了诉讼承继原则,并对相应制度进行规定。

诉讼承继原则要求在诉讼系属中发生系争物移转时,受让人成为新的当事人承继诉讼,且出让人已实施的诉讼行为对受让人有拘束力。学界同样从当事人适格角度为该制度寻求根据,但不同于德国,日本民事诉讼理论对当事人适格(或称正当当事人)与诉讼实施权未作区分,将其作为诉讼要件而属于诉的合法性范畴。对本案请求最具有利害关系者为适格当事人,故发生系争物转让后受让人取得当事人适格。[②]。受让人承继诉讼的方式,分为主动地申请参加承继(第49条)和因对方当事人申请而被动地引受承继(第50条),并规定承继人以独立当事人身份参加到诉讼中。然而,独立当事人参加与诉讼承继存在本质区别,前者将形成三方诉讼形态,且并不存在诉讼状态的承继问题,将其直接适用于诉讼承继之情形必然会出现障碍。为此,实务中需要通过法官行使释明权使出让人退出诉讼(准用第48条),实现受让人对出让人的替代。

(三)程序对策原则之选择:当事人恒定原则的合理性根据

通过比较考察德、日相关理论,本文认为在诉讼系属中发生标的物移转等实体变动时,程序法上应采取当事人恒定原则,以下从三个方面说明具体理由。

1. 保证诉讼程序的安定

当事人恒定原则更能够保证诉讼程序的安定性。虽然允许当事人在诉讼系属中进行标的物转让等实体处分,但若要求已经开始的诉讼程序严格遵循实体关系归属状况,进而必须使受让人替代原当事人实施诉讼,将使诉讼程序呈现不

---

① 在日本旧民事诉讼法时代,最初并未明确采取何种处理方式,但因判决以口头辩论终结时的资料作为基础,诉讼系属中发生系争物转让时本诉请求将因此被驳回,为避免出现此不合理现象而采取诉讼承继主义。参见[日]新堂幸司:《新民事诉讼法》,林剑锋译,法律出版社2008年版,第595页以下。

② 关于日本法上当事人适格(或正当当事人)的一般基准,参见[日]新堂幸司:《新民事诉讼法》,林剑锋译,法律出版社2008年版,第207页。

安状态。如果标的物或实体权利义务在诉讼中不断地发生移转,按诉讼承继主义的要求,诉讼程序也将屡屡随之发生变动,其结果只能导致诉讼迟延。采当事人恒定原则,可在维持当事人实体处分权的同时避免实体变更对程序安定造成负面影响,集中发挥诉讼程序解决纠纷、保护私权之机能。

2. 优先保障对方当事人利益

当事人恒定原则可有效保障对方当事人的利益,更能实现各方主体利益的平衡。诉讼中发生实体变更时,制度上应当兼顾双方当事人与受让人利益。对于作为当事人的出让人,允许进行标的物移转等实体处分使其利益得到保障。关键在于对方当事人与受让人的利益当以何者为先,这也是两种处理方式对立的焦点所在。应当承认,诉讼系属中当事人进行实体上的处分,对方当事人多处于弱势地位。若要求受让人替代出让人成为当事人,由于两者在诉讼技巧、经济状况及社会地位等各方面可能均有差别,会使对方当事人因此而承受较大损失。结合我国社会诚信观念薄弱的现实,被告为逃避债务很可能在诉讼中与第三人恶意串通并移转标的物,而诉讼承继主义将会助长此行为的负面效果。采用当事人恒定原则,则可优先保护处于弱势地位的对方当事人,避免实体变动对其产生不利影响。①

3. 重视制度运行的整体效果

从德、日两国的情况来看,德国法上当事人恒定原则及具体制度的运行效果更为理想。在保证程序安定并强调对方当事人利益保障的基础上,德国法通过承认双方当事人同意条件下的当事人承继,能有效弥补原则规定的缺陷。配合诉讼参加制度的适用赋予受让人相应程序保障,也使判决效力的扩张得以正当化,在较高程度上兼顾了程序效益和实体公正。② 相反,日本法采取诉讼承继原则,在具体运行时则通过援用独立当事人参加、退出诉讼的规定得以实现,却使参加承继与引受承继两种具体方式的适用范围出现差异。③ 而通过假处分及预告登记等制度对程序安定予以弥补,又因适用对象、范围等方面的缺陷,无法保证制度整体的运行效果。

---

① 参见刘敏:《论民事诉讼中当事人恒定原则的适用》,载《法商研究》2016 年第 5 期。

② 参见台湾地区民事诉讼法研究基金会编:《民事诉讼法之研讨(十八)》,元照出版有限公司 2012 年版,第 3 页以下。

③ 若要统一两种承继方式适用范围,则制度上需要另外建立继承诉讼状态的诉讼参加制度。

综上所述,当事人恒定原则在程序安定、利益平衡、运行效果及理论契合等方面均具显著优势,因此在诉讼系属中标的物发生移转之情形,我国诉讼制度将其作为程序处理的原则性规定,具有合理性。当事人恒定原则使诉讼实施主体与标的物权属主体相分离,且基于纠纷解决之目的对判决效力主观范围予以扩张,存在疏于保护受让人固有利益的危险。故应当以有条件的诉讼承继主义作为补充,并配合第三人参加诉讼等关联制度,赋予受让人充分的程序保障,弥补原则规定以提升制度运行之实效。

四、诉讼系属中标的物移转的具体制度建构:基于受让人程序保障之视角

如前所述,我国现行制度在诉讼中实体变动的程序处理上缺乏完整性与体系性,在确定程序对策原则后,需要对具体制度设计加以细化、完善。当事人恒定原则要求标的物转让后诉讼当事人维持不变,且本诉裁判效力及于受让人,程序安定以及对方当事人利益得到充分重视。从实践状况中可以看出,由于司法解释规定诉讼当事人不因争议权利义务变动而变更,为使诉讼程序顺利进行,法院多数情况下不会主动对此予以关注。而在单纯移转标的物情形下,是否属于"争议民事权利义务转移"尚有疑问,这种倾向也就更加突出。[①] 因此,具体制度的建构应将重点置于对受让人的程序保障上,兼顾各方利益并寻求纠纷的彻底解决,使程序运行之机能得到有效发挥。

依发生阶段的不同,对标的物受让人的程序保障可分为事前保障与事后保障,分别是针对本诉进行中和裁判生效后的两种程序途径。以下将依此划分对当事人恒定原则下的具体制度建构提供可行方案,并紧扣我国现有制度及实践状况明确两者在适用上的关系,形成相对完整的程序对策体系。

(一)标的物受让人的事前程序保障

对诉讼系属中标的物受让人的事前保障,即通过一定方式使受让人参与到

① 具此倾向的司法实例可参见江苏省南京市中级人民法院(2015)宁商终字第1058号民事判决书、山东省烟台市中级人民法院(2015)烟商二终字第339号民事判决书。在后一判决书中,法官对于"当事人恒定原则"的理解还存在偏差。

本诉之中,进而对本诉审理过程施以影响。从前文分析可知,我国现行制度的问题集中体现在事前保障方面,致使受让人无法充分获得参与本诉审理的机会。就我国实践情况反映出的问题,本文试从以下四点提出制度完善建议。

1. 诉讼系属状态的通知与登记

受让人知晓诉讼系属之事实是其参与本诉审理的前提。在当事人恒定原则下,出让人的对方当事人不会因标的物可能发生移转而心存不安。但现实中出让人为达目的很可能对受让人隐瞒该标的物已经涉诉的事实,使受让人无法知晓系属状态,一旦对方当事人胜诉将损害受让人的固有利益。为保证受让人知晓系属事实进而寻求程序救济,除出让人应将标的物涉诉事实告知受让人外,法院在审理中知悉转让事实(或依当事人申请)也应将其通知受让人,并可采用与通知无独立请求权第三人参加诉讼相同的方式(《民事诉讼法》第56条、《民诉法司法解释》第81条)。

2. 标的物出让人诉讼行为的限制

依司法解释中当事人恒定原则的要求,标的物出让人仍为当事人并享有诉讼实施权。但标的物移转必然使出让人与本诉请求的利害关系趋于淡薄,难以期待其继续积极、认真地实施诉讼攻防。假如出让人擅自进行请求层面上的处分行为,比如承认对方当事人的诉讼请求或与其进行和解等,将导致标的物受让人的实体利益受到损害。如前文分析,彻底的当事人恒定对于受让人而言过于苛刻,故应对出让人的诉讼行为予以适当限制。在出让人进行请求层面的不利处分时,应当先行获得受让人的同意。当然,如果受让人对此沉默,或是出让人仅在事实层面进行处分(如自认)时,因受让人的消极态度对其课以不利影响则并无不妥。

3. 标的物受让人承继诉讼的条件

我国制度中当事人恒定与承继在适用上终由法院决定,导致例外规定与原则规定的意旨相背离。采当事人恒定为原则意在强调保护对方当事人利益,在将当事人承继作为补充时也应符合这一基准。因此,现行制度中"受让人替代当事人承担诉讼"应首先以双方当事人同意为前提,使原则与例外在适用上界限分明。诉讼承继的弊端在于前后主体差异导致诉讼迟延并损害对方当事人利益,但受让人积极参与诉讼也可促进程序进行。如果法院对各方主体予以兼顾,衡量当事人更替所带来的双面效果,则保留其决定权限仍为妥当。故在具体制度上，当受让人未获对方当事人同意时，可以申请法院裁定准许其替代出让人承担诉讼，同时允许不服裁定时申请复议。

4. 标的物受让人以第三人身份参加诉讼

受让人未获当事人同意且未获法院准许而无法承继诉讼时（包括受让人不愿承继时），也可以诉讼第三人身份参加本诉。在前述例1（诉讼标的为对物关系）中，受让人可主张对标的物享有足以对抗本诉原告之权利，以有独立请求权第三人身份参加。我国制度中有独立请求权第三人参加诉讼无须双方当事人同意，不同于德国法中的独立当事人参加，由此更能与诉讼承继规则相配合。此外在前述两例中，受让人均可以无独立请求权第三人身份参加诉讼，但如前所述我国制度在其诉讼地位、判决效力扩张等方面尚有明显缺陷。诉讼中发生标的物移转时，本案诉讼标的之法律关系应当与标的物移转所生法律关系在本诉程序中合一确定，受让人参加诉讼具有独立性，应强化其地位以充分实施诉讼攻防。①这涉及诉讼第三人制度的建构，本文对此不予展开。

（二）标的物受让人的事后程序保障

如果受让人未能在本诉过程中参与审理，还可在判决生效后通过一定途径排除判决效力对其发生扩张，此即程序上对诉讼系属中标的物受让人的事后保障。德国、日本等大陆法系国家在判决效力（既判力、执行力等）的主体范围已有明确规定，②但我国尚未实现判决效力制度化，因而司法解释规定本诉裁判对受让人发生效力亦不足为奇。既然如此，在制度上赋予标的物受让人相应的事后救济途径则尤显重要。但就两种途径的关系而言，在诉讼过程中赋予受让人参与审理之事前保障能充分发挥程序运行之机能，诉讼经济方面也更理想，事后保障只应作为补救措施。排除生效裁判效力只能通过诉的方式，以下结合我国现有制度情况，对标的物受让人可利用的事后救济途径予以明晰。

---

① 大陆法系国家的诉讼参加制度中，当本诉判决效力及于对方当事人与第三人之间而需要合一确定时，该第三人可以进行共同诉讼辅助参加，其地位近似于必要共同诉讼中的当事人，在标的物移转的程序处理上值得借鉴。参见［日］新堂幸司：《新民事诉讼法》，林剑锋译，法律出版社2008年版，第572页。

② 关于既判力主体范围，《德国民事诉讼法》第325条、《日本民事诉讼法》第115条有明文规定。

1. 受让人提起第三人撤销之诉

我国《民事诉讼法》第56条第3款规定了第三人撤销之诉制度,若在本诉过程中标的物受让人未能知晓诉讼系属之事实,即符合所规定的因不能归责事由而未能以前述的第三人身份参加诉讼,可向作出生效裁判的法院提起撤销之诉。如前文所举两例中,无论双方当事人争议实体关系性质如何,本诉判决都将决定或影响标的物权属状况,进而受让人与之存有法律上的利害关系。通过撤销之诉的审理,法院可对原双方当事人及标的物受让人之间的实体关系进行统一判断,彻底解决其间纠纷。

2. 执行程序中受让人提起案外人再审及异议之诉

若出让人的对方当事人以生效判决为依据申请法院强制执行,案件所涉标的物即属于被执行人(出让人)财产而被作为执行对象。执行程序中,我国《民事诉讼法》第227条赋予作为案外人的标的物受让人相应的救济途径。在程序上的执行异议被法院裁定驳回后,依其对标的物所享有实体权利与本案判决之间的关系,可分别通过提起再审或者执行案外人异议之诉寻求实体救济①。具体而言,在前文例1(诉讼标的为物权关系)情形中,判决针对标的物权属的判断必然与受让人所主张权利相矛盾,受让人即可以本诉裁判有误申请启动审判监督程序;而在例2(诉讼标的为债权关系)情形中,判决仅对双方当事人之间(针对特定标的物)的债权债务关系作出判断,受让人对该标的物所主张权利与对方当事人享有的债权并不处于对立关系,而是在债权的最终实现上取决于标的物的权属问题。故受让人可提起案外人异议之诉使其对标的物享有的权利获得承认,进而排除判决执行力向其扩张。

五、结　　语

诉讼系属中发生标的物移转,将使本案诉讼请求的成立及实现受到影响,通过本诉的审理对当事人与第三人之间的权利归属予以划一性确定,能够充分发挥诉讼解决纠纷之机能且有利于降低成本。程序处理上,应尽量调和程序安定之要求与实体法秩序,并兼顾双方当事人与标的物受让人的利益保障。本文由

① 参见董少谋:《民事强制执行法学》,法律出版社2016年版,第205页。

此视角出发，论证了当事人恒定作为处理原则的合理性，并通过诉讼系属通知、出让人行为限制及有条件地承继诉讼等具体制度设计，配合我国现有诉讼第三人、执行案外人救济等制度，初步建立起诉讼中标的物移转的程序对策体系。民事诉讼是一个庞大而复杂的系统，对具体规则的调整可谓“牵一发而动全身”。诚如文中所述，在实体关系变动的程序处理问题上，不仅涉及诉讼实施主体的变更，在判决效力扩张范围、诉讼参加制度中第三人的诉讼地位等方面都与之密切相关，但我国现行制度在这些领域仍存在诸多问题，均有待进一步研究加以解决。

• 国际法论坛

国际法院管辖权：是否存在争端？
——评“马绍尔诉英国案”

刘燕彬*

摘　要：2016年10月5日，国际法院对马绍尔群岛共和国分别诉英国、巴基斯坦、印度的“关于停止核军备竞赛和实行核裁军的谈判义务案”的管辖权问题作出判决。这是首个因国际法院认为不存在争端而被驳回的案件。在有无争端问题上，法院判决认为需证明被告国知道或不可能不知道争端存在，由于院长的决定性投票得出了没有争端的结论，这也反映了法官间对争端存在标准的分歧。通过对比分析本案当事方的立场及法官的单独意见、声明及国际法院新近案例等，可以明确争端存在不需要预先通知，而本案所确定的标准并非要求当事国于每一次起诉前通知被告国，而是客观地衡量在没有外交函件往来时，单方行为是否达到能够为对方所知晓并反对的程度。虽然在本案中，国际法院在程序瑕疵问题的处理上表现出从宽松到严格的倾向，但该种倾向已反映在国际法院的新近案例如2012年比利时诉塞内加尔“或引渡或起诉”中，因而本案不属于不合理背离先例的情形。

关键词：争端；管辖权；国际法院；预先通知

* 复旦大学国际法专业研究生。

The Latest Standards of Judging the Dispute by the International Court of Justice

—Comment on the Case "Marshall Island against United Kingdom"

Liu Yanbin

Abstract: On October 5, 2016, the International Court of Justice released the Judgments of Preliminary Objection on the Obligations concerning Negotiations relating to Cessation of the Nuclear Arms Race and to Nuclear Disarmament case between Marshall Island against United Kingdom, Pakistan and India separately. It was the first case dismissed by the International Court of Justice on the ground that there was no dispute. On the issue of whether there is a dispute or not, the court found that it was necessary to prove that the respondent State was aware or could not be unaware of the existence of the dispute. The conclusion that there was no dispute lies in the decisive vote of the president was also a reflection of the disagreements between the judges on the existence of criteria for the dispute by comparing and analyzing the position of the parties and the judge's separate opinions, declarations etc. and recent cases of the International Court of Justice, it can be clarified that the existence of the dispute does not require prior notice, and the criteria determined in this case are not to require the parties to notify the defendant before each indictment. It is objectively measures as to whether the unilateral act of the state reaches a level that can be known and opposed by the other party when there is no diplomatic correspondence. Although in this case, the International Court of Justice has shown a tendency from lenient to strict in dealing with procedural flaws, this tendency has been reflected in recent cases in the International Court of Justice, such as Questions relating to the Obligation to Prosecute or Extradite between Belgian and Senegal in 2012. This case is therefore not an unreasonable departure from the precedents.

Keywords: dispute; jurisdiction; The International Court of Justice; advanced notification

马绍尔群岛共和国是位于太平洋中部、总人口不足10万的岛国。[①] 据英国《卫报》报道,美国政府于1946年至1958年在马绍尔群岛进行了67次核爆炸试验,对马绍尔群岛当地的环境造成了巨大污染,并且部分岛屿未来几千年都不适宜人类居住。[②] 马绍尔群岛2014年4月曾在美国联邦地区法院提起核裁军诉讼,经驳回后于2017年3月15日提出,但被美国第九巡回法庭以《核不扩散条约》第6条不属于自动执行条约范畴及与政治问题不可分割为由驳回。[③] 作为核试验受害国,马绍尔群岛一直对核武器问题有特别关切,并于2014年4月24日,对英国、巴基斯坦、印度、中国、朝鲜、法国、以色列、俄罗斯与美国共9国向国际法院提交了诉讼申请,要求所有有核国家履行核裁军义务,引起了国际社会的广泛关注。

在此次被诉国家中,由于英国、巴基斯坦、印度三国声明接受国际法院第36条第2款的管辖权,法院程序已经启动。[④] 依据《国际法院规约》第36条第2款,法院对依据该款做出声明的国家之间发生的所有"法律争端"(legal dispute)有管辖权。法院判决认为三个案件中均不存在争端而驳回了马绍尔群岛的起诉。

自常设法院第一次在1924年希腊诉英国"马夫罗马蒂斯巴勒斯坦特许权案"中陈述"争端"的定义至今,已经过去了一百多年的时间。[⑤] 判断国际争端是否存在是进行案件管辖的第一步,对国家间仲裁或国际司法都有重要意义,但在我国学者以往学术研究中,较少对国际争端的判断标准问题进行系统探讨,[⑥]国

---

① The World Bank, "Data, Population, total", https://data. worldbank. org/country/marshall – islands? view = chart, last visited on 22 August 2018.

② The Guardian, "Marshall Islands Nuclear Arms Lawsuit Thrown out by UN's Top Court", https://www. theguardian. com/world/2016/oct/06/marshall-islands-nuclear-arms-lawsuit-thrown-out-by-uns-top-court, last visited on 22 August 2018.

③ Republic of the Marshall Islands v. United States of America, Donald J. Trump et al., D. C. No. 4:14 – cv – 01885 – JSW, (9th Cir. 2017) 4 – 5, http://cdn. ca9. uscourts. gov/datastore/opinions/2017/07/31/15 – 15636. pdf, last visited on 22 August 2018.

④ 国际法院三个已受理案件的内容详见:Marshall Islands v. United Kingdom, http://www. icj-cij. org/en/case/160, last visited on 22 August 2018; Marshall Islands v. India, http://www. icj-cij. org/en/case/158, last visited on 22 August 2018; Marshall Islands v. Pakistan, http://www. icj-cij. org/en/case/159, last visited on 22 August 2018。

⑤ Mavrommatis Palestine Concessions (Greece v. United Kingdom), PCIJ Judgment, Series A, No. 2, p. 11 (1924).

⑥ 朱利江:《国际法院判例中的争端之界定——从"马绍尔群岛案"谈起》,载《法商研究》2017年第5期。

外学者在研究国际法院其他案例如2011年格鲁吉亚诉俄罗斯联邦“消除一切形式种族歧视公约案”[①]及2012年比利时诉塞内加尔“或引渡或起诉义务案”[②]等时,曾对判断争端成型的关键日期,[③]成型的证明标准等[④]进行了个案分析。马绍尔诉英国、印度、巴基斯坦三个案件作为国际法院少有的专门讨论争端判断标准的案例,为我们提供了极佳的研究素材。

马绍尔诉英国关于停止核军备竞赛和实行核裁军的谈判义务案是三个案件中最具争议的。该案中法官对于有无争端问题的投票数是8:8,由于院长亚伯拉罕(Judge Abraham)支持没有争端,法院最终判决认为本案不存在争端。鉴于马绍尔在三个案子中所提交的证据相似性较大,且马绍尔群岛诉英国案争议更多,本文主要对马绍尔群岛诉英国案进行分析,在必要处与马绍尔群岛诉印度、巴基斯坦案进行比较。

法院多数意见中第一次明确了“知道或不可能不知道争端存在”的判断标准,然而法官在争端是否存在这一判断上的论证理由及结论有很大差异。本文将分析不同法官的论证思路,探讨国际法院在本次的判决中是否不合理地违背了先例。此外,本文还就该标准的适用范围进行重点研究。

一、案件背景

在马绍尔群岛诉英国案中,马绍尔群岛的诉求主要可以概括为:第一,由于英国没有善意推进以严格和有效控制下的全面核裁军为目标的谈判,其违反了并且持续违反《不扩散核武器条约》(Treaty on the Non-Proliferation of Nuclear Weapons,NPT),特别是条约第6条所规定的义务和习惯国际法下的义务;第二,由于英国在质量上改善核武器系统,无限期的保有核武器及没有推进通过全面

① Application of the International Convention on the Elimination of All Forms of Racial Discrimination(Georgia v. Russian Federation),Preliminary Objections,ICJ,Judgment,70(2011).

② Questions relating to the Obligation to Prosecute or Extradite(Belgium v. Senegal),ICJ, Judgement,445,para. 54(2012).

③ Daniel West,“Formalism versus Realism:the International Court of Justice and the Critical Date for Assessing Jurisdiction”,*5 UCLJLJ 31*,32(2016).

④ Phoebe Okowa,“The International Court of Justice:Georgia/Russia Dispute”,*11 Hum. Rts. L. Rev.*,2011,p.739,pp.750–751.

核裁军或其他方式停止核军备竞赛的谈判,其违反了并且持续违反 NPT 第 6 条和习惯国际法下的义务;第三,由于英国未能善意履行,有效地防止了绝大多数无核武器缔约国履行其根据 NPT 第 6 条承担的义务及遵守关于核裁军和早日停止核军备竞赛的习惯国际法受挫,其违反了 NPT 和习惯国际法下的义务。①

对此,英国提交了初步反对意见,要求法院判决本案没有可受理性(admissibility)或法院没有管辖权。② 英国提出了五点理由:第一,在《国际法院规约》和《法院规则》这一术语的含义范围内双方没有可交法院裁判的"争端";第二,马绍尔群岛"任择条款声明"的时效性使法院无权管辖之前的争端;第三,英国对"任择条款"做出的保留已排除法院的管辖权;③第四,该诉讼程序缺少其他重要利益相关国家的参与;第五,该主张不属于法院的司法职能范围内,因此法院应拒绝对该法院行使管辖权。④

法院在初步反对意见的判决中主要围绕英国的第一项意见进行了裁判,对争端存在的要件、可以考量的因素及证据的证明力等问题都做了分析。法院认为不存在争端,因此不具有管辖权,但对英国提出的其他理由未做分析。从各法官的声明、反对意见或单独意见中可以看出,法官对于如何从判例中解读争端存在的标准存在分歧。本文将首先结合国际法院和常设国际法院的判例确定争端的基本内涵,争端存在的要件,并讨论法院审理本案时的证据问题及证明标准。

二、争端的定义

常设国际法院在 1924 年希腊诉英国"马夫罗马蒂斯巴勒斯坦特许权案"中,

---

① Obligations concerning Negotiations relating to Cessation of the Nuclear Arms Race and to Nuclear Disarmament (Marshall Islands v. United Kingdom) Preliminary Objections, Memorial of Marshall Islands, pp. 91 -97 (2016).

② Obligations concerning Negotiations relating to Cessation of the Nuclear Arms Race and to Nuclear Disarmament, (Marshall Islands v. United Kingdom) Preliminary Objections, ICJ, Judgement, 11, para. 11 (2016).

③ 声明内容为提起法律程序的一方仅为解决该争端而接受法院强制管辖。

④ Obligations concerning Negotiations relating to Cessation of the Nuclear Arms Race and to Nuclear Disarmament (Marshall Islands v. United Kingdom) Preliminary Objections of the United Kingdom, 12, para. 24 (2016).

将争端定义为当事国之间法律或事实方面的分歧,法律观点或利益的冲突。① 但是,仅有观点或立场的分歧是不够的。国际法院在进一步阐述常设国际法院在"马夫罗马蒂斯案"中给出的定义时,认为:"仅是断言不足以证明存在争端,同理仅否认该争端的存在无法证明其不存在。仅仅表明双方的利益在这种情况下冲突是不够的,必须表明,一方的主张被另一方积极反对。"②进一步而言,重要的是"双方对于某个国际义务的履行与否有明确相反的意见"。③

笔者认为,在这里需要区分事实问题和法律问题:观点的分歧是一个事实问题,而是否有争端是一个法律问题。只有后者才需要法院去进行裁判。而通过当事方表现的"积极反对",法院才有了去判断谁的立场应当被支持的必要,此时事实问题才转变成为法律问题。需要厘清的是,"积极反对"并不是一个形式上的要求。在2016年尼加拉瓜诉哥伦比亚"侵犯加勒比海主权权利和海洋空间案"中,法院指出:"虽然正式的外交抗议可能是将一方的要求提请另一方注意的重要一步,但这种正式抗议不是(争端存在)的必要条件。"④

三、争端存在的判断标准

争端的存在需要"证明一方的主张与另一方的主张相反";⑤是否存在争端是由法院客观确定的问题,法院必须通过对事实的审查进行判断。⑥ 这些论断在国际法院判断争端的案件中几乎都会出现,但过于抽象和原则,需要法院在具体案件中结合事实情况考量。马绍尔群岛诉英国案是国际法院第一次明确将"知

---

① Mavrommatis Palestine Concessions(Greece v. United Kingdom),PCIJ,Judgement,11(1924).

② South West Africa(Ethiopia v. South Africa;Liberia v. South Africa),Preliminary Objections, ICJ,Judgment,328(1962).

③ Interpretation of Peace Treaties with Bulgaria,Hungary and Romania,First Phase,ICJ,Advisory Opinion,74(1950).

④ Alleged Violations of Sovereign Rights and Maritime Spaces in the Caribbean Sea(Nicaragua v. Colombia)Preliminary Objections,ICJ,Judgment,30-31,para. 72(2016).

⑤ South West Africa (Ethiopia v. South Africa; Liberia v. South Africa), Preliminary Objections, ICJ, Judgment, 328 (1962).

⑥ Alleged Violations of Sovereign Rights and Maritime Spaces in the Caribbean Sea (Nicaragua v. Colombia), Preliminary Objections, ICJ, Judgment, 25, para. 50 (2016).

道或不可能不知道”作为争端存在的一个判断要件。①

(一)不需要事先通知被告国

英国在其提交的书状中认为,习惯国际法要求援引另一国责任的国家必须在提交诉讼申请前向该国发出对其提起诉讼的通知,这种通知是争端存在的前提条件。它声称:这一原则反映在国际法委员会《国家对国际不法行为责任条款》(Articles on the Responsibility of State for Internationally Wrongful Act)第43条中,并且在2011年格鲁吉亚诉俄罗斯联邦“消除一切形式种族歧视公约案”及2012年比利时诉塞内加尔“或引渡或起诉义务案”②中体现。

原告国在提起诉讼前,必须事先通知被告国的要求会给原告造成过多负担。在双方对立立场已经很明确时,这一形式要求并无必要。回顾国际法院的判决,我们可以发现法院没有将事先通知作为争端存在的构成要件。③ 相反,在1998年喀麦隆诉尼日利亚的“陆地和海上边界案”中,法院指出:一个国家“不必通知(另一国)其向法院提交诉讼申请的打算”。④ 从国际法院的先例来看,待决争端的存在问题被视作为一种是否有必要行使管辖权的问题。这个问题的关键在于是否实质上存在一个争端,而不在于争端以何种形式出现,也不在于是否已经通知了被告国。⑤

---

① Obligations concerning Negotiations relating to Cessation of the Nuclear Arms Race and to Nuclear Disarmament (Marshall Islands v. United Kingdom) Preliminary Objections, ICJ, Dissenting Opinion of Judge Yusuf, 37, para. 23 (2016).

② Obligations concerning Negotiations relating to Cessation of the Nuclear Arms Race and to Nuclear Disarmament (Marshall Islands v. United Kingdom) Preliminary Objections of the United Kingdom, 14 – 15, paras. 30 – 31 (2016).

③ Obligations concerning Negotiations relating to Cessation of the Nuclear Arms Race and to Nuclear Disarmament (Marshall Islands v. United Kingdom) Preliminary Objections, ICJ, Separate Opinion of Judge Tomka, 59, para. 11 (2016).

④ Land and Maritime Boundary between Cameroon and Nigeria (Cameroon v. Nigeria), Preliminary Objections, ICJ, Judgment, 297, para. 39 (1998).

⑤ Obligations concerning Negotiations relating to Cessation of the Nuclear Arms Race and to Nuclear Disarmament (Marshall Islands v. United Kingdom), Preliminary Objections, ICJ, Judgment, 23, para. 45 (2016).

(二)无须考虑诉讼过程中的对立意见

马绍尔群岛在书状中援引了1998年喀麦隆诉尼日利亚“陆地和海洋边界案”,[①]认为“在确定争端的存在时,一方的立场或态度可以通过推定,无论该方的自称为何”。[②] 法院判决中认为在双方没有直接的外交函件往来时,可以推定双方的立场。但是,法院同时也强调了这种推定只能在“被告国应当回应另一方的主张而未回应的情况下”。[③]

马绍尔群岛的另一有力论据是1996年波斯尼亚和黑塞哥维那诉南斯拉夫“关于适用防止及惩治灭绝种族罪公约案”。在该案中,法院援引了诉讼过程中当事国的陈述,得出了双方间的争端继续存在的结论,而没有援引任何证据来证明争端在申请提交之前就已经存在。[④] 法院没有认可马绍尔的主张,并援引2012年“或引渡或起诉义务案”作为反例。在“或引渡或起诉义务案”中,法院没有考虑诉讼过程中双方的立场,而是着眼于起诉前双方的外交函件。笔者认为,正如贝德贾维法官在1997年匈牙利诉斯洛伐克“加布奇科沃-大毛罗斯项目”案的单独意见中表示,“国际法不能过于僵化,不随生活的变化而改变”。[⑤] 波黑诉南斯拉夫案已经是20年前的案件,适用更近的案件标准更加符合当下的社会变化和国际法发展情况。此外,马绍尔群岛也未曾证明两个案件的相似性。因此,马绍尔群岛的主张不应(实际上也没有)得到法院的支持。

---

① Obligations concerning Negotiations relating to Cessation of the Nuclear Arms Race and to Nuclear Disarmament (Marshall Islands v. United Kingdom) Preliminary Objections, Memorial of Marshall Islands, 43, para. 96 (2016).

② Land and Maritime Boundary between Cameroon and Nigeria (Cameroon v. Nigeria), Preliminary Objections, ICJ, Judgment, 315, para. 89 (1998).

③ Obligations concerning Negotiations relating to Cessation of the Nuclear Arms Race and to Nuclear Disarmament (Marshall Islands v. United Kingdom), Preliminary Objections, ICJ, Judgment, 21, para. 40 (2016).

④ Application of the Convention on the Prevention and Punishment of the Crime of Genocide (Bosnia and Herzegovina v. Serbia and Montenegro) Preliminary Objections, ICJ, Judgment, 614 - 615, paras. 27 - 29(1996).

⑤ Martin Dawidowicz, "The Effect of the Passage of Time on the Interpretation of Treaties: Some Reflections on Costa Rica v. Nicaragua", *24 LJIL 201*, 201(2011).

（三）被告国知道或不可能不知道争端存在

法院判决第一次引入了“被告国知道或不可能不知道争端存在”的标准，认为：“正如以前在裁判是否存在争端的判决中所反映的那样，当证据能够证明被告国知道或不可能不知道其意见被原告国积极反对时，争端存在。”①这一标准乍看之下似乎背离常理，而最容易引起误解的是它与预先通知被告国这一标准的区别为何。法院在短短的20余页的判决中并未解释得出这一结论的原因，但我们可以通过分析支持判决的法官声明探知一二。亚伯拉罕院长作为判决的起草委员会成员，在其声明中认为关于判断是否存在争端的标准在判例中是有变化的，而最近的几个案件使判断争端是否存在的标准更清楚。② 因此，下文主要就最近的几个案件中相关的争端问题进行分析。

首先，法院判决及法院院长在声明中援引的格鲁吉亚诉俄罗斯联邦“消除一切形式种族歧视公约案”并不能作为支持本案中判断争端存在标准的依据，因为两个案件的具体情况截然不同，无法将其中的论证思路进行类比。该案涉及格鲁吉亚和俄罗斯加入的《消除一切形式种族歧视公约》的解释和适用。根据该公约第22条的规定，在向法院提交案件之前，争端各方必须首先通过谈判或公约规定的其他程序争端解决。在这种情况下，原告国必须证明在审理法院之前，它不仅应当通知了被告国自己的主张，而且还试图谈判达成和解。因此，在该案中，法院从事实的角度衡量被告国是否知道是合乎逻辑的。③ 笔者认为，我们应将格鲁吉亚诉俄罗斯联邦案与本案的情况予以区分。马绍尔诉英国案中并不存在这样的条款，因此，格鲁吉亚诉俄罗斯联邦案中的论证并不适用于本案。

在2016年尼加拉瓜诉哥伦比亚“侵犯加勒比海主权权利和海洋空间案”中，法院认为，虽然尼加拉瓜直到哥伦比亚递交诉讼申请的10个月后才表示抗议，

---

① Obligations concerning Negotiations relating to Cessation of the Nuclear Arms Race and to Nuclear Disarmament (Marshall Islands v. United Kingdom), Preliminary Objections, ICJ, Judgment, 22, para. 41 (2016).

② Obligations concerning Negotiations relating to Cessation of the Nuclear Arms Race and to Nuclear Disarmament (Marshall Islands v. United Kingdom), Preliminary Objections, ICJ, Declaration of Judge Donoghue, 205, para. 2 (2016).

③ Obligations concerning Negotiations relating to Cessation of the Nuclear Arms Race and to Nuclear Disarmament (Marshall Islands v. United Kingdom) Preliminary Objections, ICJ, Separate Opinion of Judge Sebutinde, 227, para. 33 (2016).

但是该案中的证据表明,当尼加拉瓜递交诉讼申请时,哥伦比亚就已经知道尼加拉瓜反对它1946年法令的颁布和它在依据2012年判决归属于尼加拉瓜海域的行为。考虑到双方最高代表的公开陈述,哥伦比亚不可能误解双方在这个问题上的分歧。① 该案中法院描述了争端双方能够知道某个争端主旨的存在,但并未表示如果哥伦比亚误解了双方在该问题上的分歧时,所产生的法律后果。即有争议的是:该段论述是对案件实际情况的描述,抑或暗示了法院在考虑争端问题时的一个价值判断。一个争端的和平解决有司法途径和外交途径,国际法院在考虑被告国是否知道双方就某个问题有法律争端时,会需要平衡两种目标:一是国际法院想要避免国家在还没有进行双边或多边外交往来,在被告还未对某一个诉讼申请有所了解有所准备时匆忙应诉措手不及,抑或是防止一些国家滥用国际司法资源而导致司法低效的情况出现。二是国际法院想要避免对争端的存在标准施以过高的要求,导致已经成型的争端无法得到法院裁判的救济,造成争端解决程序的拖延,不利于司法经济性和公平公正的实现。

第一种价值取向在2012年"或引渡或起诉义务案"中尤为明显。在该案中,法院认为,原告指称被告违反条约的外交函件足以证明原告认为被告违反条约的主张。而对是否违反习惯国际法的指称,法院认为由于双方在外交通信中没有提及,因此关于违反习惯国际法的问题是没有争议的。② 因此,虽然法院无法适用消除一切形式种族公约案中作为论据,但2012年"或引渡或起诉义务案"及2016年"侵犯加勒比海主权权利和海洋空间案"中已经体现了最近的案例中法院多数法官的价值取向。此外,本案中法官的多数意见虽然与较早案例中的判断原则不同,也不应认为是背离了法院已有的实践,而应该说法院的实践是在逐渐变化和发展的。从发展的实践中,法院归纳出了"知道或不可能不知道争端存在"这一判断标准。

(四)原则上以提交诉讼申请之日作为判断争端存在的日期

《国际法院规约》第38条第1款规定国际法院的职能是"对于提交的各项争

---

① Alleged Violations of Sovereign Rights and Maritime Spaces in the Caribbean Sea (Nicaragua v. Colombia), Preliminary Objections, ICJ, Judgment, 31, para. 73 (2016).

② Questions relating to the Obligation to Prosecute or Extradite (Belgium v. Senegal) ICJ, Judgement, 445, para. 54(2012).

端,应依国际法裁判之”。[①] 该款所使用的的术语是“提交的各项争端”表明法院应当在国家提交诉讼申请之日判断自己有无管辖权。然而,在早前的司法实践中,法院处理程序缺陷方面的做法是相当灵活的。例如,在1988年尼加拉瓜诉洪都拉斯“边界和跨界武装行动案”中,法院认为:“为确定提交申请之日的情况,去审查有哪些事件发生是很必要的,尤其是涉及当事国关系的,(审查的时间范围应当包括)申请之前,甚至申请之后。”[②]马绍尔群岛诉称:法院始终避免设定过于僵硬的标准来确定是否存在争端,特别是允许由于一国起诉另一国的一贯行为而使争端“成型”的可能性。[③] 问题是:法院在判断管辖权时似乎越来越出现从法律现实主义转向形式主义的倾向,仅通过确定管辖权的关键日期(critical date)没有争端而否定自己的管辖权。在格鲁吉亚诉俄罗斯联邦案中,法院背离了一个世纪以来的先例,拒绝考虑在此日期之后可能解决程序性缺陷的问题。[④]本案多数意见的判决也强化了这一倾向。

虽然坚持形式主义的做法并非没有好处,单一的判断标准能够帮助增强法律确定性,同时能够避免对未成型不适合裁判的争端进行诉讼,提高法院审判的有效性。[⑤] 这样的好处在另一方面又引入了新的不确定性。虽然前述标准中仅凭诉讼过程中的对立意见不能使争端成型,原告国实际上有很多方式能达到使被告国知道争端主旨的目的。

四、证明标准问题

法院判决不仅提出了判断争端存在的标准,而且就具体证据能否证明“被告不可能不知道争端存在”进行了判断。从国际法院以往的判例来看,就证据种类

---

① 《国际法院规约》第38条第1款。

② Border and Transborder Armed Actions(Nicaragua v. Honduras),Jurisdiction and Admissibility, ICJ,Judgment,95,para. 66(1988).

③ Obligations concerning Negotiations relating to Cessation of the Nuclear Arms Race and to Nuclear Disarmament (Marshall Islands v United Kingdom), Preliminary Objections, ICJ, Judgment, 18-19, para. 32 (2016).

④ Daniel West, “Formalism versus Realism: the International Court of Justice and the Critical Date for Assessing Jurisdiction”, *5 UCLJLJ 31*, 32 (2016).

⑤ Daniel West, “Formalism versus Realism: the International Court of Justice and the Critical Date for Assessing Jurisdiction”, *5 UCLJLJ 31*, 34-35 (2016).

而言,在当事国递交的诸多证据中,法院会特别考虑当事国之间交换的任何陈述或文件,也包括多边会议中的任何意见往来。①

究竟什么样的证据或者说包含什么内容的证据才能证明一个争端存在呢?在格鲁吉亚诉俄罗斯联邦案中,法院对1992年至2008年的大量格鲁吉亚和俄罗斯的行动进行了分析。法院认为,由于大多数文件和声明都没有对原告的直接批评,未能证明存在争议,②因此都不能构成对被原告的"指控"。③ 在马绍尔群岛诉英国案中,一个分歧点在于马绍尔群岛的指控是否是明确对英国做出的。认为其直接明确的法官指出,马绍尔的公开陈述中均批评"有核国家",而"有核国家"只有9个,其中之一就是英国,这一指控直接明确。而法院多数意见则认为这一指控不够明确,该公开陈述指向有核国家,而没有指明哪一有核国家的何种行为表现了对义务的违反。

笔者认为,要判断争端是否存在,首先应该判断当事国之间的对立主张是否清楚具体地表明了争端主旨——该国家必须具体指明争端相对国所为的何种行为表明了争端存在。而马绍尔群岛将有核国家笼统地作为批判的对象,无法构成马绍尔群岛对英国的"指控"。如果我们单凭马绍尔对有核国家的批评就认定马绍尔群岛指控所有有核国家,与9个有核国家均存在争端的话,我们在考虑马绍尔群岛诉印度案就会面临另一个问题。在马绍尔诉印度案中,与英国不同的是:印度的国家元首和部长们在多边论坛或官方文件中的发言都表明其一贯支持进行推进核裁军的谈判,且印度"在投票表决时一贯支持要求采取同样行动的决议"。④ 鉴于此,优素福法官虽然对马绍尔群岛诉英国案判决提出了反对意

① Alleged Violations of Sovereign Rights and Maritime Spaces in the Caribbean Sea (Nicaragua v. Colombia), Preliminary Objections, ICJ, Judgment, 443-445, para. 50-55 (2016).

② Application of the International Convention on the Elimination of All Forms of Racial Discrimination (Georgia v. Russian Federation), Preliminary Objections, ICJ, Judgment, 84-91, paras. 30-46 (2011).

③ Obligations concerning Negotiations relating to Cessation of the Nuclear Arms Race and to Nuclear Disarmament (Marshall Islands v. United Kingdom), Preliminary Objections, ICJ, Separate Opinion of Judge Bhandari, para. 5 (2016).

④ Obligations concerning Negotiations relating to Cessation of the Nuclear Arms Race and to NuclearDisarmament (Marshall Islands v. India), Preliminary Objections, ICJ, Declaration of Vice President Yusuf, 38, para. 28 (2016).

见,在马绍尔群岛诉印度案中却支持了认为不存在争端的多数判决。[①] 英国和印度采取了截然不同的做法却能同时被指控违反义务,这是逻辑上无法自洽的。因此,笔者认为,本案中的证明标准并非过高的,法院应当要求马绍尔群岛证明其在陈述中表明相对国的何种行为违背哪一义务。判决中对每一证据无法证明争端存在都进行了分析,而法院认为无论是单独来看某一个证据,或是总的来看所有证据都无法使法院确信马绍尔群岛与英国之间存在争端(见表1)。

表1 马绍尔群岛诉印度案

马绍尔群岛提出的证据		马绍尔群岛主张	英国主张	法院理由
多边会议上的发言	2013年9月26日马绍尔群岛外交部长于核裁军大会高级会议上所做陈述:“督促所有核武器国家承担起推进有效、安全裁军的责任。”	第一,明确地将自己的诉求告知了所有有核武器国家,其中也包括英国; 第二,会议上的所有声明和记录都在互联网上,公开且易于获取	第一,并未提及英国; 第二,不能以任何方式被视为援引英国因违反NPT或习惯国际法而应承担国家责任	该陈述无法证明两国间争端的存在,理由如下: 第一,马绍尔群岛的陈述说法模糊,未提及谈判的义务,也未提及核武器国家违背了该义务; 第二,申请方的陈述只有在能清楚地使被申请方了解到争端的主旨时才能证明争端的存在

① 虽然所有有核国家都未参加《全面禁止核武器公约》的谈判会议的后续发展可能对判断马绍尔与有核国家立场的对立提供帮助,本文只基于案件判决前发生的事实进行分析(为了便于考虑判决在当时情境下的合理性及论证方法)。

续表

马绍尔群岛提出的证据		马绍尔群岛主张	英国主张	法院理由
多边会议上的发言	2014年2月13日马绍尔群岛于纳亚里特会议所做陈述:"拥有核武器的国家未能履行其(在《不扩散核武器公约》第6条和习惯国际法下)的法律义务。"	即使英国并未出席,会议上的所有声明和记录都在互联网上,公开且易于获取	第一,英国未出席该会议; 第二,马绍尔群岛未采取任何措施使英国注意到该陈述; 第三,马绍尔群岛有其他告知英国存在争端的机会,但马绍尔群岛未曾告知英国; 第四,只有不同的观点的公开记录是不够的,需要争端各方之间的外交换文来证明争端	法院认为这些陈述即使结合补充证据起来考虑,仍无法证明争端存在,理由如下: 第一,英国未出席该会议;① 第二,该会议的主题并非讨论核裁军的谈判问题,其主题更广; 第三,虽然总体上批评了核武器国家的行为,但并未指出英国的任何行为违背了义务
诉讼申请书	本案的诉讼申请书	递交申请书足以证明争端存在	递交申请书不等于通知和争端的成型	法院没有支持马绍尔群岛的主张,认为争端存在需要满足一定的最低要求
当事国在多边会议上的投票记录	2013年12月5日联大决议68/32(呼吁国家承担义务和尽快谈判以尽快缔结核裁军公约)中,马绍尔群岛投了支持票,而英国投了反对票	相反的投票记录足以证明当事国之间的不同意见	必须有事先通知才能证明争端存在	联大决议中包含了许多提议,仅从投票结果无法判断当事国对每一个提议所持的立场。因此,法院认为仅凭投票结果,而没有对投票原因的解释无法证明争端存在

① 印度和巴基斯坦均出席了该会议,但国际法院并未因此认为马绍尔群岛与印度或巴基斯坦之间存在争端。因此,是否出席似乎不是一个重要因素。

续表

马绍尔群岛提出的证据		马绍尔群岛主张	英国主张	法院理由
英国在诉讼程序中的行为	英国的初步反对意见和听证期间的发言	英国的行为表明其持续反对马绍尔群岛的主张	必须有事先通知才能证明争端存在,诉讼程序启动后的行为不能证明存在争端,只能用于证明争端的范围和主题	申请或当事人在司法程序中作出的后续行为和陈述均不能使法院认定在同一诉讼程序中已经满足了争议存在的条件,理由如下: 第一,如果法院因为诉讼程序中当事国意见往来所引起的争端而拥有管辖权,则被告将被剥夺在诉讼提起之前作出反应的机会; 第二,争议在提交申请之前必须存在的规则也会被颠覆

五、结　　论

通过前文所述国际法院新近的几个案件,我们可以了解到争端存在标准虽然在马绍尔诉英国案才具体明确其要件和内涵,在以往的个案中已经有所适用,因此不属于不合理地违背先例的情况;法院确认判断争端是否存在不能仅通过诉讼过程中双方的相反立场直接进行推断,也指明了判断争端存在的关键日期即提交诉讼的日期;虽然在以往判决中多会使用"原则上"争端应在提交诉讼之日存在这样的表述,但该原则存在的具体例外还有待国际法院进一步明确。

判断争端存在是一个法院需要结合证据进行客观判断的问题。虽然一些法官认为"知道或不可能不知道(原告国的主张指明了争端主旨)"这一要件的引入将一个需要客观判断的问题主观化了,这一要件的背后实际上仍然是一个客观判断。"知道"所指向的常常是有双边外交函件往来的情况,此时一方意见被另一方"积极反对"是比较容易判断的情况。而在没有双边外交函件往来时,法院的判例指引法官去考虑被告国是否处于"应当回应而没有"的情况。"不可能不知道(原告国的主张指明了争端主旨)"指向的正是一个被告国"应当回应而没有的情况”。因此,这一要件并非是需要法院去考虑被告国是否真的知道争端存在,而是从证据上,客观地判断,原告的陈述是否足够明确以让法院能够推定被告的立场。

联系中国在南海仲裁案中的失利及该案对于有无争端认定的问题,国际法院在本案中提出的标准同样有重要意义。该案中,中方认为中菲关于菲律宾第3~5项、第7项主张均不存在争端,因为菲律宾没有提供证据证明“它曾经对中国做出上述主张,且这一主张被中国积极反对”。① 仲裁庭虽然援引判例认为需要证据表明存在争端,但并没有对上述四个诉求存在争端进行论证,而是宽泛地认定中国属于应回应而未回应的情况。② 一方面,仲裁庭在管辖权裁决第163段曾援引喀麦隆诉尼日利亚“土地和海洋边界案”,该案中由于尼日利亚采取不表明己方论点的立场,法院暂时无法判断争端的范围;③另一方面,又在没有具体证据的情况下认为菲律宾的上述四个诉求均构成争端,未免自相矛盾。若应用马绍尔诉英国案中的标准,则判断争端是否存在的方法非常清楚,只需要去考虑负有举证责任的菲方提供的证据内容,分别判断菲律宾是否对中国做出了足以使中国明白每个争端主旨的陈述即可。

南海仲裁案、马绍尔群岛诉英国案等均表明越来越多的小国或在国际舞台上话语权较弱的国家,开始寻求将国际司法解决争端作为表达话语、对抗大国的一种手段。虽然中国未接受国际法院的管辖权,也不可避免被卷入某些国际法庭或仲裁庭程序中;随着司法手段解决争端的普遍使用,中国不能只是消极防御,必须积极用国际法维护自己的权益,未来也必定会积极参与国际司法。马绍尔群岛诉英国案的标准及国际法院在争端是否存在这一程序问题上有从宽松转向严格的倾向,在其他的程序问题中,亦不会无理由地背离这一倾向。因此,虽然目前仍不清楚其他国际法庭或仲裁庭是否会接受认可此标准,但其他国际法庭或仲裁庭在考虑此类程序问题时,势必会或多或少地受到国际法院这一倾向

---

① Chinese Society of International Law, “The Tribunal's Award in the 'South China Sea Arbitration' Initiated by the Philippines Is Null and Void”, 10 June 2016, http://www.fmprc.gov.cn/mfa_eng/zxxx_662805/t1371363.shtml, last visited on 14 September 2018.

② The Republic of Philippines v. The People's Republic of China, PCA Case No. 2013-19, Award on Jurisdiction and Admissibility, 63, para. 161 (2015).

③ The Republic of Philippines v. The People's Republic of China, PCA Case No. 2013-19, Award on Jurisdiction and Admissibility, 64, para. 163 (2015).

的影响。这对于中国未来参与国际司法具有现实意义。仅就判断争端问题而言，未来中国面临相似问题时，可以积极尝试参与国际司法，援引前述 2012 年“或引渡或起诉义务案”及 2016 年“侵犯加勒比海主权权利和海洋空间案”及本案中指明的争端判断标准，避免其他国家对中国随意起诉的情况。另外，如果我们发展地、关联地看待这一问题，本案及亚伯拉罕院长援引的几个新近案例都对程序瑕疵采取了严格的应对态度，对于被告国来说，可以通过周密地设计本国的立场，在程序问题上针锋相对而获得优势，这也有利于我国在未接受国际法院管辖权的情况下，参与部分国际法院案件，锻炼我国的国际法人才，向国际社会发出自己的法治之声。此外，该案也为我国参与国际司法提供了具体指引，包括在外交谈判过程中对于争端主旨的明确，亦提示我国谨慎避免程序瑕疵，以防止我国在争端解决及参与国际司法过程中处于不利位置。

瑕瑜共存之下的国际软法

——国际软法作用和局限之反思

黄健昀*

摘　要:国际软法是一种不可忽视的国际规则形态。作为一种国际规则,国际软法自身"瑕瑜共存"。国际软法不仅具有辅助、补充和参考的理论作用,还兼备指引、示范和重构国际法的实践功能。与此同时,国际软法的不确定、不稳定性,缺乏权威性和效力层级,造成了国际立法的碎片化和分散化。对此,要形成国际法领域的"软法之治",国际软法必须要在不同场域发挥不同作用,即在国际法律真空或法律缺位的情况下,国际软法发挥绝对影响作用;在国际法律体系未形成严密的硬法体系的情况下,软法和硬法要相互配合,相互补充;在硬法完全支配的国际事务领域,要避免"硬法软化"。

关键词:国际软法;软法效力;软法局限;软法之治

International Soft Law Coexisting with Flaws

—Rethinking the Role and Limitations of International Soft Law

Huang Jianyun

Abstract: International soft law is one of international rules, which cannot be ignored. As a rule, the soft law has its own advantages and disadvantages. On one hand, the soft law not only could make a supplement to the international legal theories but also could guide, reconstruct the international legal practice. On the other hand,

---

* 美国圣约翰大学法学院(St. John's University School of Law)跨国法律实践(Transnational Legal Practice)专业2017级法律硕士(LL. M.)。

because of its uncertainty, instability, and lacking effectiveness hierarchy, soft law leads to the fragmentation of the international lawmaking. The governing of soft law means that, firstly, the soft law should absolutely control the areas when there is no international Law or public international law should not enter into; secondly, soft law and hard law should cooperate with each other in the fields where the hard law system is under forming; and thirdly, in the field where the hard law totally governing the legal issues, the soft law must avoid to present.

Keywords: international soft law; functions; limitations; soft law governance

一、引　言

国际软法(soft law)在国际法规范体系中处于一个“灰色地带”。之所以称为“灰色地带”,是因为其既非《国际法院规约》第 38 条①所明确列举的国际法律渊源之一,而不被认为是国际法的渊源;又因其亦不具有国际强制法(jus cogens)所具有的强制性法律效力,而能够成为国际法主体必须遵守的准则。故而在国际法法律规范体系中,国际软法则处在较为尴尬的境地——既隐约自成一体,实际却无法完全独立。②

相较于“硬法”——那些具有法律约束力和强制执行力的国际法所具有的确定性,软法在一定程度上是“模糊”的。因此便给软法在其“内在理性”的层面造成了一定的挑战,即软法的存在是否具有法的确定价值——权威性和稳定性。而至于国际主体接受和采纳软法的一般原因,笼统而言,乃是在各国的实践中,软法可以绕过复杂、繁琐的国际条约的国内审批程序,给各国政府在具体某项国际规则操作中留下自主活动和决策的空间。③ 在这种近乎功利的理念的驱使下,软法成为许多国家自愿接受的国际法律规则,并从最初的国际商会确立的“示范

① 《国际法院规约》第 38 条所列举的裁判时可适用的规则有:(1)国际条约;(2)国际习惯;(3)为文明各国所承认的一般法律原则;(4)司法判例及各国权威最高之公法学家学说;(5)以及法院经当事国同意本“公允及善良”原则。依据第 38 条,该条阐述的是国际法院在裁判时“应当适用”的法律,但并未“穷尽”所有的国际法律渊源(参见王铁崖:《国际法引论》,北京大学出版社 1998 年版,第 106 页)。

② 朱文龙、鲍禄:《国际软法的理论探析》,载《天津大学学报》(社会科学版)2013 年第 4 期。

③ 石亚莹:《论软法的优势和作用——以国际法为视角》,载《法学杂志》2015 年第 6 期。

性规则”、仅作为“非强制约束的规范”仅供商人使用的目的,广泛拓展到国际环境、国际人权和国际经济法等领域。

另外,从国际主体的行为理性上看,软法则不似国际条约和国际习惯法,能够给国际主体创制法律义务,形成法律约束力,并产生义务之不履行所引发的国际责任的问题。国际条约是国际主体通过磋商谈判的协议具有法律约束力并反映在一定的规范文本之中,成为国际主体共同遵守的规范。国际习惯则是国际主体在承认特定的法律信念(opinio juris)、经过一定时间内的国家实践(state practice),且并非一贯反对者(persistent objector)所形成的国际法规范。这两大主要的国际法律渊源所形成的客观约束力是国际主体遵守的前提,对于软法这种未有普遍法律约束力的规则,要求国际主体以其“行为理性”去遵守软法规范,实则需要国际法主体自身极高的自律。

二、软法现象概述

(一)软法的概念和表现形式

对于软法的概念,本文拟采《布莱克法律词典》中的通说,即“软法是原则上没有法律约束力但有实际效力的行为规则”。① 对于软法的分类,有学者又进一步提出了细分:非法律性软法(non-legal soft law)和法律性软法(legal soft law)。前者所称即为通说概念所描述的那种软法,而后者是指规定在条约中,但缺少义务本质的规范,即存在于宣示性条约(aspirational treaty)之中。②

在此,笔者拟用软法的在国际领域的具体表现形式来阐释上述分类。一般而言,软法的表现形式有如下几种:(1)联合国大会决议(UN General Assembly Resolution);(2)国际组织的行政性决议;(3)联合声明(joint communique);(4)政治承诺(political commitment);(5)君子协定(gentlemen agreement);(6)行为准则(code of conduct);(7)条约的解释性声明(interpretive statements regarding

---

① Collectively, rules that are neither strictly binding nor completely lacking in legal significance. See “Soft Law”, *Black's Law Dictionary*, 10th ed., 2014.

② 其中,“非法律性软法”参见[美]马克·W. 贾尼斯:《国际法概论》(英文版),中信出版社2003年版,第52页;“法律性软法”参见 Lyune Jurigielewicz, *Global Environmental Change and International Law* 46, University Press of American, Inc., 1996。

treaty)，等等。① 非法律性软法本身不具有法律约束力，但由于国家行为体、立法者以及法律专家们赋予了一定的法律意义，其存在的价值超过了其他文件，从而具备了较高的指导意义，甚至产生了法律效力。在此理念下，可以将联大决议、国际组织决议、联合声明、行为准则、君子协定以及条约的解释性声明划归此列。而政治承诺既可以在国际条约中作出，亦可以单独做出，因此在国际条约中作出的部分则属于宣示性条约中的相关条款，是为法律性软法。

(二)软法形成的原因

1. 软法的内在理性

软法的渊源可追溯到国际商会在一百多年前指定的一些非强制性约束规范，作为示范性规则以供有需要的商人采纳和使用。这些规则是国际商会在无数次商业实践中总结出来的，且在随后的商人交易过程中都会自觉不自觉地参考和援引此类示范性规范。因此，所谓内在理性，指的是国际软法反映了在特定领域事项运作中的内在要求、内在规律，具备合理且科学的本质特征，并且用于能够得到国际法主体选择的潜质。②

而今，国际商会所提供的《跟单信用证统一惯例》(UCP)以及《国际贸易术语解释通则》(INCOTERMS©)便是国际软法于商事领域的代表。这两部规范并不具备法律约束力，但在国际贸易和信用证领域被大多数国家和商业主体所接受，自愿接受其规则的法律效力及所带来的后果。

2. 国际主体的行为理性

国际主体行为理性指导下所选择的国际软法，在很大程度上推动了软法的丰富和发展，主要体现在商事交往、环境保护、国际人权等领域。这些领域既非政治和军事等触及国家安全的高度敏感领域，也非经济交往涉及具体国家利益的重要领域，因此，大多数国际主体对此类问题的根本原则、基本价值的看法基本趋同，无实质性差异或对立，故而能够形成共识、丰富和发展。

在上述列举的三个领域内，国际主体作出理性选择的往往是利益无涉的共

---

① Jeffery L. Dunoff, et al., International Law: Norms, Actors, Process, A Problem-Oriented Approach 89(Wolters Kluwer 4th ed. 2017).

② 何志鹏、孙璐:《国际软法何以可能——一个以环境为视角的展开》，载《当代法学》2012年第1期。

同价值追求、共同内在信仰或者理念认同。软法的灵活性以及内在理性的优势便展现出来,并渗透其中。软法此时所形成了国际社会"共同身份感",[①]致力于推动国际社会的共同价值基础的形成,即使这些"共识"并没有法律约束力,但这些主体也愿意表明其对所形成的此类共识的高度尊重,由此便产生实际效力。

(三)软法优势

软法之所以能在上述领域发挥作用有很多原因,但主要的原因还是相对有别于其他国际法渊源而言的,如国际条约和国际习惯法。首先,条约和习惯在某种程度上过于"僵硬",不能有效适应变化万端的国际社会发展。国际条约从形成过程到批准过程,再到发挥实际效力,耗费立法成本、经过艰难曲折的步骤。

其次,国际条约和国际习惯并不能囊括国际法所有领域和所有议题,相应的,也不能普遍约束所有国际法主体(特指非国家主体)。如前所述,在政治和军事等触及国家安全的高度敏感领域,和那些也非经济交往、涉及具体国家利益的重要领域往往有国际条约进行调整,而那些次重要领域则是条约空白,至多能够形成一个"框架性协议"。

再次,传统国际法主体,如国家和国际组织,一般都是国际条约的成员,或者是某一国际习惯的支持者。近年来,新的国际法主体的层出不穷,对固化的格局进行冲击,国际法的"迟滞"便不能完全涵盖这些类型的新兴主体。国际软法的相对"模糊"一定程度上能够涵盖这些新生主体,纳入国际法律规范管理体系之中。

最后,国际条约和国际习惯有可能被国际法主体有意规避。即使某一国际条约能在前述两个步骤通过,一国尚能依据"条约保留"(reservation)的手段,来对条约具体条款进行保留,附条件执行或不执行相应条款、限制某些条款对该国发挥实际约束作用。对于历尽艰辛所通过的国际条约,能否发挥其原本的作用和效力,在"条约保留"这种技术手段情况下尚未可知。

综上所述,我们可以看出国际软法的两个相对优势:成本低、弹性大。所谓"成本低",指的是制定成本、谈判成本和主权成本较低,具体体现在缔约过程和

---

① 何志鹏、孙璐:《国际软法何以可能——一个以环境为视角的展开》,载《当代法学》2012年第1期。

国内批准两个环节之中。所谓“弹性大”,指的是模糊笼统的规定能够兼容并包、可详可简、灵活调整、留有余地。[①]

三、国际软法的作用及其局限

(一)国际软法的作用

国际软法的应运而生并能够在国际社会发挥作用,是对全球化趋势的回应,也是对分散型的国际社会权力结构的适应,还是对多层级的全球治理的参与。同时,因为国际软法的创制主体、规制客体和调整内容都具有多样性,[②]其发挥作用的场域也是多元的,具体而言可以分为两大类:对理论的影响和和对实践影响。

1. 理论作用

首先从理论维度上看,国际软法的作用和功能主要体现在:对国际条约的解释和澄清(辅助作用)、对国际法律空隙的补充和填补(补充作用)以及为国际司法机构裁决提供参考(参考作用)。

国际软法可以对国际条约的解释和澄清,起到辅助作用。通过具体化形式对宪章进行解释,能够使其更具可操作性,更好地对宪章的宗旨、原则所规定的内容进行细化。而对于国际公约的一些原则性和模糊性内容,有的公约还同时制定一个或多个名称类似但内容更为详尽的补充建议书,其中的代表便是《国际劳工公约》和《国际劳工公约建议书》,后者是对前者的解释性阐释,从而对国际公约的具体操作指定规范和详细的实施和操作办法。

国际软法能够对国际法律空隙的补充和填补,起到补充作用,或曰“软法是硬法的补充”。因国际立法不能做到面面俱到,国际法领域的大量空白是长期存在的。例如,在各方利益无法通过双边或多边对话进行调和,留下很大分歧的情况下,国际软法可以以原则的重申和确认等方式继续推动国际立法的发展。

国际软法还能为国际司法机构裁决提供参考,起到参考作用。纵使《国际法院规约》中列出了几种可以作为国际法案件裁判的法律来源并未包括软法,但这

① 石亚莹:《论软法的优势和作用——以国际法为视角》,载《法学杂志》2015 年第 6 期。

② 严阳:《刍论全球治理中的国际软法——以兴起、表现形式及特点为视角》,载《理论月刊》2016 年第 7 期。

并不绝对排除国际软法在国际法院或其他国际司法机构被引用的可能。虽然国际软法不具有法律约束力,但是在现有的国际法律渊源未能完全适用于具体类型案件的情况下,一些国际裁判机构往往会参考和引用国际软法来作为判决的依据,增强其论证的说服性(persuasive)。

2. 实践作用

其次,从实践维度上看,国际软法的功能主要体现在:对国际法主体的行为进行指引(指引作用)、对国际立法的指导和示范(示范作用)以及对国际法律体系的重新整合(中转作用或重构作用)。

国际软法能够对非国家主体的行为进行指引,起到指引作用,这集中体现在国际商事领域。跨国公司和国际法上的个人是国际法上新兴的"非国家主体",因国际法不直接适用于私法主体,必须采用纳入或转化的方法——转变成国内法——才能起到影响作用。对此,国际软法亦遵循此种模式。但在私法自治的国际商事领域,若私法主体自愿选择软法规范,并自由受其约束,则上述的影响便从间接变为直接。

国际软法可以对国际立法的指导和示范,起到示范作用。国际社会的各个国家和国际组织的多样性不仅体现在内容之上,还体现在发展阶段的差异上。由于各国分别处于各种不同的发展阶段,在国际交往中的规则也因此而异。在软法制定之初,原本只是在少数国家或国际组织内进行先行实践,取得一定成果之后,其先进理念的示范性作用便彰显出来,并吸引多数国家参与进来,进而巩固和拓展该国际软法的影响力和广泛性。①

国际软法还能对国际法律体系的重新整合,起到中转作用或重构作用。在一些具有高度国际共识,却又极度敏感的领域(如国际人权和国际环境),国际软法宣誓了这些领域内的一般价值观、重申了基本认识,为国际条约、国际习惯、法律原则的形成和发展创造条件。

由此可见,国际软法可以作为"硬法"的中转站。因为现有国际政治和影响力的存在,相应的条约规范的通过尚存阻力,需要一定时间进行缓冲,待时机成熟,具有强制法律约束力的法律规范便随之形成——从原本不具有法律约束力的软法改头换面成具有实际影响力的硬法。另外,国际软法对国际法律体系进

---

① 何志鹏、尚杰:《国际软法作用探析》,载《河北法学》2015年第8期。

行中转的同时还不自觉地进行国际法律规范的重构。联合国大会所通过的决议虽然不具有法律约束力,但是预示着法律有助于说明现行法、法的诞生以及发展方向。[①]

(二)国际软法的局限

1. 因自身的软约束力导致的权威性不足和缺乏效力层级

国际软法的创制缺乏国际造法的权威性,[②]在后国际法法律体系呈现的是“平行式”结构中,没有一个能够凌驾于各国之上的立法机构统筹国际立法,没有一个权威的司法机构来解释法律和解决争议,也没有一个执行机构来确保立法的执行。由此带来的结果是:因国际软法的实施会牵涉不同主体,在对适用何种软法产生争议之时,便不存在一个“超主权”机构进行软法效力的终极判断。诚然,这对国际争议的解决无益。此即为软法权威性不足的第一个面向。

当国际法主体采用软法形式达成协议的同时,就埋下违背软法的可能性之“祸根”。虽说软法的软约束力可以通过社会舆论、道德自律和内部监督等方式形成的压力,[③]迫使国际主体遵从,较之于“硬法”的违法、违约的惩治措施形成的客观压力,内在遵从机制往往不能带来良好的效果。当违法违约的成本为零的时候,国际软法的存在和应用便是滋生责任不履行的土壤。此即为软法权威性不足的第二个面向。

2. 因自身的模糊性带来的结果不确定性和不稳定性

一般而言,国际软法之“软”体现在执行机制上,因其内容宽泛且较为主观,国际主体可以根据自己的理解行事、自由裁量的余地较大。同时,国际软法文本创制中大量采用模糊性措辞、模棱两可和宽泛性语义,此种立法术语是立法学上的“大忌”,这样很大程度上会导致实施过程中的理解恣意性和裁量判断过于宽泛等问题。这种模糊术语显然是软法为了争取最大多数国家采纳和接受、达成一致行动自主为之而进行妥协形成的产物。虽有各方就此问题形成基本原则和达成一定的共识,但具体操作上则是因人而异——因各个国家的理解不同而

---

① [德]沃尔夫刚·格拉夫·魏智通:《国际法》,吴越等译,法律出版社2002年版,第47页。

② 严阳:《刍论全球治理中的国际软法——以兴起、表现形式及特点为视角》,载《理论月刊》2016年第7期。

③ 王海峰:《论国际经济合作领域中的“软法”现象》,载《国际贸易》2007年第5期。

不同。

3. 因自身的多样性加剧国际立法的碎片化和分散化

国际法本身就是“碎片化”的存在,①其参与主体具有多元性带来了法律表现形式的多样性。国际法主体从国家到国际组织,从非政府组织到跨国企业,甚至个人,这些行为体都是全球治理的参与者,不自觉地把自己的主张、意志或观点转化为法律或影响立法者,进而不可避免地产生了法律权利义务之间的冲突问题。国际软法之间以及国际软法和其他国际法律渊源之间新的冲突在所难免。相较于国际条约和国际习惯对制定主体和创制、修改程序有着严格的规定,并不像国际软法那般流于易变和不稳定,国际软法的生成和修改的成本低、程序简易对稳定的国际法律体系造成了一定的冲击。因此,有学者指出,国际软法对条约和国际习惯等国际硬法产生了“侵蚀”作用,②进而加剧了国际法领域的碎片化趋势。

不可否认,国际软法在补充和解释国际条约上功不可没,但是国际软法同时对硬法进行对抗。弱小国家和民族对强势的国家和民族所主导的国际体系和法律规则并不能产生实质性影响、进行平等对话,对一些规定和要求不得不接受和遵从。此时,国际软法便进入了这些弱者的视野,它们可以利用软法机制对抗现有的国际条约、国际习惯。

四、“瑕”“瑜”共存下的价值定位

(一)国际法律规范体系格局

软法和硬法在性质上的本质不同,因此对国际法律体系的塑造也呈现出不同的结果,国际社会就是在软法与硬法的交织之中构筑起自身的法律规范体系的。对于软法的价值定位,则必须放在整个国际法律体系这个大背景之中去考虑。对此,笔者认为国际软法和硬法形成的国际法律格局具有两大特征:第一,

---

① 参见何志鹏、尚杰:《国际软法的效力、局限及完善》,载《甘肃社会科学》2015 年第 2 期;严阳:《刍论全球治理中的国际软法——以兴起、表现形式及特点为视角》,载《理论月刊》2016 年第 7 期。

② C. M. Chinkin, *The Challenge of Soft Law: Development and Change in International Law*, 38 Int'l & Comp. L. Q., 1989, pp. 850, 866.

国际软法和硬法形成了“刚柔并存”的局面,但主要以硬法为主、软法为辅助;第二,国际软法和硬法可以相互转化、此消彼长,并逐渐形成“软法硬化”的趋势。

所谓“刚柔并存”,体现了软法的积极作用,即对硬法的解释、补充和完善,两者相互配合,共同为国际法主体所用,以应对全球化带来的挑战。① 虽然总体上看,硬法的体量较之于软法小,但硬法构筑起了国际法律体系“四梁八柱”的基本框架。而国际软法虽然存在于国际法的各个分支,但影响力远不如硬法。软法的辅助作用还体现在软法的出现反映了国际共同体中出现了对新领域的关注。② 全球化不断催生出新问题,产生新矛盾,硬法的迟滞性和后发性往往顾及不到新领域的新问题,而软法之灵活性便能够派上用场。

另外,软法作为一种“过渡性”工具,能够检验各种政策的效果,为硬法的制定奠定基础,在国际法主体主观能动性的选择下,“要么软法硬化,要么便被抛弃”。③ 此即前文所述软法的“重构功能”或“中转功能”,此不再赘述,而单论“软法硬化”。软法的不稳定性和过渡性决定了软法的存在只能是“暂时”的,其作用有限,诚不宜盲目夸大。从软法出现的领域——国际人权、国际环境和国际贸易——可以判断出这些领域还未形成严密有效的硬法体系。这造成的影响是各个国家的恣意理解和裁量的宽泛行使,缺乏有效硬法规制的领域的全球治理效果往往是差强人意的。推动软法的硬化——以条约或习惯来确定基本共识,将其软约束力提升到权威性领域,是确保和规避上述法律风险的上策。同时,从另一个侧面来看,这也体现了软法与硬法格局之下的两者的动态发展。

(二)国际软法定位之把握

软法之所以能够出现、发展并形成而今的与硬法并存局面,定有其内在原因。首先第一点便是国际软法是对全球化(globalization)大趋势的积极回应。在全球化的影响下,物质和精神产品的流动冲破区域和国界的束缚,影响到地球上每个角落。同时,全球化要求有效的全球治理,故而全球治理主体的多元化便是其积极回应。新兴的国际法主体对全球化的不同程度的参与,形成了适应于自

---

① 王大鹏:《北极问题的软法规制研究》,大连海事大学2012年博士学位论文,第73~74页。

② Antonio Cassese, *International Law* 196, Oxford University Press, 2005.

③ [瑞士]格雷厄姆·马瑟:《软法居上?——非传统立法的利与弊》,管斌等译,载《经济法论丛》2013年第2期。

身的实践发展特点的规则。这为国际软法的产生奠定了前提条件。

其次,就法理角度而言,软法宣誓了人们对特定领域的特定问题的基本法律观点、原则共识、价值选择,这具有“政治和道义的影响力”。但是,在软法出现的领域,都暴露了国际社会在该领域特定问题上的严重分歧,甚至矛盾冲突。由于各个国家都是从自身国家利益出发,在这些问题产生的分歧便只能以一纸不具备法律约束力的文件而草草收场。

尽管如此,软法的积极意义体现在对上述所称的分歧的未来方向进行指引。在这些未能达成共识的领域,运用软法来避免各国的利益冲突无疑是一种明智之举。随着各国国家实力的此消彼长,原本强弱关系对比发生转变,对国际软法的制定和遵守,也往往随着国家实力对比的变化而变化。因此原本只是作为该领域的原则性、指导性意见的国际软法,就有可能“改头换面”以一种全新的、硬法的状态示人。这便是国际软法价值的“瑕”与“瑜”。瑕不掩瑜,但是瑕疵的存在亦不能不引起足够的重视。由是,对此问题的解决方法乃是善用“软法之治”。

(三)善用“软法之治”

在国内软法领域,学者对软法概念的认可和推广产生的担忧是带来“法律系统认识和形式法治的危机”。① 而在国际法领域,通过上述分析和描述,国际软法不仅在对国际硬法产生对抗的消极作用的同时,还更加剧了国际法律体系的碎片化。职是之故,对国际领域的软法之治必须“因域施策”。对此,笔者提出在三种条件状态下软法如何发挥作用的方式,以此阐明软法如何参与全球法律治理。总体说来:第一,在国际法律真空或法律缺位的情况下,国际软法发挥绝对影响作用;第二,在国际法律体系未形成严密的硬法体系的情况下,软法和硬法要相互配合,优势互补;第三,在硬法完全支配的国际事务领域,要避免“硬法软化”,或以软法方式来实施硬法以克减责任,规避义务。

第一种情况下所指称的领域主要为新兴领域,以及硬法不便介入的领域。在这些领域内,软法能够提供一套无正式法律约束力,但包含实质性行为准则并能够对各个行为体产生实际影响的原则、规范以及决策程序,以调整该领域内的权利义务关系。如前所述,国际条约和国际习惯并不能完全涵盖国际法上的各

---

① 蔡琳:《论“软法”的概念》,载《财经法学》2017年第2期。

个领域,当国际社会出现新矛盾和新问题之后,硬法的调解则具有滞后性。在这种情况下,软法便能够发挥作用,以其灵活性和弹性式规范的特点来指导该领域。由此,软法便成为该领域的唯一的"法律"。同样,在硬法不便于介入的领域,软法起到的作用亦是绝对的。比如先以软法方式制定规则,随着时间的推移、渐进式地发展,国际硬法便能在国际软法的外壳中"破茧而出",这样一来,国际软法既可以满足国际主体不愿意接受法律约束,但又可以达成某些共识的需要。

第二种情形是在国际法律体系未形成严密的硬法体系的情况下,软硬结合,共同发挥作用,但还应遵循以硬法为主,软法为辅的主次顺序。在一些原则性很强,涉及国家主权、领土完整等领域,从国际社会的稳定性角度出发,国际条约等硬法便能发挥优势,克服软法的弱点。故而有学者指出:在这种情况下,国际硬法应该居于国际规则体系构造的"中心位置",而国际软法发挥作用的领域仅限于"外围"。①

最后一种情况,在硬法完全支配的领域,要避免"硬法软化"。如前所述,国际软法存在的领域大多为国际法治发展不健全的领域,都未形成严密的法律体系来进行调整。而在原本硬法形成完备规则体系的领域,要避免某些责任主体采取"模糊化"措辞解释硬法体系,从而使原本清晰明朗的权利义务无法实现;或者采用如同解释软法的方法滥用解释的自主权,扩大解释空间、虚化权利义务。其中一个鲜明的例子是:发展中国家以软法方式将 WTO 义务软化,进而争取在实施 TRIPs 时更具有灵活性。②

五、结　　语

当今国际社会所形成了软法和硬法的"刚柔并存"的格局。软法因自身具有的内在理性而为国际主体的行为理性所选择,加之具有制定和修改的成本低、适

---

① 参见许崇利:《全球治理与跨国法律体系:硬法与软法的"中心—外围"之构造》,载《国外理论动态》2013 年第 8 期;夏春丽:《论构建主义维度的国际软法研究及其方法论构建》,载《东南学术》2014 年第 2 期;何志鹏、尚杰:《国际软法作用探析》,载《河北法学》2015 年第 8 期。

② Gregory C. Shaffer & Mark A, Pollack, "Hard vs. Soft Law: Alternatives, Complements, and Antagonists in International Governance", *Minn. L. Rev.* 94, 2010, pp. 706, 774 – 784.

用的弹性大的优势,在国际法的某些特定领域起到调整作用。与此同时,软法的理论作用和实践作用对国际法律体系的完善、补充和重构起到积极作用。但是,软法的不稳定性和“对抗硬法”,造成了国际法律体系的碎片化,不利于集中统一的全球治理。国际软法有其无法替代的特点,即所谓“瑜”;也有其自身的无法克服的弱点,即所谓“瑕”。但是“瑕”不掩“瑜”,实现国际社会全球治理中的“软法之治”即是其中的可能性。因此,针对不同情形之下的国际法特定领域,国际软法应有不同作为。善用“软法之治”,明确软法在国际社会中应有的定位,承认其作用,正视其缺失,便能明确软法自身应有的价值。

论最惠国条款适用于国际投资争端解决程序对东道国利益的减损

田 海[*]

摘 要:从立法论的角度来看,东道国在条约中规定最惠国条款的目的是促进东道国的利益,而非减损其利益,这是最惠国条款能够在国际经贸领域得以产生和发展的内在根源和动力。最惠国条款适用于国际投资争端解决程序的实践将产生强制仲裁的法律后果,严重减损了东道国的利益:增大东道国被诉的风险、损害东道国的公共利益、规避了东道国同意仲裁的前置条件、创设了东道国的仲裁合意。这种实践损害了东道国接受最惠国条款的正常预期利益,背离了最惠国条款的目的。

关键词:最惠国条款;投资争端解决;强制仲裁

The Reduction of the Interests of Host Countries in the Settlement Procedure of International Investment Disputes by Applying the Most Favored Nation Clause

Tian Hai

Abstract: From the legislative point of view, the host country in the treaty accept MFN clause in order to promote the interests of the host country, rather than detract from its interests, this is the MFN clause to the emergence and development of internal source and power in the field of international trade. The MFN's application

---

* 西北大学法学院副教授、硕士研究生导师,法学博士。基金项目:司法部国家法治与法学理论研究项目"'一带一路'倡议下国际投资争端解决机制改革问题研究"(批准号:18SFB5016)。

to international investment dispute settlement will have the practice of compulsory arbitration, seriously affect the interests of the host country: increase the risk of the host country, prejudice the public interest, to circumvent the host country agreement preconditions for arbitration, the arbitration agreement of the creation of the host country. The practice will damage the host country's acceptance of MFN clause, Departing from the aim of MFN clause.

Keywords: MFN; investment dispute settlement; compulsory arbitration

一、问题的提出

最惠国待遇(Most-Favored-Nation Treatment)是指授予国给予受惠国或与之有确定关系的人或事的待遇不低于授予国给予第三国或与之有同于上述关系的人或事的待遇。① 在国际条约中,规定了最惠国待遇的条款为最惠国条款。

最惠国条款的适用范围传统上一直是实体性的领域,国际上也没有相关争议产生,但是1997年《华盛顿公约》仲裁庭(ICSID)受理的"Maffezini v. Spain案"成为转折点。在该案中外国投资者Maffezini(阿根廷)主张最惠国条款可以适用于投资争端解决程序,因而其可援引该条款享受东道国(西班牙)给予第三国的在争端解决程序方面更优惠的待遇。该案仲裁庭认为双边投资条约中的最惠国条款可以适用于争端解决程序,投资者可以依据最惠国条款选择其认为更有利的争端解决规定。② 在"Maffezini v. Spain案"的示范和引导下,投资者频繁通过援引最惠国条款向国际仲裁庭提起投资仲裁来试图避开东道国的司法管辖。最惠国条款越来越多地被适用于投资争端解决的程序性事项,使传统的着重保护实体权利的最惠国条款的适用范围逐步向保护程序性权利的扩张。

此后ICSID仲裁庭又在Siemens v. Argentina案、Gas Natural v. Argentina案、Camuzzi v. Argentina案、Tecmed v. Mexico案、Interaguas v. Argentina案、Vivendi v. Argentina案、National Grid v. Argentina案、Tza Yap Shum v. Peru案等代表性案

---

① 见联合国国际法委员会1978年第30次会议上通过的《关于最惠国条款的规定》(草案)(Draft Articles on Most-Favored-Nation Clauses)第5条。

② See Maffezini v. Spain, "ICSID Case No. ABR/97/7", Decision on *Objection to Jurisdiction of January* 25, 2000, para. 58.

件中,将最惠国条款适用于投资争端解决程序中。其理由除了 Siemens v. Argentina 案比 Maffezini 案有所发展,以及 Tza Yap Shum v. Peru 案属于条约的效力外,其他裁决几乎都沿用了 Maffezini 案的理由。ICSID 仲裁庭的这种理解使国际投资条约最惠国待遇条款已经从过去一个"无害"的、很少成为投资争议解决焦点的条款发展成为投资者得以"挑选条约"的工具,以达到绕开仲裁前置条件或扩展仲裁事项范围的目的,严重损害了东道国的利益。

国际仲裁庭的这种实践在国际上引起了巨大的争议,体现出不同法律权利的对撞。这是因为:在缔约实践中,东道国基于各种考虑,在与不同的国家缔约的投资条约中往往规定了差异化的争端解决程序,这些不同的争端解决程序可以类别化为东道国当地救济和国际仲裁两大机制。在国际投资条约中,这两种机制一般是相互排斥的,选择了一种就不能再选择另外一种(如岔路口条款限制)。当东道国政府与外国投资者与发生投资争端时,适用何种机制来解决争端成为双方关注的重要问题。适用的争端解决机制不同,将来裁判的结果就可能大相径庭。这种分歧的背后实际上是东道国的国内管辖权与国际仲裁的国际管辖权直接冲突。

对于最惠国条款能否适用于国际投资争端解决程序,当前国内外学界存在巨大的争议,争议双方理由各有依据,无论哪一方也没有形成压倒性的胜利。[①] 总体来看,当前的成果主要是从法律解释论的角度来展开对该问题的研究,立足于条约中最惠国条款本身的措辞表述。笔者尝试转换角度,从立法论的视角来谈谈对该问题的意见。

从法理来看,缔约国在条约中规定最惠国条款的目的是促进缔约国的利益而非减损其利益,这才是最惠国条款能够在国际经贸领域得以产生和发展的内在根源和动力。如果最惠国条款的实施效果偏离了缔约国的该种法律预期或者对国际法律规则造成紊乱,这必将严重影响缔约国规定最惠国条款的积极性和对国际法的合理法律期待。东道国在条约中接受最惠国条款的目的是促进东道国的利益,而非减损其利益。因此,本文提出的问题是:最惠国条款适用于国际投资争端解决程序的实践是否会对东道国的利益产生减损的后果?

---

① 朱明新:《最惠国待遇条款适用投资争端解决程序的表象与实质——基于条约解释的视角》,载《法商研究》2015 年第 3 期。

二、最惠国条款适用于国际投资争端解决程序产生强制仲裁的后果

(一)最惠国条款是东道国的单方允诺

从法理上看,由于投资者成为国际投资条约中最惠国待遇的享有者,则最惠国条款实质上就成为东道国对投资者(投资)自愿承担的一种条约义务,为东道国对条约约定事项的单方允诺。因此单就"东道国—投资者"这一法律关系来看,在这种最惠国条款的设计中东道国与投资者的权利义务是极不对称的,投资者享有权利而不用承担义务,对等的最惠国待遇承诺义务由投资者其母国做出。

从国际法关于国家主权的理论来看,这种单方允诺为东道国行使主权的行为,是东道国利益选择的结果。也是国际投资条约为了促进和保护投资有意在东道国和投资者之间制造的"权利—义务"的不对称。这种设计的成功之处在于:由于最惠国待遇只需要缔约国在投资条约中予以明确的意思表示即可,一旦东道国违反最惠国待遇义务后会产生东道国的国家责任,投资者就可以直接根据投资条约的规定来决定是否向东道国主张权利,不仅充分尊重了投资者的意愿,也有效地避免了将普通的因私人投资争端引发的投资者与东道国的争议,上升为投资者母国与东道国国家间的争端而影响两国的正常关系。①

(二)单方允诺产生强制仲裁

正是这种单方性的允诺使最惠国条款一旦适用于国际投资争端解决程序,对东道国而言,可能会违反东道国对国际仲裁的合意,产生强制仲裁的后果。从当前国际仲裁的实践来看,此种强制仲裁在实践中表现为以下几种形式:

第一种,东道国在对外签订的某些条约中同意了国际仲裁机构的管辖权,而在与投资者母国签订的条约当中却没有同意。则外国投资者可以根据其母国与东道国间签订的条约中的最惠国条款,转而利用东道国与其他国家间签订的条约中的国际仲裁管辖权条款,从而直接申请国际仲裁。

第二种,东道国在与投资者母国签订的条约中仅仅同意将某几种事项(如征

---

① 蔡从燕:《外国投资者利用国际投资仲裁机制新发展反思》,载《法学家》2007年第3期。

收及补偿）提交国际仲裁机构仲裁，而在另外一些对外签订的条约中则同意将全部争议提交国际仲裁机构仲裁。则投资者可以根据其母国与东道国签订的条约中的最惠国条款要求扩大仲裁事项的范围，也全部提交国际仲裁。

第三种，东道国在与投资者母国签订的条约中规定了将投资争议提交国际仲裁之前必须用尽当地救济措施或者附加了一定的时间限制（如18个月的国内等待期），而在另外的一些对外签订的条约中却又没有类似的规定。则投资者可利用其母国与东道国签订的条约中的最惠国条款绕过其母国与东道国条约当中的用尽当地救济或者时间限制要求，从而直接享受到东道国与第三国条约规定的可直接寻求国际仲裁的"更优惠"待遇。

笔者认为，东道国在对外签订的投资条约中与投资者母国约定将国际仲裁作为一种争端解决方式，往往是东道国为了吸引外国投资做出的重大妥协。虽然从国际法的角度看，这是东道国行使一国主权的表现，但同意国际仲裁本身就已经是对国家主权的极大限制，甚至是对主权的重大让渡。因此，东道国对国际仲裁同意的理解必须是明确且不含糊的，唯有如此才是对主权的尊重。将最惠国条款适用于投资争端解决程序将为国际仲裁庭创设本不存在的管辖权，将东道国置于强制仲裁的威胁之下。

从实践效果来看，这种强制仲裁将损害东道国的公共利益、规避仲裁的实质性前置条件、创设了东道国的仲裁合意，下文将详论之。

三、强制仲裁增大东道国被诉的风险

（一）利益分配失衡

从利益分配的角度来看，在国际投资领域外国投资者的利益和东道国的利益为一种彼此消长的关系。一方面，东道国需要提供国际仲裁这种争端解决方式来吸引外国投资者，并满足投资者母国对本国海外投资者保护的需求；另一方面，东道国也需要将国际仲裁对本国主权的危害控制在可接受的范围内。最惠国条款的适用不能破坏这种"平衡"。

而国际仲裁机制表面上看起来同等对待东道国和投资者。例如，两者皆可以提起国际投资仲裁申请，两者皆需要遵守仲裁裁决，但是它实质上更倾向于对投资者利益做出保护,是一种“投资者友好型”仲裁。①在涉及利用最惠国条款来获得国际仲裁管辖权的案件时,这些国际仲裁机构会本能的扩大自身的管辖权和适用所谓“更优惠”的投资条约来照顾投资者,片面强调投资者的利益,无视基础条约当中对于东道国管辖权的约定,破坏了东道国的合法权益,往往给东道国的经济安全带来极大的隐患。

(二)国际仲裁的正当性危机

同时,从国际仲裁的发展来看,国际仲裁近年来逐渐面临正当性危机。②所谓正当性危机是指国际仲裁由于在解决国际投资争端方面不胜任而引发的信任危机。③国际仲裁在实践中表现出诸如损害东道国利益、裁决之间缺乏必要的一致性、④对公共利益照顾不周⑤等问题已经饱受诟病,甚至直接引发了拉美国家“卡尔沃主义”的复活。⑥事实已经表明:于国际仲裁这样一个存在巨大缺陷的争端解决机制,很难想象有东道国会对其保持足够的信心,并乐意通过最惠国条款扩展其对国际仲裁的同意,而大大增加自己被投资者诉诸国际仲裁庭的机会。

尤其是从提起仲裁的法律依据来看,以往投资者提请国际仲裁的依据是投资者和东道国之间签订的特别契约或者投资协议,诉求的理由在于东道国没有履行上述契约或协定确定的义务,或是违反协议中的特定条款或是不合理地拒绝或者否认协议既已确定的义务。这种“失控”的趋势是令人担忧的,在国际上也是饱受质疑与批评:首先,这是不符合国际法的。根据国际法,国家对仲裁或者司法管辖的同意,是一种国家主权行为,在没有国家明确同意的情况下,该国不受任何法庭甚至是国际法庭的管辖。⑦其次,这也是不符合《华盛顿公约》等

---

① See CHARITY L. GOODMAN, “Uncharted Waters: Finacial Crisis and Enforcement of ICSID Awards in Argentina”, *University of Pennsylvania Journal of International Economic Law*, Vol. 28, 2007, p. 471.

② See Susan D. Frank, “The Legitimacy Crisis in Investment Treaty Arbitration”, *Fordham. Law Review*, Vol. 73, 2004, p. 110.

③ 陈安、蔡从燕:《国际投资法的新发展与中国双边投资条约的新实践》,复旦大学出版社2007年版,第165页。

④ 刘笋:《国际投资仲裁裁决的不一致性问题及其解决》,载《法商研究》2009年第6期。

⑤ 张光:《论国际投资仲裁中投资者利益与公共利益的平衡》,载《法律科学》2011年第1期。

⑥ 参见单文华:《卡尔沃主义的“死亡”与“再生”——晚近拉美国家对国际投资立法的态度转变及其对我国的启示》,载《国际经济法学刊》2006年第1期。

⑦ 王鹏:《论国际混合仲裁的性质》,人民出版社2007年版,第96页。

国际公约原有精神的。[①] 例如,依据《华盛顿公约》本来的精神,中心的管辖权是有限的而且应该严格解释的,否则公约中就不会有将"同意"作为管辖前提的规定,也不会对中心管辖权中的受案范围,管辖的属人条件、属物条件等做出详尽的规定。因此强制仲裁的结果是非常危险的,因为这种做法在许多情况下,事实上确立了一种中心的强制管辖权,[②]对东道国实施了一种不合公约的限制乃至剥夺。[③]进而有害于国家主权在投资领域以及与投资有关的领域内的正当行使。

四、强制仲裁损害东道国的公共利益

(一)东道国的公共利益

虽然"公共利益"在理论界定上存在争议。但是国际法规则的适用不得损害一国国内的公共利益和社会整体利益,这不但在许多国际条约中都有反映,也在实践中得到尊重。在当前的国际社会中对国际仲裁的争议很大,尤其是发达国家和发展中国家存在巨大的利益分歧。原因在于与东道国救济相比,国际仲裁往往涉及东道国的公共利益,[④]特别是由于东道国的公共事务管理行为引起的争议。[⑤] 而东道国基于国家主权和社会管理职能对本国公共事务的管理和规制无疑属于公共利益范畴。

(二)公共利益受损

晚近以来外国投资者以财产权受到损害为由对东道国提起国际仲裁的数量急剧增加。东道国频频因为在其主权范围内行使对经济的管理行为而被诉上国际仲裁庭,充分暴露了现行国际仲裁制度存在过度保护投资者财产权,忽视东道

---

① 刘笋:《国际投资保护的国际法制——若干重要法律问题研究》,法律出版社 2002 年版,第 247 页。

② 侯幼萍:《WTO 和 ICSID 管辖权冲突研究》,载《国际经济法学刊》2007 年第 2 期。

③ 刘笋:《国际投资保护的国际法制——若干重要法律问题研究》,法律出版社 2002 年版,第 270 页。

④ See Daniel M. Price, "Chapter 11 – Private Party vs. Government, Investor-State Dispute Settlement: Frankenstein or Safety Valve?", *Canada-United States Law Journal*, Vol. 26, 2000, p. 112.

⑤ 张辉:《美国国际投资法理论和实践的晚近发展——浅析美国双边投资条约 2004 年范本》,载《法学评论》2009 年第 2 期。

国公共利益的危害。[①] 也表明国际仲裁也绝非像有的西方人士标榜的那样是一种不偏不倚的机制。[②] 现在的国际投资争端仲裁界“已经形成一个认知共同体,他们笃信投资自由化和保护投资者之价值取向,忽视东道国正当权益的存在”。[③] 由于投资条约项下的外国投资者能够从国际仲裁机制中获得外来的保护,东道国当地的法律在很大程度上鞭长莫及,无从管辖,其公共利益也就拱手相让了。[④]

基于这种顾忌,为了给东道国对公共利益的保护留下充足的空间,有学者甚至建议所有国际投资条约都不包括“投资者——东道国”争端解决机制,投资者与东道国间的争端应首先寻求当地救济解决。[⑤] 笔者认为,从权利义务平衡的角度讲,国际仲裁的当事方是地位悬殊的外国投资者和作为主权国家的东道国。其本质是以国际法为基础,又较大程度地涉及东道国国内法的因素。[⑥] 因此,国际仲裁的目的虽然是保护外国投资者的合法权益,但也应该注重与东道国的利益进行平衡,而不应该成为外国投资者滥诉的工具,更不应实际影响东道国主权和公共利益。[⑦] 但是现代国际投资仲裁的实践不仅使个人直接挑战国家公权力的合法性成为可能。更严重的是:这种挑战已经完全不受投资者母国或者任何国际组织的“过滤”或者审查。[⑧] 由于国际仲裁庭一般拥有对自身管辖权的决定权,如果再通过最惠国条款任意扩大其管辖权,将大大增加东道国被诉讼的概率和风险,使东道国因对公共利益的合理维护行为而被迫去参加原本不该存在的国际强制仲裁,使东道国不仅要承担管辖权异议程序中争端双方的仲裁费用及

---

① 蔡从燕:《论国际法的财产权逻辑》,载《法律科学》2011年第1期。

② See J. Wong, “Umbrella Clauses in Bilateral Investment Treaties: Of Breaches of Contract, Treaty Violations, and the Divide Between Developing and Developed Countries in Foreign Investment Disputes George”, *Mason Law Review*, Vol. 14, 2006, pp. 138 – 139.

③ See J. Kurtz, “The MFN Standard and Foreign Investment: An Uneasy Fit?”, *The Journal of World Investment & Trade*, Vol. 5, 2004, pp. 870 – 871.

④ See M. Sornarajah, *The International Law on Foreign Investment*, Cambridge University Press, 2004, p. 208.

⑤ See Gus Van Harten, Arbitrator Behavior in Asymmetrical Adjudication: An Empirical Study of Investment Treaty Arbitration, Osgood CLPE Research Paper, No. 41/2012.

⑥ 温先涛:《〈中国投资保护协定范本〉(草案)论稿(三)》,载《国际经济法学刊》2012年第2期。

⑦ 李玲:《中国双边投资保护协定缔约实践和面临的挑战》,载《国际经济法学刊》2010年第4期。

⑧ See Gus Van Harten & Martin Loughlin, “Investment Arbitration as A Species of Global Administrative Law”, *European Journal of International Law*, Vol. 17, 2006, pp. 128 – 129.

仲裁庭的费用,还要在实体裁决中背负几千万甚至几亿美元的巨额赔偿金,这极大地损害了东道国的公共利益。[①]

五、强制仲裁规避了东道国同意仲裁的前置条件

(一)前置条件的种类

国际投资条约中常见的国际仲裁前置条件有:

(1)发生争议后,投资者必须先与东道国就争端先行磋商或经过一段时间的国内程序,只有在规定期限的内双方无法达成一致,投资者才可将争端提交国际仲裁,即"先商后裁";

(2)发生争议后,必须经过一定期限的东道国当地救济,即"用尽当地救济";

(3)发生争议后,投资者可以根据条约中的"岔路口"条款(fork-in-the-road)在国际仲裁和东道国救济之间进行选择,但选择一旦做出即为终局,[②]不能更改。

(二)前置条件的规避

笔者认为,这几个条件对于东道国在基础条约中做出同意国际仲裁的意思影响是不一样的。

对于第(1)个条件,无论是一定期限的磋商或者一定期限的国内程序的要求,都不会对能否诉诸国际仲裁产生决定性的影响,因此属于非实质性前置条件。在这种情况下,根据最惠国条款援引第三方条约中的没有此类期限规定的争端解决条款并不会造成对缔约方原意的根本扭曲。

对于第(2)个条件,由于用尽当地救济要求是东道国维护国家安全的重要手段,属于实质性前置条件。如果基础投资条约中明确要求将用尽当地救济作为投资者诉诸国际仲裁的前置条件,就清楚地表明了缔约方的真实意图在于对用

---

① See Pail Michael Blyschak, "State Consent, Investor Interests and Future of Investment Arbitration: Reanalyzing the Jurisdiction of Investor-State Tribunals in Hard Cases", *Asper Review of international Business and Trade Law*, Vol. 9, 2009, p. 137.

② 陈安、蔡从燕:《国际投资法的新发展与中国双边投资条约的新实践》,复旦大学出版社2007年版,第226页。

尽当地救济的强调和重视,[①]倘若允许投资者通过最惠国条款绕过基础条约中的用尽当地救济要求,直接引用没有规定该限制条件的第三方条约中的仲裁条款,无疑将严重背离缔约方的原意,也规避了基础条约中的前置义务。

对于第(3)个条件,如果基础条约中规定了“岔路口”条款,这是对能否提交国际仲裁的重要实质性前置条件。如果允许投资者通过最惠国条款避开基础条约中的“岔路口”条款而适用第三方条约中没有该条款限制的仲裁条款,意味着投资者有了东道国国内法院和国际仲裁的“双重救济”的保障,获得了第三方条约投资者所没有的利益。显然与最惠国条款的非歧视的目的不符。

六、强制仲裁创设了东道国的仲裁合意

(一)国际仲裁的合意性

根据仲裁的理论,仲裁是一种契约性质的行为,仲裁机构的权力不是源于法律授权,而是源于当事人的协议授权。因此仲裁机制是建立在当事人意思自治基础上的纠纷解决方式,当事人之间提交仲裁的意思一致,即存在“合意”是支撑仲裁制度的法律理论基础。

仲裁的合意性体现在以下几个方面:一项争议发生之前或之后,是否将其提交仲裁解决由当事人自主决定;将哪些争议事项提交仲裁解决由当事人自主决定;将争议事项提交哪一个仲裁机构进行仲裁由当事人自主选择;仲裁庭的组成形式以及具体组成人员由当事人自主选择;在仲裁实践中,当事人还可以自主协商选择仲裁地点以及仲裁所适用的法律。[②]

作为当今解决国际投资争端最主要的方式,[③]国际仲裁也毫不例外的具有仲裁的这种内在属性和要求。虽然越来越多的国家在投资条约中同意将未来的投资争端提交国际仲裁解决,但是提交国际仲裁的前提条件仍然是争端双方同意提交仲裁。这一点也被国际条约所承认。

---

① 参见陈安、蔡从燕:《国际投资法的新发展与中国双边投资条约的新实践》,复旦大学出版社2007年版,第213页。

② 杨秀清、史飚:《仲裁法学》,厦门大学出版社2007年版,第2~5页。

③ 陈安:《国际经济法学》,北京大学出版社2004年版,第586页。

(二)合意的明确性

1. 合意必须在仲裁协议中明确

对提交国际仲裁的合意性在国际仲裁机制中主要体现为双方在仲裁协议中必须明确约定。[①] 仲裁协议是双方当事人保证将仲裁条款项下的争议提交仲裁解决的书面协议。[②] 仲裁协议有多种表现形式,如仲裁条款、仲裁协议书和其他有关书面文件中包含的仲裁协议等。仲裁协议在仲裁机制中发挥着保障仲裁自主性原则的首要作用,国际仲裁的合法性、正当性都有赖于合法有效的仲裁协议。[③] 从仲裁法的角度来讲,仲裁协议是启动国际仲裁的前提,没有仲裁协议,国际仲裁就缺乏合法性和正当性的要求。目前国内法和国际法都已确立的原则是:仲裁协议对国际仲裁的同意必须是清晰而不含糊的。

有效的仲裁协议必须明确仲裁事项和仲裁机构。首先是仲裁事项,仲裁事项必须明确,即什么事项交由仲裁庭管辖,而没有在仲裁协议中载明的事项仲裁庭则无权管辖。也就是说,如果仲裁协议中只约定对甲类争端可以提交仲裁,则对乙类争端就不存在仲裁协议,这也是仲裁自主性的体现。按照仲裁自主性原则,仲裁庭只能就仲裁协议中规定提交仲裁的事项进行仲裁,不能越权做出裁决,这体现了当事人意思对仲裁机构管辖权的合法约束。其次是仲裁机构,仲裁机构必须在仲裁协议中明确,因为现实中并不存在拥有一般管辖权并可以通过其裁决来解决纠纷的仲裁机构,反之,仲裁机构必须由冲突双方指定,并且仅当冲突方愿意将纠纷置于该仲裁机构管辖之下。[④] 且根据《仲裁法》的一般规则,仲裁机构之间是相互排斥的,即当仲裁协定仅约定将争端提交甲仲裁机构仲裁时,乙仲裁机构对争端就不能享有管辖权。

2. 合意应逐案明确

为了证明仲裁协议的真实存在并明确争端方的提交仲裁的原意,当前许多国际仲裁规则及相关条约以及各国国内法都对仲裁协议的形式提出了要求,均

---

① See Julie A. Maupin, "MFN-Based Jurisdiction in Investor-State Arbitration: Is There Any Hop for A Consistent Approach?", *Journal of International Law*, Vol. 14, No. 1, 2011, p. 186.

② 王楠:《最惠国待遇条款在国际投资争端解决事项上的适用问题》,载《河北法学》2010 年第 1 期。

③ 张斌生主编:《仲裁法新论》,厦门大学出版社 2004 年版,第 7 页。

④ [德]W. G. 魏智通:《国际法》(第 5 版),吴越、毛小飞译,法律出版社 2012 年版,第 566 页。

要求书面形式。例如,《华盛顿公约》第25.1条也要求争端方必须“书面同意”将争端提交中心解决,争议双方提交的“书面同意”是ICSID管辖权的基础。但是由于《华盛顿公约》本身对“书面同意”没有做出界定,因此如何去判断这种“书面同意”？根据ICSID在其《执行董事会报告书》中的解释,该项同意可以规定在争端当事人双方订立的投资协议中,约定将来因该投资协议而产生的争端将提交“中心”,或者规定在某项投资争端发生后争端当事人双方的仲裁协议中。此外,《华盛顿公约》也没有要求同意需在同一份文件中表达,因此东道国可以在其有关投资促进的立法中发出要约,将因某类型的投资而产生的争议提交“中心”管辖,而投资者则可以以书面接受该项要约的方式表达其同意。①

笔者认为在国际仲裁中,由于双方分别为国家和私人投资者,出于对国家主权的尊重,尤其是东道国对仲裁的合意必须逐案(逐项)明确,绝对不能从东道国条约实践的历史实践中去推定。在“Siemens v. Argentina案”中,被申请人阿根廷也指出“有关投资条约方面的实践证明,如果缔约方想把最惠国条款适用于争端解决事项上他们必会明确加以说明”。② 虽然仲裁庭没有认同阿根廷的观点,但是笔者认为阿根廷的理解更符合《华盛顿公约》第25条的精神。因此在国际仲裁中,国家提交国际仲裁的同意应该是明确而无误的,并且是应该逐案同意的,不能通过最惠国条款来“默示”或者“推定”。“一项不确定的、模棱两可的条款难以构成对国际仲裁的同意”,③这不仅是国际仲裁的固有特征和要求,也是自然法的平等原则和自由原则在国际投资领域的体现。

七、结　论

将最惠国条款适用于投资争端解决程序的实践,其法律实质是将原本体现当事人意思自治的自愿仲裁,变为强制仲裁。这种实践极大减损了东道国的利益,也影响了东道国对最惠国条款的合理法律预期,违背了东道国在投资条约中

---

① 陈安主编:《国际投资争端仲裁——“解决投资争端国际中心”机制研究》,复旦大学出版社1995年版,第106~107页。

② See Siemens A. G. v. the Argentina Republic, ICSID case No. ARB/02/8, paras. 82 - 25.

③ See Julie A. Maupin, “MFN-Based Jurisdiction in Investor-State Arbitration: Is There Any Hope for A Consistent Approach?”, *Journal of International Economic Law*, Vol. 14, No. 1, 2011, p. 186.

引入最惠国条款的目的。

基于各种原因,晚近大量的东道国在国际投资条约中规定了最惠国条款,但是却忽视了最惠国条款适用于投资争端解决程序的不利后果和威胁,应该尽快通过修改条约或其他法律措施来限定最惠国条款的适用范围。

• PPP 研究专栏

政府与社会资本合作项目中的风险及法律规制

呼娜英*

摘　要:PPP 作为有效整合公私部门资源的创新制度,将市场机制引入公共领域,在私营企业、民营资本与政府方紧密合作下大力兴建基础设施。该项目在发挥民营企业的金融及管理资源优势、缓解财政压力的同时,改善、优化了公共产品和服务供给。我国 PPP 模式已发展至规范化阶段,但仍然存在以政府行为风险、企业经营管理风险以及市场风险为主的诸多风险。对于 PPP 模式的规制与监管,我国仍没有形成完整的体系,顶层设计与细化规则的缺失不仅延长了谈判时间并且增加了交易成本,并且阻却了一些优质项目的进展。应从 PPP 项目的性质及相关风险进行剖析,以控制风险为视角完善相关法律规制,包括顶层设计、具体法律条文以及其他相应的配套措施层面。

关键词:合作项目;风险控制;风险分配

Research on Legal Regulation of Risks in

Government and Social Capital Cooperation Projects

Hu Naying

Abstract: Public Private Partnership(PPP), as an innovation system, effectively integrates the resources of public and private sectors, introduces market mechanisms into the public domain and vigorously builds infrastructure in close cooperation between private enterprises, private capital and the government. The project improves

---

* 对外经济贸易大学法学院 2017 级法律(法学)硕士研究生。

and optimizes the supply of public goods and services while making space for the financial and management resource advantages of private enterprise and relieving financial pressure. PPP in China has developed into a standardized stage, but there are still many risks-mainly government behavior risk, enterprise operation and management risk, and market risk. For the regulation and supervision of PPP, there is still no complete system in China. The absence of top-level design and detailed rules not only extends the negotiation time and increases the transaction cost, but also hinders progress. The nature of PPP and related risks should be analyzed, and relevant legal regulations should be improved from the perspective of risk control, including top-level design, specific legal provisions and other relevant supporting measures.

Keywords: cooperative program; risk management; risk allocation

一、问题的提出

在实施新型城镇化发展战略的大背景下，自2013年以来，政府与社会资本合作项目(Public-Private Partnership，简称PPP模式)相关政策密集出台。2014年5月，国家发展改革委发布《关于发布首批基础设施等领域鼓励社会资本投资项目的通知》，文件中允许私人资本以合资、独资以及特许经营等方式参与到项目的建设及运营中，2014年12月，国家发展改革委再次发布《关于开展政府和社会资本合作的指导意见》，要求建立健全PPP模式的规范管理制度，以合同的方式明确各方的风险分担及违约处理等。文件将公共部门与私人部门建立起长期伙伴关系，旨在取长补短、共担风险、共享收益，从而为社会提供公共服务。PPP项目以鼓励和引导社会资本参与基础设施和公用事业建设运营为出发点，以提高公共服务质量和效率为落脚点，是解决我国基础设施落后又缺乏建设资金的良方妙计。

诚然，新生事物总伴随一系列的问题，包括相关体制的不健全，操作流程的不完善，信息沟通的不顺畅，信用体系建设的不完善，可行性研究效益不达预期等诸多问题。PPP也不例外，虽然成功的范例证实这一模式具有巨大潜力，但失败的PPP项目以及进一步的推动发展滞缓也为我们敲响警钟。究其原因，从立项前社会资本对政府信用的心存质疑到立项时社会资本对潜在风险的考量以及项目较长周期中的不确定事项，都影响着项目的进一步发育与成熟。笔者从政府与社会资本合作基础理论出发展开讨论，围绕这一模式中的风险要素，并结合相关案例对其进行分析，提出了对应的控制风险对策。

二、政府与社会资本合作中存在的主要风险

（一）政府行为的风险

1. 政策与法律变更风险

因 PPP 模式旨在兴建基础设施工程，其耗时长，投资大，因其较长的周期性，在过程中面临着因制定、修改或重新解释法律法规或者各部委、各级政府颁发的相关政策及文件而偏离项目合同订立时各方的预期，导致项目中断、流产或可行性效益不达预期。我国 PPP 项目仍在规范化的起步阶段，虽然出台了不少相关规定，但缺乏统一的上位法。对于政策变动的风险，其中一个典型案例就是江苏某污水处理厂采用 BOT 融资模式，原先计划于 2002 年开始，在合同签订后，国务院办公厅颁布了《关于妥善处理现有保证外方投资固定回报项目有关问题的通知》，外方投资者被迫与政府重新协商投资回报率。与此相类似的案例还有上海大场水厂和延安东路隧道项目，都因为法律文件变动的问题，最终被政府回购。①

2. 审批延误风险

由于政府行为审批程序复杂，导致花费时间过长并且使成本过高，再加上 PPP 作为新型模式规定少、国内实践及操作经验少，以及政府工作人员对于流程不够熟悉，项目面临着手续办理延误或者决策失误的风险。上海大场供水厂与北京第十供水厂等 PPP 项目失败的原因之一就是审批延误。另外，批准后对项目的性质、规模进行必要的商业调整也带来一系列问题，如举行听证会等，都会延误项目的进展。例如，2003 年南京水价上涨方案因一直迟迟未通过而使外国水务公司撤出。

---

① 参见亓霞、柯永健、王守清：《基于案例的中国 PPP 项目的主要风险因素分析》，载《中国软科学》2009 年第 5 期。

3. 政府变更合同条款风险

政府变更合同条款随即也会影响到政府信用,这一风险的典型案例是上文提到的国家体育场项目融资这一项目,后续也出现了很多问题。国家体育场作为国内体育场馆领域首个 PPP 项目,在引入 PPP 模式并在投融资并完工后,在运营阶段出现一系列问题,最后导致重新签署协议,由政府接管项目运营。其中很多环节都出现了政府变更合同条款的状况,包括重大建筑设计变更、商业配套大幅减少等。这一风险其实具有连带性。笔者认为,其主要原因在于政府在其引入资本时更在意股东资金雄厚、融资实力,却忽略了股东对于国家体育馆——"鸟巢"这一特定场所建设所需要具备的能力,以及运营经验,导致了后来频繁变动合同条款等一系列风险。这一"准经营性项目"所带来"半路散伙"的遗憾也体现了 PPP 项目在成长过程中政府行为方面的风险。

(二)企业经营管理风险

企业管理风险主要包括融资与财务风险,以及经营管理与组织机构风险。该风险也经常与市场风险相关联,如因为项目唯一性以及经营不善而导致在后来的实质竞争中不达预期利益。另外,该风险中比较突出的还包括配套设备提供风险,比如基础设施不到位而诱发的风险,以及项目公司的组织机构风险,主要是指项目设计方案不达标,难以适用于建设与运营。① 比如,国家体育场这一项目中融资私营部门虽然资金雄厚,但对体育场所的特殊设计、建设,以及后期的运营缺乏经验,以此导致了后续的一系列问题。

(三)市场风险

最主要的市场风险表现为因为项目唯一性而导致后来可预期盈利不达标。例如,杭州湾大桥项目中,初期项目运营回报率在 2009 年高达营业毛利率 63.93%,在五年的运营后,杭甬客运专线和杭州湾第二通道分别于 2013 年 7 月相继通车,对此项目收益带来强大的冲击。在 2013 年的营业中毛利率下降至 50.44%,并最终导致部分社会资本退出,并由政府授权宁波交投回购其股份。

---

① 参见曹阳:《中国 PPP 模式风险的法律规制研究》,载《广西师范学院学报》2017 年第 38 卷第 3 期。

这一风险使政府项目在进展过程中流产,不仅在于项目唯一性使当其他类似项目的兴建导致实质性商业竞争而使收益不达预期。其相关风险为签订合约时政府公共部门与私人部门未就该项风险以及违约补偿作出规定,即合约不完善的风险,最终导致项目难以继续。

三、影响政府与社会资本合作风险分配的因素

(一)PPP的性质及其潜在诱发风险的可能性

PPP的前两个"P"分别代表公共部门与私营部门,所以其兼备社会公共性与个体营利性的性质,这期间的冲突也正是经济法所要解决的基本矛盾。在第三个"P"合作的定义下,体现了其法律框架下双方的合作性。前两个性质的矛盾以及第三个性质涉及的合约性质界定的不确定性使政府及社会资本合作项目存有潜在风险。

1. 公共性

PPP的公共性是其第一性质,其性质与这一制度设计的背景,即政府的职能密不可分,同时,政府基本职责也是该模式公共性的重要体现。政府的基本职责之一是提供公共物品,以往基于公共性特别是公益性的考量,在宏观调控的手段下,经常由政府直接提供基础服务及产品供给,但基于政府职能的转变以及对公共服务效率和质量的追求,政府在通过与社会资本合作来完成职能的实现。随着政府职能的转变,以及强调多元治理的背景下,政府的社会管理和公共服务职能辅之以必要的市场途径来实现。[①] 在这一合作关系下,政府承担着对于制度的建立、市场的培育、主体和运营过程的监管,以及对项目长周期的维护的职责。

公共服务的供给可以经由市场主体的"参与"实现,这不仅是PPP项目公共性的重要体现,[②]也是政府与社会资本合作的重要基础。市场主体的参与在公共性方面从"公开性""公平性"加以体现。PPP制度与项目都须向社会公开,我国在《关于在公共服务领域推广政府和社会资本合作模式的指导意见》(以下简称《指导意见》)里也强调了公开透明的原则;另外,《指导意见》对于市场主体充分

---

① 参见张守文:《PPP的公共性及其经济法解析》,载《法学》2015年第11期。

② "公共性"与"参与"之间的关联分析,参见李友梅、肖瑛、黄晓春:《当代中国社会建设的公共性困扰及其超越》,载《中国社会科学》2012年第4期。

公平地参与竞争也作了规定。

而政府项目行为因其公共性往往耗时长、投资大,这与生俱来的性质在项目磋商阶段带来包括前期投入成本较大而较难调动市场积极性、因其审批程序繁琐而导致审批延误等一系列风险,并且对于前期提供公益性服务或产品项目需要精准评估,否则就牵扯到政府的主导不力,诱发政府失信或项目难以继续的风险。

2. 效率性

PPP 的第二个"P"体现了个体营利性的特征,民营企业在参与市场中以追求利润为导向,所以其当然讲求效率性。这同时也是在 PPP 模式中私营部门与公共部门的矛盾所在,项目的审批经常耗时较长,并且私营部门还要面临审批延误以及谈判失败的风险。此外,在这一特征下,社会资本的初期融资不仅是社会资本迈入到 PPP 项目的最重要一步,也是风险最大的一步。融资方式在实践中包括项目贷款、银团贷款、PPP 基金和资产证券化等形式。以资产证券化为例,其融资方式在效率性特征下体现的风险是各地 PPP 项目周期长,而现有 ABS 产品的存续期一般较短,所产生的现金流不足还本付息。PPP 运营周期一般在 10 年至 30 年之间,PPP-ABS 产品存续期应当延长,但存续期限越长,ABS 对应的政策风险、市场风险和财务风险也就越大。①

对于私营部门来说,繁琐的审批增加了对于 PPP 项目的投资成本,较长的周期影响其效率。因此在效率性与公共性的冲突下难免催生各种矛盾与风险,协调好这两个要素也是推动 PPP 模式进一步发展的首要问题。

3. 契约性

PPP 的第三个"P"体现了双方主体的合作关系,虽然是公对私,但双方签署合约就应当受契约的束缚,遵守约定的权利义务和救济手段。PPP 模式的契约性也是分配双方风险的重要理论基础,同时也是解决争议的重要依靠。但因为契约双方实质上仍然处于不平等地位,对与合约的性质、争议解决机制约定模棱两可,对于跨度较长的 PPP 项目合同中所存在的不确定性条款内容所带来的剩余控制权配置问题更倾向与政府还是社会资本未能达成一致,②不仅从其性质上

① 参见孙南申:《PPP 模式投资风险的法律规制》,载《国际商务研究》2018 年第 3 期。

② 参见郑妮、官玉杰:《PPP 模式的法律实证问题探究》,载《社会科学研究》2017 年第 3 期。

带来诱发风险的可能性,并且对于争议的解决也带来一系列问题。

PPP 项目内容为公共基础设施建设,其需求投资大,耗时长,并且因涉及公对私,以及公共与私营各个部门,故合同关系复杂,双方均对风险持谨慎的态度;又因为双方对该模式存有理解误区,也影响着谈判进程。另外,由于 PPP 处于初步发展阶段,缺乏标准的程序和合同文件,我国也仅出台了一系列各部委的文件以及地方政府文件对其进行相关规制,这些都是现阶段 PPP 自身所带来的风险。

(二)政府主导不力

这一特点在于政府作为 PPP 这一新型项目的发起者,难免在对该项目研究还未成熟的时候就颁布了一系列规定,往往涵盖范围狭窄,甚至内容冲突。在签订合约时对各种可能发生的情况缺少判断。比如,有时 PPP 作为公益性项目,私营部门面对回报时,政府付费往往占据社会资本方取得回报的绝大部分甚至唯一途径。如果在合同订立中未明确约定政府购买的资金来源、偿付机制以及违约处罚机制,就难以保证社会资本方实现合理投资回报。社会资本方在与政府谈判中处于弱势地位,回购合同不尽完善,后期项目方遭遇市场因素导致的政府方回购意愿及能力将会下降,那么回购款落实将大幅低于预期。

另外,社会资本方参与项目的根本目的还是在于获取投资利益,这也是由其效率性决定的,同时也是 PPP 第二个 P 的特征。政府有时会疏忽质量、工期、成本控制、后期运营等方面的监管。主导不力、监管不力的特点使合约的履行面临着风险。

(三)企业盲目投资

企业自身在利益驱动下有时低估了风险,高估了预期收益,甚至有时为了竞标项目不考虑自身能力。我们目前所需要的 PPP 项目,是投资规模大、技术要求高、管理复杂的基础设施、公共产品和服务项目。[①] 而政府在引入资本时,社会资本可能对项目的评估缺乏预判。比如"鸟巢"项目中在招标过程中,北京市政府先行招标选定了设计方案,而投资方在欠缺考虑的同时进行投标,而此设计对赛后运

---

① 王天义提出对于 PPP 中政府五大能力的提升的建议,在项目识别能力上,私人产品、纯公益产品是不能交给社会资本的,只有准公共产品可以交由社会资本。参见王天义:《中国 PPP,请理念先行、量力而行、简单易行》,载《中国金融》2017 年第 8 期。

营管理方面考虑不足,投资方也是仅有融资能力,欠缺运营经验,投资方中信联合体内部也缺少利益协调机制。这些都是导致项目双方“半路散伙”的原因。

四、政府与社会资本合作风险控制的法律规制

(一)完善PPP项目基本法层面的立法

目前涉及PPP项目基本法层面的立法尚未出台,现有规制PPP项目的法律文件多属于部门规章及规范性文件,效力层级较低,并且在我国目前的法律体系中,对于PPP项目的调整主要依靠《政府采购法》《公司法》《合同法》等,仅仅依靠现有的相关规范性文件已不能更好地适用于PPP项目。因此在实现政府与社会资本合作风险控制之前,应当首先在基本法层面完善对PPP项目的法律规制,在基本法层面规定政府和社会资本之间的权利与义务、风险分担等,并细化具体的审批权限、流程等规定,从而实现对PPP项目的全面调整。2017年7月,国务院法制办颁布《基础设施和公告服务领域政府和社会资本合作条例》,加快推进了PPP项目立法,不仅规范了政府和社会资本间的合作,也为政府和社会资本的合作提供了明确的法律依据。

(二)完善政府与社会资本合作项目的法律规制

PPP主要适用于基础设施及公共服务领域,其自身的自然垄断属性和公益性特征要求必须把PPP的法律规制问题放在重要的位置上。注重厘清政府与社会资本、宏观调控与市场竞争的边界关系,发挥政府作为公共部门平衡权利分配和利益关系冲突的角色的重要作用。英国在PPP的法律规制举措已相当完备,其实行PFI管理机制,形成专设的管理机构,并形成统一完备的政策法律体系,双向保障PPP的运作实行,对于PPP整个生命周期的各环节的法律性问题都进行了详细具体的规定。

根据我国财政部颁布实施的《关于规范政府和社会资本合作合同管理工作的通知》中的相关规定,当前PPP合作模式之下相应风险的具体承担对象得到了初步明确,但仍有必要对风险分担机制予以进一步完善。

有关顶层设计最大的问题就是仍然未规定项目实施机构,政府方代表应当在PPP招标前有一个明确的机构负责项目建设,对于方案的设计、档案的管理以

及监管都应该成一套体系。《PPP条例(征求意见稿)》的第9条规定的县级以上人民政府有关主管部门可以提出拟采用政府和社会资本合作模式的基础设施和公共服务项目,其中“有关部门”一词模糊不定,建议将主管部门加以明确,比如固定为政府有关基础设施和公共服务主管部门,同时明确提出主管部门或其授权单位为项目实施机构。中央还应当设立指导机构,理顺部门关系和层级关系,使之成为指导和推进工作的唯一性和权威性机构。另外对于一些全国性或者跨地区性项目以及新型的PPP项目,可直接由中央PPP机构直接操作,起到引领示范作用,树立政府良好信用,同时也有利于不断提高其政策法规的制定水平。①

(三)以公平和效率为原则进行风险分配

风险的分配应当遵循公平和效率的原则,即:分配的结果可以减少风险发生的概率、风险发生后造成的损失以及风险管理成本,这样是公平的;风险的分配可以让各方履行合约时保持谨慎、理性,这意味着各方要有能力控制分配给自己的风险,并为项目的成功而有效地工作。②

基于以上原则,大部分风险可以被分配,但对于不可抗力等难以预料且难以判断出对哪方更有影响力的风险,分配时要考虑私人部门承担风险的意愿、政府独自承担时的成本、政府减少风险发生后的损失等要素,此时要考虑:承担的风险与所得回报相符合,也即合理确定风险分担与利益分享机制,让分担和分享向能力更强者和贡献更大者“倾斜”,即“能者多劳”而且“多劳多得”。③

(四)政府与社会资本合作项目风险控制分担机制

1.治理政府信用风险

目前政府信用风险主要面临的问题是举债过重,尤其是“明股实债”的问题严重。在经济下行、实业投资风险加大的背景下,政府与社会资本合作项目背靠政府信用,而“明股实债”的出现,正是因为政府以债务融资,给资本方固定的回报,起初容易谈拢,但在较长的周期中不确定性增加,一旦涉及决策失误,政府投

---

① 参见王天义:《PPP的情怀与格局》,载《中国金融》2017年第8期。

② 参见刘新平、王守清:《试论PPP项目的风险分配原则和框架》,载《建筑经济》2006年第2期。

③ 参见王天义:《PPP的情怀与格局》,载《中国金融》2017年第8期。

资在无效资产上,其带来的亏损以及对社会资本的伤害极大。同时,这样对政府信用的打击是致命的,因为一旦政府信用缺失,再树立则需要漫长的过程,重新调动社会和资本的积极性又将带来巨大的成本。因此,建议政府在项目评估过程中、对融资方的资格审查中都要谨慎,形成相互制约并且有牵头的系统,所纳入的财政预算也应当及时、准确。

政府公信力的树立还有赖于政府内部监控上,比如应当严格政府责任,并由相应机关进行监督,同时明确争端解决机制;另外在外部监控上,《PPP 条例(征求意见稿)》第 34 条规定了社会公众有权对合作项目的发起和实施进行监督。建议条例中指出在 PPP 长周期中公众进行监督可以咨询建议的有关单位。

2. 合约中明确约定风险分担

PPP 合同是保障项目成功运营的核心要件。在合同订立方面,要在风险和收益分配方面兼顾公平和效率,同时对于风险分担的约定应当细致,这一措施在《PPP 条例(征求意见稿)》第 15 条也有所体现,并且在第 38 条规定了双方在风险发生时,合同难以继续履行时,双方有再协商的义务。但是,因为双方主体的特殊性,这样的合同并不像民事合同主体平等的双方所订立的合同,除非《PPP 条例》能够明确规定双方所签订的合同是民事合约性质。因此,笔者认为,应当在法条中明确一些风险负担及再协商内容的硬性规定,这样不仅有利于提高社会资本投资的积极性,也使推动项目的进展有了保障。

在合同履行方面,政府方和社会资本均应遵循契约精神。从地方政府角度来看,地方政府应当履行监督职能,确保合同履行各方面的顺利进展;从社会资本角度来看,政府应当充分履行契约,确保社会资本按时获得足额补贴或收入。

五、小　　结

PPP 项目在我国已迈入规范化阶段,随着《PPP 条例(征求意见稿)》的出台,PPP 基本法的正式出台也指日可待。未来如果地方政府能够开发完善的 PPP 项目并且拿出更多的优质资产,让进入的社会资本能够在项目中得到良性循环,解决融资的后顾之忧,并且树立良好的政府公信力,加强资质审查、项目评估以及风险预测,切实遵循合约精神,PPP 有望进入真正的高质量发展阶段。

PPP 中政府信用风险的控制及法律对策

洪　娴*

摘　要:各地政府对 PPP 项目库中已有的项目进行全面检查,将不合格项目进行整改或者直接清库,这是自 2014 年 PPP 模式在中国广泛应用以来最大规模的一次清库行动。大范围的项目不能"落地",政府信用问题是导致 PPP 项目无法发挥其应有的经济与社会效益的主要原因之一。本文在这一背景下,讨论 PPP 模式下政府信用风险的类型,从我国政府信用风险的控制现状与存在的问题角度,找出现有制度中对政府信用控制的不完善之处,提出自己的建议。

关键词:PPP 项目;政府信用风险;政府信用风险控制

Legal Countermeasures for Government Credit Risk Control in PPP

Hong Xian

Abstract: Local governments have carried out a comprehensive inspection of existing projects in the PPP project library, rectifying unqualified projects or directly clearing the warehouse. This is the largest clean-up operation since the 2014 PPP model was widely used in China. A wide range of projects cannot be"landed", and government credit issues are one of the main reasons why PPP projects cannot perform their due economic and social benefits. In this context, this paper discusses the types of government credit risk under the PPP mode. From the perspective of the status quo and existing problems of the government's credit risk control, this paper

---

* 对外经济贸易大学 2017 级法律硕士。

finds the imperfections of the government's credit control in the existing system and puts forward its own suggestions.

Keywords:PPP project;government credit risk;government credit risk control

一、引　言

20世纪初的英国伦敦政府在伦敦地铁项目采用PPP模式,由伦敦地铁公司(LUL)与两家民营企业Metronet和Tube Lines签订为期30年的三方公私合营合作合同。同时英国交通运输部为保证项目的可持续,提供债务担保。伦敦政府希望私人资本能给项目前期带来70亿英镑的直接投入,而政府每年给私人资本方11亿英镑的服务费。地铁的维护和修复工作由地铁系统基础设施公司负责,因此每年私人资本方大概需要承担5000英镑的费用,而这笔费用根据PPP合同的约定,需要7.5年以后才可向伦敦政府结算。而为了更好地执行PPP项目监督社会资本方,政府设置了特殊的仲裁审核制度,每7.5年对项目进行一次效果评估,同时由其核定财政补贴、拨款。但是复杂的模式结构也未能阻止项目的失败,Metronet和Tube Lines相继破产。伦敦政府在核定费用时,Tube Lines希望政府支付68亿英镑的费用,最终政府仲裁人只核定了44亿英镑的费用,导致Tube Lines的破产。英国伦敦地铁项目中,私人资本前期投资额巨大,一旦发生项目失败,私人资本方就会面临着严重的经营风险。伦敦政府与私人资本方约定的服务费因存在独特的仲裁审核制度,在核定程序上审核时间较长、流程复杂,可以看出在制度设计上,伦敦政府就在整个交易结构的顶层,而在实践中,伦敦政府确实最终发生信用违约,导致整个地铁PPP项目的失败。从英国伦敦地铁PPP项目失败的案例中也凸显出PPP模式在风险管控方面的重要性。在事实上,并不是所有的项目都能取得最终的成功,综观国内外PPP项目的实践经验可以看出,PPP项目出现政府信用违约风险,一方面是政府整体的理念转变存在不到位的情形,对自身职能复杂性的认识不到位,而这些因素导致其在与社会资本的合作中,定位不清,严重影响PPP项目中的履行行为。另一方面,风险在项目各参与方之间的分担程度不合理又是PPP项目完成的主要障碍之一。而我国对于PPP项目中政府信用违约的规范制度建设尚且不完善,已有的规范与实践存在龃龉。本文从这几方面的问题出发,具体探讨政府信用违约风险的内容。

二、PPP 中政府信用风险控制的现状与问题

PPP 模式作为党的十八届三中全会后的重要成果，其为地方政府解决基础设施建设、公共服务产品提供做出了巨大的贡献，但是在经过了几年的快速发展后，政府信用风险的控制建设问题也是亟待达成共识，PPP 模式在我国的发展从目前大规模的清库工程来看，热度有所下降，但是从长远来看，其是地方政府控制债务的前提下解决基础设施建设、公共服务产品主要手段，所以 PPP 模式作为政府投融资的手段必然不会被搁置，只是进入理性发展的阶段，所以对于政府信用风险控制的讨论也是必须并且有意义的。

（一）我国 PPP 政府信用风险控制现状

1. 政府与社会资本合作过程中契约观念建设的现状

《关于在公共服务领域推广政府和社会资本合作模式的指导意见》中对 PPP 项目的发展原则进行了明确，贯彻社会责任本位理念，控制地方政府性债务风险，推动法治政府的建设。① 在这一文件中体现出政府在与社会资本合作过程中对于自身信用建设在理念上已经发生了转变，没有回避在合作关系中的平等契约关系的认定。在制度层面，对于政府与社会资本签订的 PPP 合同，政府作为合同的一方当事人，在合作过程中要遵守合同规则。而不能利用其特殊的身份，为逃避因自身而导致的 PPP 项目运转过程的某些错误或失职导致的风险转移给社会资本方。② 这样行为有违合同法的契约精神。

2. PPP 政府信用风险规范制度建设方面的现状

我国较早使用 PPP 模式进行基础设施建设的可追溯到 1984 年广东东莞沙角 B 电厂，发展的高峰期是在十八届三中全会之后，在这过程中对于政府信用风险控制方面的政策规范的建设一直未曾停过，从 2014 年国务院发布的《关于加强地方政府性债务管理的意见》到 2018 年财政部《关于公布第四批政府和社会资本合作示范项目名单的通知》，4 年时间共颁布了 43 份重要文件，以部门规章、

---

① 参见李佳乐：《PPP 项目政府信用风险控制法律问题研究》，首都经济贸易大学 2017 年硕士学位论文。

② 参见陈江华：《地方政府 PPP 项目风险管理研究》，南京大学 2018 年硕士学位论文。

行政法规为主,相关法律为辅。

3. 政府在 PPP 项目中具体技术操作的现状

政府首先健全财政管理制度,开展财政承受能力论证,统筹评估和控制项目的财政支出责任,促进中长期财政可持续发展。同时建立完善公共服务成本财政管理和会计制度,创新资源组合开发模式,针对政府付费、使用者付费、可行性缺口补助等不同支付机制,将项目涉及的运营补贴、经营收费权和其他支付对价等,按照国家统一的会计制度进行核算,纳入年度预算、中期财政规划,在政府财务报告中进行反映和管理,并向本级人大或其常委会报告。

4. 而对于 PPP 项目的信息公开制度建设的现状

而对于 PPP 项目的信息公开的安排,大多是通过互联网平台和现代通信技术来实现的,线上有财政部政府与社会资本合作中心以及政府与社会资本研究中心,主要通过建立综合信息平台系统、政策公开、项目库公开查询、专家库公示等方式对 PPP 项目的有关信息向公众披露。

(二)PPP 政府信用风险控制存在的问题

1. 理念存在于制度层面,落实到实践上存在与文本差距较大的情况

PPP 被定义为:选择具有投资与营运能力的社会资本,按平等协商原则订立合同,明确责、权、利关系,并由社会资本提供公共服务,政府按公共服务绩效向其支付对价,并保证其获得合理收益。① 但是实践中,政府在风险发生时,通常会将风险大部分转移给私人资本。"有些地方政府对待 PPP 合同过于轻率,引入资本前后态度截然不同,之前草率承诺,之后随意违约。"②在一些贫困偏远地区,经济水平低下,基础设施和基本公共服务对公众来说需求不强烈,但是出于对本地区经济前景的乐观考量,政府部门会超前透支政府财政资金,提供的公共服务和基础设施超前于当下需求。"当新一届政府上任之后,一旦预期的经济发展没有出现,大量超前的公共服务和基础设施遭到闲置,这使本届政府对于继续承担财

① 参见国务院:《关于在公共服务领域推广政府与社会资本合作模式指导意见的通知》(国办发〔2015〕42 号)。

② 参见孙南申:《PPP 模式投资风险的法律规制》,载《国际商务研究》2018 年第 3 期。

政支出失去了履行 PPP 项目合约的积极性。”①新一届政府往往会拒绝支付,从而私人资本无法回收成本。特别是一些特许经营的行业,新一届政府取消行政授权、财政补贴等,这使私人资本的项目成本大大增加。

2. 我国 PPP 政府信用风险控制在规范建设方面存在法律层面的规范文件较为缺乏的情况

2014～2018 年颁布的与 PPP 直接相关的 43 个重要文件主要是国务院规范性文件、部门规范性文件、地方规范性文件,从法律层面的文件,仅有 2015 年颁布的《采购法》《预算法》等,这些文件约束着 PPP 项目中采购与预算,但对于 PPP 项目生命全周期的相关制度的法律规范仍然是空缺亟待健全的领域。除了法律层面的规范性文件缺乏,政策的滞后性与不断地变化也给 PPP 政府信用风险的发生埋下隐患。我国的 PPP 发展期间较短,很长一段时间内都是问题出现再立法,项目过程中的很多问题并没有具体法律规定,具有严重的滞后性。与此相对的,政策在滞后的同时又是不断变化,尤其是在项目立项、运营过程中,若出台了一项新的法律政策,则可能会导致 PPP 项目出现费用飙升、过程违法等问题,最终导致政府的信用风险。

3. PPP 项目中政府与社会资本方签订的合同性质模糊不清,政府信用违约风险的救济途径较不明确

PPP 项目政府和社会资本的合作主要是通过一系列的 PPP 合作合同来实现的。而对于“PPP 合作合同”的定性有诸多学说,有“行政合同说”②“民事合同说”“混合合同说”③,其中,PPP“民事合同说”是指平等主体之间基于意思自治达成合意的民事法律关系。若采用“民事合同说”,政府信用违约行为从本质上来说是民事违约行为,那么对私人资本的救济则应通过民事救济途径来实现。而无论是“行政合同说”还是“混合合同说”都倾向于将政府与社会资本合作项目

① 参见李基凯:《PPP 项目中政府信用风险影响因素研究》,载《项目管理技术》2018 年第 16 卷第 5 期。

② 主要针对 PPP 项目中最常见的特许经营协议,协议的一方主体是政府,签订的目的是在于基础设施和公共事业建设,属于行政管理,而协议的履行需要行政审批程序,因此属于行政法上的法律关系,PPP 合同为行政合同。

③ 混合合同说主张 PPP 协议中包括公共服务买卖关系、市场监管者与服务提供者的管理关系,故形成了公法与私法结合的新型法律关系,属于兼具公法与私法性质的混合合同,双方当事人应当同时受到公法与私法原则的约束。

中的行为定义成行政行为,可若定义成行政行为,其救济途径就较不合理,有政府权力渗透经济活动中的嫌疑,导致政府过度干预市场,社会资本的救济程序不够公平、公正。

4. 在前述提到的英国伦敦地铁项目中,由于风险分配的不对等最终导致项目的失败

这种情况在我国PPP项目中也是存在的,在合作中,政府负担太多,直接投资额过大、政府支付费用配比不科学、可行性补贴缺口过大,都会导致政府性债务攀升,降低政府履约能力,导致其不能或不愿履行合同义务;私人资本负担太多,从体量上无法消化掉如此庞大的债务,从属性上来看私人资本趋利,风险防控意识更强,若对私人资本的合法利益保护不到位,一是会造成私人资本对PPP项目的抵触,从而使PPP项目落地困难,项目的可持续发展能力受到损伤;二是会使PPP模式政府刺激社会资本从而活跃经济,降低财政压力创新经济发展模式的目的落空。所以科学而系统的风险分担机制构建是有必要,而目前我国风险机制前中后虽然有安排,但是仍有问题,其中最主要的是风险转移机制尚不完善,风险在政府和私人资本之间按比例分担,这一比例一般于PPP项目合同中约定,但是政府作为招标主体,对于合同条款的拟定有决定作用,实践中存在格式条款。

三、PPP中政府信用风险的类型

政府信用风险从广义上包括了政府对私营企业、贷款人、担保机构、供应商的承诺不兑现。本文仅讨论政府对社会资本的承诺不兑现,其类型主要包括以下几种:

(一)违反政府直接付费义务或者可行性缺口补助义务

PPP项目中的付费机制主要是三种:政府付费、使用者付费、可行性缺口补贴。[①] 从现有的PPP项目来看,财政部政府和社会资本合作中心2018年第一期

---

① 参见张维:《我国垃圾处理PPP项目发展状况分析——以财政部PPP中心入库数据为例》,载《当代经济》2018年第13期。

季报中可以看到这样一组数据：截至 2018 年 3 月末，管理库[①]中累计政府付费类项目 3098 个、投资额 3.5 万亿元，分别占管理库的 41.8% 和 30.1%。累计使用者付费类项目 899 个、投资额 1.2 万亿元，分别占管理库的 12.1% 和 10.6%；累计可行性缺口补助（政府市场混合付费）类项目 3423 个、投资额 6.8 万亿元，分别占管理库的 46.1% 和 59.3%。[②] 可以看出政府在三种回报机制中更偏向于选择可行性缺口补助模式。可行性缺口补助相较于使用者付费和政府付费模式，比较容易被政府和社会资本接受，可以看作另外两种回报机制的折中。虽然回报机制不同，但是无论选择哪一种，都有赖于政府信用机制。政府违反 PPP 合同项下付费义务给私营企业带来巨大的风险，如应收账款无法按时缴纳会给私营企业的经营带来很大的潜在风险，造成私人资本现金流断裂、对第三者违约、高额的贷款滞纳金等。如 2010 年东北某政府采取 BOT 方式招标建成污水处理厂的项目。[③]

（二）政府拒绝风险担保

这里的风险担保与《担保法》中的担保不是一个概念，国家机关不得作为保证人，但经国务院批准为使用外国政府或者国际经济组织贷款进行转贷的除外。政府对债务进行担保是违法的。同时也与政府进行固定回报的承诺不同，这里的风险担保是指政府对使用量进行的担保，本质上属于项目产出最低需求风险的承担归责。财政部《关于推广运用政府和社会资本合作模式有关问题的通知》（财政部〔2014〕76 号）中规定："注重体制机制创新，充分发挥市场在资源配置中的决定性作用，按照'风险由最适宜的一方来承担'的原则，合理分配项目风险，项目设计、建设、财务、运营维护等商业风险原则上由社会资本承担，政策、法律和最低需求风险等由政府承担。"在 PPP 项目招标过程中，若项目公司难以获得政府对"最低需求量"所做的担保，那么很可能会导致项目的失败。

---

① 财政部政府和社会资本合作中心项目管理库，是指准备、采购、执行和移交阶段项目，已完成物有所值评价和财政承受能力论证的审核。

② 参见财政部政府和社会资本合作中心网站：http://www.cPPPc.org/zh/PPPjb/6795.jhtml，最后访问日期：2018 年 5 月 10 日。

③ 政府在项目开始后无法按时支付私营企业费用，只得将污水处理厂转让给私营企业以冲抵政府拖欠私营企业的 1.6 亿元费用。

(三)政府政策改变风险

PPP项目结构设计的独特之处在于其是政府与社会资本的结合,同时这种模式从2014年开始大规模推广,至今尚未形成统一的法律体系,因而整个行业对于政策的反应尤为敏感。PPP项目周期较长,在漫长的经营过程中风险也随之增加,不可预测的因素也增加。从当前情况来看,政策的变动对项目库入库的项目影响是很明显的,《关于规范政府和社会资本合作(PPP)综合信息平台项目库管理的通知》(财办金〔2017〕92号)颁布以后全面开展的PPP项目集中清理工作中,截至2018年4月23日,各地累计清理退库项目1695个,涉及投资额1.8万亿元。

(四)政府出资瑕疵

PPP项目中政府与社会资本的合作不仅私营企业投资,通常情况下,PPP项目中初始投资组成中政府直接投资额占比比例虽不超过50%,但是也承担了一定的出资义务,出资不到位会直接导致项目难以启动,很可能让PPP项目最终流产。

四、完善我国PPP中政府信用风险控制的法律对策

(一)完善我国PPP中政府信用风险控制的基本理念

相对于市场化的私人资本,政府往往是比较强势,在风险分担与利益分配上不利于私人资本。政府信用风险管控过程中,政府首先应明确其与私人资本之间的角色定位,应当转变思维,从管理者的思维中跳出来,在明确两方的合作关系的前提下适当引导、鼓励。学者认为“通过规范合同管理预防项目风险,主要是以法律文本的合同条款对PPP项目中可能出现的各种不利情况或风险,事先作出预后处理原则的约定,包括项目延期、服务变更、法律变化、所有权转移、通货膨胀和项目终止等问题”。① 两方之间监督机制也应当基于PPP项目合同协议,用标准化合同约束双方行为。法律文本的安排固然重要,实践上的落实却是

① 参见孙南申:《PPP模式投资风险的法律规制》,载《国际商务研究》2018年第3期。

更为重要。

其次,PPP 项目政府信用风险依法控制发展道路,强调法律的重要性,推进法律规范体系的逐步建立与完善,而对于政策应当适当减少,在现今“放管服”改革下,定期对规范性文件进行清理,建立规范文件的动态管理目录,做到 PPP 项目领域法律制度完善,法律权利义务明确①。

最后对于社会资本方而言,2017 年 11 月财政部政府和社会资本合作中心联合财政部 PPP 咨询机构库入库机构工作会议,在会议过程中 251 家入库机构代表自愿签署《关于加强 PPP 咨询机构规范和自律的联合倡议书》(以下简称倡议书),互联网平台主动承担 PPP 模式机制创新的责任,PPP 行业下社会资本方尚未能过形成行业内的自我管理、自我服务、自我监督的体系,签订《倡议书》是政府互联网平台引导行业进行创新管理的一次尝试,从社会、政治、制度效果上来看,政府引导私人资本进行相关制度建立更具有效率,同时 PPP 模式专业性要求极高,具体的技术操作方式复杂,政府创新管理与治理方式更有利于社会资本适应 PPP 模式下的发展规律,在政府信用风险控制方面亦同,社会资本并不是被动的被管理者与被治理者,其应积极主动参与到政府信用风险管控的制度中,形成行业内高效、专业的风险监控制度。

(二)明确政府与投资者等各方主体的法律地位

政府要承担对国民经济的管理职责,实行经济管理行为。“一般而言,政府以掌舵者的角色参与市场活动,需要把更多的主动权交给私人部门来开展具体的经济建设,运用市场机制的作用,扩大社会和企业对公共项目的活动空间。”②同时民法上也规定政府可以成为机关法人,以 PPP 项目合同为基础,政府具有民事属性成为合同当事人的私法主体地位,明确政府公法上职权行为与私法上合同行为相区分,才可能对政府与投资者等各方主体的法律地位进行清晰的划分。要把握政府在 PPP 项目协议中的这种特殊角色,必须“弱化”其“行政”色彩,强调政府应平等地履行合同,而不是一味强调它所具有的特权,减少依仗其特权而信用违约的可能性,同时严格遵守合同中关于违约救济与惩罚条款。政府违约

---

① 参见银监会:《关于规范性文件清理结果的公告》。

② 参见李茜、李明强:《基层政府落实 PPP 项目的困境与出路——基于对 X 县 B 水厂项目的案例分析》,载《公共管理研究》2017 年第 5 期。

发生时,在合同范围内的救济条款与惩罚条款框架下协商。协商不成的,提交专家组裁决。裁决任何一方不满意的,可进行仲裁或启动诉讼程序。

而对于投资者等各方主体来说,认识到PPP项目的性质,在与政府谈判过程中明确自己的权利义务,全面履行合同,关注项目本身的完成效率与质量。同时形成行业内能与政府沟通协调的机构,增强监督政府全面履行合同的力量。

(三)引入互联网技术完善信用风险控制的手段

现有的财政部政府与社会资本合作中心网站与政府与社会资本研究中心网站对于项目的入库与项目清单方面的信息公开较为完善,依托互联网技术进行信息公开可以使受众更加广泛,也使信息的获取更加的便捷,易于获得的公开信息对于政府违约的监督是很有效的,政府信用不良会直接影响其公信力与形象,与此同时也会影响其他PPP项目,使社会资本对其失去信心。现有的互联网信息公开网站在政府信用控制方面对于企业的监管制度构建是行之有效的,但是对政府的作用还是不够明显,公开信息有利于监督,而目前对于失信政府、失败PPP项目的信息公开还未到位。要充分利用互联网技术的特点完善信用控制,创新民众参与政府信用监督中来,降低政府信用违约风险的概率。

(四)完善政府信用违约下私人资本的救济程序

可以借鉴其他国家对于救济程序的安排。首先,设立独立第三方监督主体。由第三方对PPP项目全流程进行监督。如英国,在监察机构的设立上,2000年成立了英国伙伴关系公司,并最终于2011年整合为财政部下设的基础设施局来全面负责PPP项目工作,包括了政策的出台、审批PPP项目,具体技术层面的操作包括对相关单位提供专业知识培训、制定标准合同等。而在澳大利亚,2008年其设立了基础设施局,该局有独立的法定主体,根据授权审议PPP项目并决定哪些名单进入优先名单。同时澳大利亚还成立了由州、地区和联邦政府组成的政府间论坛,在PPP项目中各主体之间进行协调关系、推进项目,进行行业监督。政府作为项目的监督者,要监督PPP项目的实施,明确由独立第三方监督主体对该地区的PPP项目进行监管。同时,政府也要接受公众以及相应部门的监督,预防寻租与腐败现象。"民粹倾向往往夹杂着许多具体的利益诉求,特别是涉及企业与居民的利益分配,政府强行干预不仅效果不佳,还会戕害自身公信力。故需要创设一种独立的纠纷解决机制。”①当政府信用违约后，首先协商。其次，设置专家库，根据项目性质组成专家组，在协商不成时，将争议提交专家组，由专家组根据 PPP 项目协议对两方争端进行解决。最后，专家组得出的结果任何一方不满意的，都可以启动仲裁或者诉讼。

（五）构建政府信用风险控制的保险制度

政府一旦违约，PPP 项目的损失可能不是私人资本能够独立承担的，同时也不是社会能承担的。如东北一个污水处理厂项目进行到中段，政府拒绝付费，私营企业一气之下就把污水放进松花江，结果也遭到了罚款，闹得不可开交。政府项目开始违约以后会造成的恶性循环是：整个私人资本对于 PPP 模式失去信心，私人资本不再融入基础设施建设于公共服务提供中。而构建政府信用风险控制的保险制度，一方面对于政府和社会资本来说，转嫁风险，降低项目失败对于政府财政与企业生存的冲击。另一方面，对于尚在观望的私人资本来说，保险制度的建立完善更有利于企业风险预防心理与其内部风险审批程序。构建政府信用风险控制的保险制度，政府应发挥主导作用，在承保范围与项目上加以规范。

五、结　　语

PPP 模式发展到目前阶段进入理性时代，项目入库标准提高虽会导致部分私人资本融入基础设施建设与公共服务提供的难度增加，但对项目最终“落地”，对风险控制、对地方财政债务风险、违约风险的控制有益。政府在与私人资本合作过程中厘清经济管理主体与私法主体之间的界限，严守契约精神，构建统一的监控体系，防控自身的信用风险对合同相对利益主体与社会的冲击。

---

① 参见冯辉：《公共治理中的民粹倾向及其法治出路——以 PX 项目争议为样本》，载《法学家》2015 年第 2 期。

PPP 契约的公法性质及其合同规则研究

——以欧盟指令为借鉴

唐安然*

摘　要:基于 PPP 契约社会公共事业的行政目标的追求,将其认定为公法契约更为适宜。目前我国对 PPP 立法存在空白,只有规章以下的文件,亦未针对 PPP 合同予以规制。而欧盟 2014/24/EU 指令将 PPP 契约定义为公法合同,并设置公法合同规则,对我国有借鉴意义。基于此,我国可以从"社会资本的选择"、"合同订立的标准"和"合同的履行"三个大方面构建 PPP 合同规则。

关键词:PPP;公法契约;合同规则;欧盟指令

The Legal Nature and Rules of PPP Contracts

—Reference to Directive 2014/24/EU

Tang Anran

Abstract: It is more appropriate to definite PPP contracts as contracts under Public Law rather than Private Law based on the purpose of pursuing for public services and facilities. There is almost no law or regulations but administrative rules about PPP in China so far, no PPP contracts rules either. Directive 2014/24/EU regards PPP contracts as Public contracts and have one chapter of Public contract rules, which can be used for reference. The conclusion is that China may regulate PPP contract rules from the aspects of the choice of social capital, contract award

---

* 南京财经大学法学院宪法与行政法学 2017 级硕士研究生。基金项目:江苏省研究生科研与实践创新项目"公私协议的法律性质研究"(编号:KYCX18_1314)成果。

criteria and contract performance.

Keywords:PPP;public contract;contract rules;directive 2014/24/EU

一、引　　言

近期财政部出台《关于进一步加强政府和社会资本合作(PPP)示范项目规范管理的通知》,其中为了处理部分 PPP 项目执行困难、进展缓慢的问题而要求对 PPP 项目加强监管以及对不适合采用 PPP 的项目退库。由此可见,PPP 项目不是单纯的政府社会合作项目,而是政府需要在事前、事中和事后着力监管的对象,为 PPP 项目订立的契约因而具有很强的公法性质自不待言。然而,政府采购这一具有公法性质的行为却由法律规定政府采购合同适用《合同法》,是否意味着 PPP 契约虽然具有公法性质,却依然可以适用《合同法》呢? 并非如此。区分“政府采购合同”和“PPP 契约”方能解释为何“政府采购合同”可以直接适用《合同法》,而“PPP 契约”却不宜直接适用。目前,对“政府采购”“PPP”的概念厘定不清,法律性质不明,才会产生对“PPP 契约”的法律性质的三种学说:民事合同说、行政合同说和公私法混合契约说。① 而对“PPP 契约”的法律性质认识不清,直接导致 PPP 项目中政府、社会资本各自的权力或权利和义务区分不清,尤其是政府在其中的监管者的角色如何扮演,社会资本的社会责任如何体现等问题,并进一步导致 PPP 契约纠纷无法妥善解决。本文旨在通过梳理我国目前 PPP 的法律规定,分析目前我国 PPP 契约的法律性质,阐释 PPP 契约法律性质的应然状态,并以欧盟 2014/24/EU 指令中的公法合同规则为借鉴,为我国 PPP 的合同规则提供规制方向。

二、我国 PPP 契约的法律性质

(一)我国 PPP 发展概况

我国早年间,已出现政府和社会合作的现象,但不成气候。直至 2014 年、

① 参见虞青松:《公私合作契约的赋权类型及司法救济——以公用事业的收费权为视角》,载《上海交通大学学报》(哲学社会科学版)2013 年第 21 卷第 5 期。转引自江嘉琪:《公私法混合契约初探——德国法之观察》,载《中原财经法学》2002 年第 9 期。

2015年国务院分别发布《关于创新重点领域投融资机制鼓励社会投资的指导意见》和《关于在公共服务领域推广政府和社会资本合作模式指导意见的通知》才正式拉开政府社会资本合作(PPP)的序幕。而后发改委、财政部都针对PPP发布相关的办法、文件,涉及政府社会资本合作的合同项目指南、特许经营,以及政府和社会资本合作法征求意见稿等众多事项。而在实践中,PPP项目也是如火如荼地发展,并采取入库和出库制度。截至2017年12月末,全国PPP综合信息平台管理库项目7137个、投资额10.8万亿元,与2016年12月末相比,同比净增项目2864个、投资额4.0万亿元。① 截至2018年4月28日,PPP入库项目共7257个,入库金额为113174.64亿元;入库项目的范围涵盖19类,项目数排名前五的分别为市政工程2749项、交通运输1082项、生态建设和环境保护574项、城镇综合开发457项和教育348项。② 而对PPP项目的管理主要体现在项目的落地执行和退库。2018年一季度新增落地项目246个、投资额4731亿元,其中3月新增落地项目42个、投资额758亿元。3月末落地率比上个月环比上升10.2个百分点。落地示范项目3月末累计843个、投资额2.0万亿元,落地率83.5%,其中累计已开工示范项目总数394个,开工率46.7%。③ 如图1所示,2017年1月至2018年3月的示范项目总体落地率④除2018年2月相较于2018年1月的落地率有所下降之外,其他月份都是呈上升趋势,而且整体来看,也是呈上升趋势。由此可见,PPP项目数量总体呈现不断上升趋势,且发展势头良好。

---

① 参见政府和社会资本合作中心网:http://www.cpppc.org/zh/pppjb/6389.jhtml,最后访问日期:2018年5月5日。

② 该19类分别为:能源、交通运输、水利建设、生态建设与环境保护、农业、林业、科技、保障性安居工程、医疗卫生、养老、教育、文化、体育、市政工程、政府基础设施、城镇综合开发、旅游、社会保障和其他。参见《PPP项目地图》:http://www.cpppc.org:8086/pppcentral/map/toPPPMap.do,最后访问日期:2018年5月5日。

③ 参见政府和社会资本合作中心网:http://www.cpppc.org/zh/pppjb/6795.jhtml,最后访问日期:2018年5月5日。

④ 项目落地率是指执行和移交两个阶段项目数之和与管理库项目数的比值。

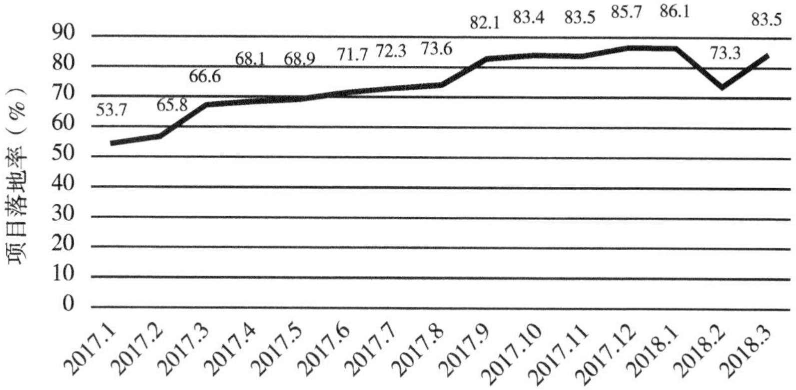

图 1　2017 年 1 月至 2018 年 3 月末示范项目总体落地率变化

（资料来源：政府和社会资本合作中心网：http://www. cpppc. org/zh/pppjb/6795. jhtml。）

当然与此同时，也出现 PPP 项目因执行困难等而退库的情形。自 2017 年 12 月至 2018 年 3 月末，综合信息平台已累计清理管理库项目 1160 个，累计清减投资额 1.2 万亿元，覆盖全部 19 个行业领域。如图 2 所示，为 2018 年第一季度 PPP 退库项目数和投资额的行业分布。其中市政工程、交通运输、生态建设和环境保护、城镇综合开发为入库项目前四名的行业，其于 2018 年第 1 季度的退库项目分别是前三名和第五名。由此可见，PPP 项目虽然在不断发展，而且较为集中分布在市政工程、交通运输等行业，但发展得快的，问题出现得也多。政府在不断推进 PPP 项目的进程中，需要充分利用 PPP 项目的优势的同时，也需要加强对 PPP 项目的监管。而如何监管，目前我国只有一些政策应对，而无立法规制；其中与 PPP 项目密切相关的 PPP 契约的性质认定不清是众多问题的源头。

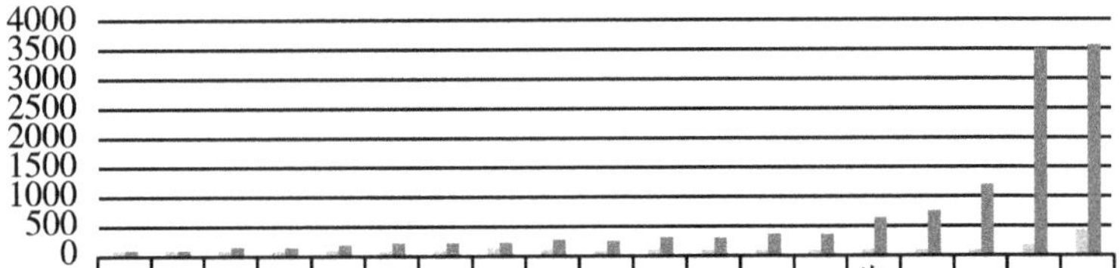

	林业	社会保障	农业	科技	其他	养老	能源	文化	教育	医疗卫生	水利建设	政府基础设施	体育	旅游	生态建设和环境保护	保障性安居工程	城镇综合开发	交通运输	市政工程
退库项目数(个)	4	14	15	19	26	28	26	43	72	48	48	21	21	53	68	53	72	12	40
投资额(亿元)	19	19	93	10	16	17	19	20	21	24	28	29	31	34	58	70	11	35	35

退库项目数(个) 投资额(亿元)

图2 2017年12月末至2018年3月末退库项目数和投资额行业分布

(资料来源:政府和社会资本合作中心网:http://www.cpppc.org/zh/pppjb/6795.jhtml。)

(二)我国PPP契约的法律定位

我国目前没有关于PPP的法律、法规层面的规范,只有部门规章、工作文件等规范性文件。虽然,世界各国各地区对"PPP"的概念的范畴划定会有差异,但我国对PPP的含义基本上界定为"政府与社会资本合作",故本文在探讨"PPP"时即指"政府与社会资本合作"。《政府和社会资本合作法(征求意见稿)》(以下简称《合作法》)中将"政府与社会资本合作"定义为政府和社会资本以合作协议的方式提供公共产品和服务的行为。调整范围包括基础设施类项目和公共服务类项目。《基础设施与公用事业特许经营管理办法》(以下简称《特许经营管理办法》)虽然不是直接规定"政府与社会资本合作",但是为了鼓励和引导社会资本参与基础设施和公用事业建设运营而调整我国境内的能源、交通运输、水利、环境保护、市政工程等基础设施和公用事业领域的特许经营活动。从概念上看,特许经营活动和政府与社会资本合作有类似之处。不仅如此,类似的"政府采购""行政民营化"等概念都和"政府和社会资本合作"有牵连。因此,辨析类似概念以明确"政府和社会资本合作"的特征是当务之急。

"政府和社会资本合作"与"特许经营"的区别。此处的"特许经营"仅指"基础设施与公用事业特许经营”。① 两者都与提供公共产品和公共服务密切相关，只不过政府与社会资本合作的适用范围比特许经营更广一些。“特许经营”和“政府社会资本合作”在协议当事人、私人主体的选择程序方面都具有共通性，基本上一致。但“特许经营”中的被特许经营者的获取利益的方式主要是由被特许经营者自己收费的方式，而“政府和社会资本合作”则有更多样的方式，包括社会资本自己收费，也包括政府购买等其他方式。从这一角度来看，“特许经营”给予被特许经营者更多的私法权利，其在经特许之后经营基础设施和公用事业具有更大的自由空间。也是基于此，“特许经营”的经营者的选择比“社会资本”的选择多出一个特许的要求。但是有一点值得注意，那就是《合作法》中规定对 PPP 协议产生纠纷时协商不成的，提起民事诉讼或仲裁；而《特许经营管理办法》中规定对特许经营协议产生纠纷时调解、协商，或者对行政行为提起行政复议或行政诉讼，没有规定对特许经营协议纠纷提起民事诉讼或仲裁。这又反映出规范制定者倾向于将“特许经营协议”界定为公法性质，而将“政府和社会资本合作协议”界定为私法性质。总体来说，“特许经营”应当属于“政府社会资本合作”，但比一般的“政府社会资本合作”有更加严格的条件要求，调整范围更窄；虽然“特许经营”给予被特许经营者收费权是对被特许经营者私法权利的授予，但是就特许经营协议本身而言，还是对特许经营者相关资质、事项的公法上的要求，故而具有公法上的性质毋庸置疑。而“政府和社会资本合作协议”虽有界定为私法性质的倾向，但该倾向是否恰当，后文中将会详细论述。

“政府与社会资本合作”与“政府采购”的区别。“政府采购”是指政府基于财政预算和采购目录在市场上购买货物、工程和服务的行为。② 当“政府与社会资本合作”采用政府向社会资本支付费用的方式时，其与“政府采购”行为表面上很类似。而政府采购合同适用《合同法》。③ 但是“政府采购”行为都属于民商事行为，政府在采购中扮演的是私人购买者的角色，其与商品服务提供方签订的购买合同也是完全具有私法性质的合同，适用《合同法》没有问题。而政府与社会

---

① 类似于烟草专卖的特许经营，虽然涉及公共利益，但是并不属于社会基础设施和公共服务类事项，而是更倾向于商事盈利行为；与“政府和社会资本合作”相去甚远，因而不是此处需要讨论的“基础设施与公用事业特许经营”。

② 参见《政府采购法》第 2 条第 2 款。

③ 参见《政府采购法》第 43 条。

资本合作却不仅仅是购买商品服务的行为,其与社会资本之间订立的契约中应当有关于社会公共事业的经营维护等的特殊规定,至少在合同标的上与政府采购合同是不同的,前者为社会公用事业,而后者为一般的办公用品等商品服务。故而,政府采购行为不属于政府与社会资本合作。政府与社会资本合作协议不能参照《政府采购法》适用《合同法》,也不能简单地认定为具有私法性质。

"政府与社会资本合作"与"行政活动民营化"的区别。"民营化的实质就是要充分利用多样化的所有制形式和运作关系来满足人们的需求,进而最大限度地实现公共利益。"①行政活动的民营化随着政府职能转变,社会参与政府治理之行政法理论的发展,渐渐呈现出民营主体参与行政治理过程中的现象,包括功能民营化、财产民营化、机构民营化和实质民营化。② 但行政活动民营化中只有功能民营化最切合政府与社会资本合作模式,即政府依然享有相关的行政权限,但授权或者委托民营主体负责具体实施行政管理的事务,根据行政权限与公民权利义务的相关性,产生授权事项和范围与委托事项和范围。政府与社会资本合作模式就是行政活动民营化的体现。从该组概念对比中,可以看出"政府与社会资本合作"源于行政活动,是在社会治理理念的转变对行政法理论的影响下民营主体参与行政,更好地促进公共利益的情形。其具有的公法性质无法抹灭,单纯地认定为私法契约并不妥当。

通过上述辨析,对政府与社会资本合作的特征总结如下:第一,合作主体是行政机关和私人主体;第二,其法理基础是社会参与政府治理下行政活动的扩张,具有公共性质;第三,合作范围为基础设施和公用事业领域;第四,合作目的为更好地促进社会公共利益。而政府与社会资本合作契约的当事人是行政机关和社会资本,契约标的为基础设施和公用事业建设运营和管理,契约目的是社会公共利益的更好实现,这进一步佐证了政府与社会资本合作契约具有公法性质。但就目前我国法律规范而言,其对相关概念——"政府与社会资本合作"和"特许经营"的规范内容无法相互协调;对政府与社会资本合作契约的法律性质定位仍不明晰,规范目的是促进社会资本管理行政事务,理应具有公法性质,但规范内容中却有界定为私法契约的倾向。

---

① 章志远:《行政法学视野中的民营化》,载《江苏社会科学》2005年第4期。

② 参见赵宏:《德国公私合作的制度发展与经验启示》,载《行政法学研究》2017年第6期。该引文虽然阐述的是德国的公私合作情况,但我国的情况与德国是一样的,实践中也有各类的民营化。

(三)PPP 契约的公法性质

本节探讨的主题即在于 PPP 契约为什么应当是公法契约,而不能是私法契约。公法契约与私法契约如前所述有诸多不同,但其中最核心的是公共利益,而评价公共利益建立在公共价值的基础之上。兹以 Nicolette Van Gestel 等人的论述,提出公共价值之三大要素:普适趋势、利害关系之趋势和制度趋势。① 普适趋势是指制度规范应当遵循着自然法则,能够使物有所值、资源得到最佳利用,尽可能地促进社会效益最大化;PPP 项目的运行比起一般的政府采购行为恰恰具有更大的优势;以道路交通基础设施的发展为例,如果政府通过财政资金直接对道路建设和运营拨款,那么不同年份的道路拨款可能会发生变动,进而影响其他部门财政资金的分配;引入社会资本,会形成市场激励机制,毕竟在项目招投标中存在社会资本之间的竞争,有竞争就有最优化的空间。② 但与此同时,PPP 项目也会产生更多的市场风险,该风险需要通过 PPP 契约明确行政机关和社会资本各自的权力或权利和义务及风险承担予以弱化。故而,PPP 项目具有普适趋势,并且需要 PPP 契约对普适趋势的最佳化予以维护。利害关系之趋势是指与制度规范规制相关的利害关系人之间的利益平衡。PPP 契约的当事人和社会公众都与 PPP 具有利害关系,政府需要优化资源配置和维护行政秩序,社会资本需要盈利,社会公众需要被提供优质的基础设施和公用事业。然而这三者之间的利益之间有冲突,需要找到一个平衡点,至关重要的是明确政府和社会资本的权力或权利分配,社会公众的利益的维护也是政府的行政职责。制度趋势是指制度规范在具体的部门、领域和行业的不同设置。PPP 项目的范围虽然涉及市政工程、交通运输等多种行业类型,但到底都是行政部门,故而在设置 PPP 的制度规范时需要凸显行政部门的行政目的的实现,这体现在 PPP 契约的制定上,需要考虑 PPP 契约中行政部门的行政职权如何体现,显然不能如私法契约一般赋予当事人平等的法律地位,PPP 契约中权力或权利义务的界定始终是所有问题的要害。

---

① 参见李训民:《公法契约之控制——从公私合伙架构谈起》,载《行政法学研究》2012 年第 1 期。

② 参见[英]达霖·格里姆塞、[澳]莫文·K. 刘易斯:《PPP 革命:公共服务中的政府和社会资本合作》,济邦咨询公司译,中国人民大学出版社 2016 年版,第 96 页以下。

三、欧盟2014/24/EU指令中PPP的公法合同规则

(一)私伙伴的选择

《欧盟指令》中PPP公法合同由行政机关与私伙伴通过招投标的方式订立。在合同订立的过程中,缔约行政机关处于主导地位,其享有对私伙伴的选择权。《欧盟指令》第3章"私伙伴的选择和合同的订立"中的第56条、第57条和第58条分别规定了"一般原则"、"排除的理由"和"选择标准"。缔约行政机关的选择权是指缔约行政机关应当按照《欧盟指令》的相关规定,尤其是第57条的规定排除私伙伴和第58条的规定选择适当的私伙伴。该选择权并非是任意妄为的,应当以《欧盟指令》授予缔约行政机关的选择权限为之。缔约行政机关选择时应当遵循公正透明原则,无论是排除私伙伴抑或选择私伙伴均需确保私伙伴未中标的理由是被第57条规定排除或者未能满足缔约行政机关在第58条规定之下设置的选择标准;基于私人主体提交的信息或文件不全面、有错误或有遗失时要求其补正完善时,应当符合平等对待和透明度原则,即要求补正完善文件不是故意刁难某私人主体,是符合信息收集要求的,并且整个要求补正完善文件的过程应当予以公开。

《欧盟指令》第58条规定缔约行政机关选择私伙伴的标准。① 选择标准应当与"从事专业活动的适当性"、"经济和财务状况"和"技术和专业能力"相关。缔约行政机关只能将该条第2款、第3款和第4款中对"从事专业活动的适当性""经济和财务状况""技术和专业能力"中涉及的标准作为私人主体参与PPP公法合同的选择标准;并且所有的要求均应当与公法合同内容相关且适当。关于从事专业活动的适当性,缔约行政机关应当要求私人主体证明其在需要特殊授权或者属于特定组织的成员时承担证明责任。关于经济和财政状况,缔约行政机关应当设置要求以确保私人主体具备必要的经济和财政能力去履行合同,主要体现在设置私人企业的最低年度营业额、要求私人企业提供诸如资产负债表等年度账户信息,要求私人企业进行专业风险评估并配置风险补偿保险等。但这些要求和实现要求的程序都必须公开透明,而且不带有歧视性。关于技术性

---

① See 2. 2014/24/EU. §58 (2014).

和专业性能力，缔约行政机关应当设置条件确保私人主体具有必要的人力、技术资源和经验满足合同履行的质量标准。第 58 条是对缔约行政机关选择私伙伴的授权范围和界限的规定。授予缔约行政机关相应的设置标准的权限，使合同能够最大限度地满足合同目的；而对缔约行政机关设置选择标准的限制，是对公正透明原则的遵循。

在选择私伙伴的程序中，即可看出 PPP 公法合同订立前的公法性质，缔约行政机关选择自己的私伙伴，是为了社会公共利益或者行政目标的达成；不同于私法性质的格式合同，其是为了已经大体确定内容的合同便捷、高效地订立。PPP 公法合同对私伙伴的选择具有不确定性，正是基于不确定性，才需要引入竞争机制，并设置制度保障竞争不被限制、扭曲，竞争者不被歧视，获得平等对待。而在私法格式合同中，即使是提供格式合同的一方也可以基于自己的理由选择另一方当事人，既无须被授予选择权，也无须对被授予选择权划定范围限制。总而言之，《欧盟指令》中 PPP 公法合同的私伙伴的选择，由缔约行政机关享有选择权，其有权设置选择标准，但需要受到限制，该限制是公正透明原则和社会公共利益维护的制度体现。这始终是在公法意义上的平等对待和公开透明，不涉及私法上缔约当事人地位的平等或者协商。

（二）合同的订立

《欧盟指令》中关于“合同订立”的规定包括第 67 条、第 68 和第 69 条，分别为“合同订立标准”、“生命周期成本计算”和“异常低的投标”。缔约行政机关在不违背与特定供给或特定服务的价格相关的法律法规规章的规定之下，应当与最具有经济优势的投标人订立合同。① 而最具经济优势的投标人的认定由缔约行政机关使用成本——效益方法来界定，即达到最佳性价比的状态。最佳性价比的评定标准应当考虑到公法合同内容相关的性质上、环境上和社会上的因素，如产品或服务的质量、技术创新性、可得性、美学和功能性，被派遣履行合同的工作人员的资质水平，产品或服务交付条件和售后服务等。建立在成本——效益方法的基础之上，通常由缔约行政机关固定价格或花费，由私人主体在质量标准上予以竞争，属于特定供给或特定服务的合同除外。缔约行政机关在确立最具

---

① See 2. 2014/24/EU. § 67 (2014).

有经济优势的投标人的过程中,主要承担两项义务:第一,确保竞争和说明查证义务。其应当确保投标人之间存在有效竞争的可能性,并详细说明投标人提供的信息是否满足合同订立标准的证实过程。在对投标人提供的信息提出异议的情况下,缔约行政机关应当有效地查证投标人提供的信息和证据的准确性。第二,权衡优劣和说明告知义务。缔约行政机关应当在合同订立的采购文件中详细说明用于决定最具有经济优势的投标者的标准是如何通过权衡各种相关要素作出的,并将这些标准下影响权衡的要素公之于众。在该权衡要素不是基于客观原因时,即应降低该要素在决定最具经济优势的投标者中的权衡比重。

合同的订立是私伙伴的选择的下一环节。缔约行政机关在其中扮演着重要的标准设置和审查的角色,仍然起着主导作用;其所受到的限制仍然是平等对待和透明度原则的制度体现。

(三)合同的履行

《欧盟指令》中关于"合同履行"的规定,实则都是合同履行过程中遇到的特殊情形,诸如合同履行需要特殊条件,合同被分包给分包商后合同的履行,合同在有效期内出现一些事由需要予以修正以及合同终止的情形。第70条"合同履行的条件"规定的是如果合同履行设置需要与生产过程、产品、供给或服务的供应或交易有关的条件,而且该条件在采购程序中已予以公开,那么这些条件即属于特殊条件,由缔约行政机关制定;原则上,这些条件应当包括经济上的、创新性的、环境的、社会的或者雇佣关系方面的考虑。[①] PPP公法合同的内容在合同订立标准中即已经包括所有的履行标准,此处所指的履行条件只能指缔约行政机关就社会公共利益的考虑而要求私伙伴额外履行的内容。缔约行政机关制定合同履行的特殊条件的权力必须遵循实质性和程序性限制,即该特殊条件必须与合同内容相关,是实现合同目的、维护公共利益所必需的,并且在私伙伴的选择和合同的订立标准的程序中已经为私伙伴所知。

第72条"合同有效期内的修正"规定了在不需要新的采购程序的合同修正情形,主要包括下列四种:第一,合同部分条款的修改。在最初的采购文件中清楚准确地约定修改条款,该修改条款与价格修改、选择修改等相关,与货币价值

---

① See 2. 2014/24/EU. § 70 (2014).

的变动无关,并且不会导致合同整体性质的修改。第二,合同当事人的变更。为了初始合同当事人利益,有必要提供在初始合同中没有约定的额外工作、服务或供给,而有必要变更合同当事人;但变更合同当事人不能为了经济或技术上的原因,如仅仅是现存设备、服务或设施的更换性需求,或者变更合同当事人将导致明显的不便利或者缔约行政机关费用的实质消耗。第三,合同当事人的继受。包括基于合作、兼并、收购或者破产对初始合同当事人地位的全部或者部分继受,并且该行为不会对合同作实质修改,还包括缔约行政机关自身承担主承包商对分承包商的义务的情形。第四,其他修改。合同修改是缔约行政机关正常工作情况下无法预见的,修改不会改变合同的整体性质,修改后任何价格的上涨都不得高于初始合同价值的50%。

第73条规定"合同终止"的情形。① 在下列三种情形下,欧盟成员国应当确保缔约行政机关有终止合同的可能性:第一,PPP公法合同被实质修改,应当进行新的采购程序;第二,合同当事人在合同订立期间存在第57条第1款中犯罪情形之一而被排除在采购程序之外;第三,合同不应当与该合同当事人订立,因为该当事人严重地违背欧盟条约和该指令下的义务,并且该违约行为已经被欧盟法院予以宣告。该指令的措辞是"终止合同的可能性",说明对PPP公法合同终止持谨慎态度,只在情况特殊,合同目的无法实现时不得不终止合同。一旦终止合同,缔约行政机关将接手该PPP项目,原本由PPP项目带来的优势,此时带来的只有风险承担。《欧盟指令》将众多事项的具体规制交由各成员国自己决定,指令只作为一个指导性的规范,除非一些强制性的条款。上述对《欧盟指令》相关条款的分析,都是《欧盟指令》的强制性条款,为规范PPP公法合同所制定的各成员国均应遵守的合同规则。

从始至终,缔约行政机关在整个PPP公法合同的订立、履行过程中起着重要的作用,标准由其制定,条件由其设置,终止由其决定。但其权限都是由指令授权的,也受到指令中对合同内容相关性、程序合法性等的限制。这突出PPP公法合同的公法性质,在各个环节中,都有缔约行政机关的监管职能的体现,对公正透明原则的制度安排,诸多说明证实义务的履行。总体来说,是通过指令授予缔约行政机关权力,再通过指令对缔约行政机关的权力予以限制,来达到缔约行政

① See 2. 2014/24/EU. § 73 (2014).

机关平等对待私伙伴,并实现整个PPP项目的公开透明。以缔约行政机关为核心规制PPP公法合同规则是一个很好的视角,不能一味放开PPP公法合同的私法性质,寄希望于私法上的意思自治;也不能不考虑PPP公法合同具有的合同性质,一律禁止分包、合同有效期内的修正等可借助合同性质节约行政成本的事项。故而,欧盟2014/24/EU指令虽然是为欧盟成员国PPP公法合同的规制提供指导性的意义,但其公法合同规则的规定却兼顾公法性质上的公共利益的维护和私法性质上的成本最优化,能够为我国PPP合同规则提供借鉴意义。

四、欧盟2014/24/EU指令对我国PPP合同规则的借鉴

我国目前尚未制定PPP法律法规,只有规章层级以下的规范。《政府和社会资本合作法(征求意见稿)》(以下简称《政府社会资本合作法》)是财政部出台的部门规章,且尚未生效。因此,在PPP立法方面几乎是空白的。尽管在《政府社会资本合作法》中对于PPP协议有简单的规定,如根据第18条规定,社会资本的选择,按照政府采购有关法律制度规定程序选择社会资本;社会资本选择的具体办法由国务院财政部门会同有关部门制定。第32条规定,合作期限内,确需变更合作协议的,合作各方应当在协商一致的基础上签订补充协议。合作协议内容发生实质性变化的,应当报原批准机关批准。第33条规定除法律法规另有规定或合作协议另有约定外,合作各方在合作期限内不得单方解除合作协议。但是总体而言,这些规定都过于笼统宽泛,甚至不够全面,而缺乏实质的操作性和应用性。故而参考欧盟2014/24/EU指令中对公法合同规则的规定,我国PPP合同规则可以从"社会资本的选择"、"PPP合同订立标准"和"PPP合同履行规则"三个方面予以规制和完善。

(一)社会资本的选择

首先,需要明确社会资本选择的原则,应为平等对待和公开透明原则。平等对待是实质性要求,公开透明是程序性要求。社会资本是由政府选择的,政府在选择社会资本时,并不同于私法上的合同可以自由任意地选择另一方合同当事人,其需要以最佳实现方式实现合同目的,而合同目的通常与社会公共利益和公共事业相关。因此,政府受社会公共利益和公共事业目的的约束,必须从众多参

与者中选择性价比最高的那个。能够选择出性价比最高者的前提是对每一个参与者平等对待,公正裁量。而向社会公众和其他竞争者证实政府所选择的是性价比最高的参与者,必须通过公开整个选择的程序,使其他竞争者和社会公众都知悉选择的过程,以杜绝不公平对待。为政府选择社会资本规定适当的选择标准能够合理地实现平等对待原则,并且要求政府在选择社会资本中应当承担的说明通知义务以实现公开透明原则。因此,在社会资本的选择规定中,应当授权政府选择社会资本的权力,但同时需要规定政府选择社会资本的一般选择标准和排除事由以及贯穿其中的政府的说明通知等公开选择过程的义务。一般选择标准为:社会资本适合从事专业活动、具有专业的技术和能力,并且社会资本具有从事 PPP 项目的经济和财务支持。排除事由从严重性高到低依次包括社会资本中的管理、控权代表存在犯罪事由,是对社会公共利益的严重侵犯;社会资本未缴纳税款或者社会保险等法定义务,是对社会公共利益中的经济利益的侵犯;社会资本存在与其他社会资本相互串通实行恶性或者不当竞争行为,属于限制公平竞争行为;存在欺诈、不实陈述等不值得信赖其能够承担 PPP 项目的行为。这些一般选择标准都是最低选择标准,排除事由从严重性高低上区分强制性排除事由和非强制性排除事由,政府有权在此基础之上根据具体情况提高标准或者决定是否强制排除,但始终要遵循平等对待和公开透明的原则。

(二)PPP 合同订立标准

如果说社会资本的选择是 PPP 合同订立的前置程序的话,那么 PPP 合同订立就是从已选择的社会资本中进一步选择性价比最高者。性价比计算方式主要借助于成本——效益的方法。《欧盟指令》中涉及的生命周期成本计算是一种值得借鉴的方法。对于一个具体的 PPP 项目,计算在整个项目的生产、建设、运营、结束周期内的缔约行政机关的成本、项目建成后的使用人承担的成本、在项目生命周期内引起的环境保护等外部成本的总和。《欧盟指令》中涉及的生命周期成本计算并未包括项目风险带来的成本。但我们在采纳生命周期成本计算方法时,应当在行政机关的成本和使用人的成本中增加项目因为自然灾害、人为因素等带来的风险所耗费的成本。生命周期成本计算仍然由政府承担。在政府不具备专业知识时,成本评估需要引入第三方。因此,PPP 合同订立的标准就是由政府选择其认为最符合其行政目标具有最高性价比的社会资本。但在此过程中,政府还有一个注意审查义务,即在政府发现有社会资本在参与合作中提出异常低的价格,即性价比中的“价”非常低。如何确保社会资本是通过正当的技术革新或者国家资助而获得异常低的投标价格的,就要求政府对该情形予以注意,并要求社会资本解释其异常低投标价格的支撑理据。通常这些支撑理据包括技术创新和国家资助。当社会资本无法证明其提供异常低的投标价格是基于技术创新或者国家资助等理据时,政府得拒绝与社会资本订立合同。

(三)PPP合同履行规则

《政府和社会合作法》中没有PPP合同分包的规定。《基础设施与公用事业特许经营管理办法》也没有关于特许经营协议分包的规定。而PPP项目通常都是期限长、工程量大,故而将PPP项目部分分包出去的情形很多,对PPP合同分包规制的缺失在实践中会有诸多不便。参照欧盟2014/24/EU指令中对分包的相关规定,其允许对PPP项目的分包,但要求在采购程序中即说明该项目将分包给第三方,并且明确分包出去的分割和承接的分包商。在主承包商与分包商之间的责任承担方面,指令允许欧盟成员国作详细具体的规定,包括共同责任制度的规制。在分包的情形中,总体而言政府与主承包商之间的关系更加密切,主承包商需要履行充分的说明告知义务,将分包的情况、分包的变更等信息及时通知政府,倘若未履行及时通知义务,即需承担替代责任。而对于分包商的责任,欧盟成员国可以规定更加严格的责任承担方式。由此可见,对分包不禁止,但却采用异常严格的对待方式。我国在PPP合同分包规定方面,应当予以准许。只需要在社会资本的说明通知义务方面加以规定,要求社会资本在政府选择社会资本的阶段就PPP合同将分包的情况予以说明,并且政府在审查社会资本的资格的同时,一并审查分包商的资格。在合同履行的过程中,出现分包商的变更等与分包有关的变动信息时,中标的社会资本应当及时通知政府,否则就需承担替代责任。当中标的社会资本由于未履行说明义务而将PPP项目分包给其他分包商最终引起合同履行的障碍等情形时,主承包商与分包商之间应承担共同责任。该共同责任是比例责任还是连带责任,需要视具体情况而定,主要在于两者之间是否存在共同过错,若有共同过错,则应承担连带责任,否则为比例责任。但政府可以只请求主承包商承担责任,后再由主承包商请求分包商承担其应承担的责任。

合同履行完毕，即告终止。但会出现特殊情形，使合同尚未履行完毕即被终止。根据《政府和社会资本合作法》第 33 条的规定，除非法律法规另有规定或者合同有约定，政府和社会资本不得单方解除合同。因此，法律法规应当规定可以解除合同的情形。当 PPP 合同被实质修改，应当进行新的招投标程序；或者社会资本在合同订立期间存在应当被排除在 PPP 合同选择之外的理由；或者社会资本严重违背 PPP 合同的义务和法律的规定时，应当赋予政府解除 PPP 合同的权力，接管 PPP 项目或者重新选择社会资本。

五、结　论

PPP 契约具有公法性质，认定为公法契约更为适宜。在此前提下，规范 PPP 合同规则是目前我国 PPP 立法缺失的地方。借鉴欧盟 2014/24/EU 指令中对 PPP 合同公法性质的认定以及对 PPP 公法合同规则的规定，我国 PPP 合同规则应当通过授权政府选择社会资本、设置合同订立标准的权限、合同的终止并通过在立法中设置一般标准和遵循平等对待和公开透明原则对其权限予以限制，进而以授权和规制政府为核心在“社会资本的选择”、“合同订立的标准”和“合同的履行”等方面建立具有公法性质的 PPP 合同的订立和履行规则。

• 实务论坛

恋爱关系解除后登记共有房屋分割之诉的法律适用

晏 夏*

摘 要:恋爱关系解除后登记共有房屋分割之诉的核心问题,在于确定分割的依据,由于物权登记并非权属分割的依据,当事人在恋爱期间对房屋权属所作约定应视为夫妻财产约定,因婚姻关系未成立而不生效力,恋爱关系不属于共同共有关系,因此,登记共有房屋应认定为按份共有,按照实际出资额分割。当事人在恋爱期间对房屋权属所作约定,属于夫妻财产约定,如果当事人在缔约过程中存在缔约过失,导致另一方当事人遭受信赖利益损失,存在过失的当事人应承担缔约过失责任。

关键词:恋爱关系;共有房屋;权属分割;缔约过失

On the Judicial Application of the Division for Property in Common after Getting out of Relationship

Yan Xia

Abstract:The key question of the division for property in common after getting out of relationship is to determine the basis of division. The property in common should be deemed to be shared ownership and divided on the basis of owners' shares for the following reasons. Firstly, the registration is not the basis of division. Secondly, the parties' agreement on the ownership of the house in relationships shall

* 华东政法大学民商法硕士研究生。

be deemed as the marital property agreement which will not take effect unless the parties get married. Lastly, relationship is not the common relationship which serves as the basis of joint ownership. Given the parties' agreement on the ownership of the house in relationships shall be deemed as the marital property agreement, if the party has fault in the contracting process and causes the other party to suffer loss of reliance interest, the party with the fault shall bear the liability.

Keywords: relationship; property in common; division; contracting fault

婚姻是男女两性结合的一种特别形式,具有自然属性和社会属性,婚姻家庭普遍承担着实现人口生产和再生产、组织生活消费、参与社会经济活动、传承社会文化等社会职能。[①] 值得注意的是,现代婚姻的缔结以自由恋爱为原则,恋爱已成为人们缔结婚姻最重要的途径。在恋爱期间,男女双方出于缔结婚姻目的和婚后共同生活的考虑,往往会选择一方或者双方购置房屋登记在二人名下,[②]法律明确规定了夫妻婚前财产的权属,但对最终未能缔结婚姻的当事人的共同财产权属分割缺乏明确规定,一旦双方恋爱关系解除,未形成婚姻关系,此时登记共有的房屋应适用何种法律加以分割,不无疑问。

司法实践中,当事人按照实际出资比例登记的共有房屋,在恋爱关系解除后,其权属分割较少产生纠纷,发生诉争纠纷的主要是双方实际出资与登记不一致的情况,包括:(1)一方主要出资,登记为双方共同共有;[③](2)一方主要出资,登记为双方按份共有,共有份额各占50%;[④](3)一方单独出资,登记为双方共同共有;[⑤](4)一方单独出资,登记为双方按份共有,共有份额各占50%。[⑥] 目前,司法裁判对共有房屋分割之诉有以下处理方式:(1)依据当事人在恋爱期间所作约定分割,如"孙艳霞、王武庆所有权纠纷案"[⑦]"陈坚、孙杰共有纠纷案";[⑧](2)依

---

① 许莉:《婚姻家庭继承法学》,北京大学出版社2012年版,第1页以下。

② 实践中,还有只登记在一方名下的情形,如双方出资购房登记在一方名下,或者一方单独出资购房登记在对方名下,对该情形的处理与对登记共有的处理原理相同,本文不再另作讨论。

③ 上海市高级人民法院(2013)沪高民一(民)再提字第9号民事判决书。

④ 新疆乌鲁木齐市中级人民法院(2014)乌中民四终字第1189号民事判决书。

⑤ 上海市第一中级人民法院(2011)沪一中民二(民)终字第721号民事判决书。

⑥ 深圳市中级人民法院(2016)粤03民终22010号民事判决书。

⑦ 武汉市中级人民法院(2016)鄂01民终7420号民事判决书。

⑧ 上海市高级人民法院(2013)沪高民一(民)再提字第9号民事判决书。

据出资比例分割,如“李超、张瑞明共有房屋分割纠纷案”;①(3)依据房屋产权登记分割,如“莫周华、曾志姣物权确认纠纷案”;②(4)综合考虑多方因素加以分割,如“张磊、王珏所有权确认纠纷案”;③可以说,当前司法裁判机关对于恋爱关系解除后登记共有房屋分割之诉的处理方式不尽相同,有的依据房屋产权登记分割(以下简称“登记分割说”),有的依据当事人在恋爱期间所作约定分割(以下简称“约定分割说”),有的依据出资比例分割(以下简称“出资分割说”),有的综合考虑多方因素加以分割(以下简称“综合分割说”),司法裁判的不确定性问题较为突出,亟待加以解决。

一、登记共有房屋分割之诉司法实践的反思与检视

“登记分割说”、“约定分割说”和“综合分割说”均不能作为当事人恋爱关系解除后登记共有房屋的分割依据,原因是:

(一)“登记分割说”不符合物权登记公信、公示原则

首先,物权登记名义人与真实权利人不适用于物权登记公信原则。我国《物权法》第16条承认了权利正确性推定原则,结合《物权法》第106条等,可以说《物权法》承认了不动产物权登记的公信原则、公信力,④即通常情况下,善意第三人信赖不动产登记作出物权变动行为,无论不动产登记是否真实,法律规定善意第三人的法律行为效力不受其影响。但是,物权登记名义人不得援用物权登记公信力对抗真实权利人。原因是就制度目的而言,不动产物权登记的公信力是为保护第三人的交易安全,将登记事项赋予绝对真实的效力,⑤在不涉及交易第三人的情形下,登记名义人与真实权利人之间并非交易关系,不应适用公信原则。就适用要件而言,公信原则保护的是信赖登记的第三人,作成登记的当事人

---

① 新疆乌鲁木齐市中级人民法院(2014)乌中民四终字第1189号民事判决书。

② 柳州市中级人民法院(2016)桂02民终184号民事判决书。

③ 上海市第一中级人民法院(2014)沪一中民二(民)终字第3332号民事判决书。

④ 参见崔建远:《物权:规范与学说:以中国物权法的解释论为中心》,清华大学出版社2011年版,第17页以下。

⑤ 参见谢在全:《民法物权论》(上册),中国政法大学出版社2011年版,第85页。

不在保护之列,且第三人必须是善意,即不知登记不实,[①]就本文讨论的情况,当事人双方非属第三人,且通常知悉真实的物权状态,无信赖可言,不满足公信原则的适用要件。

其次,就物权登记的推定力而言,不动产登记只具有"权利正确性推定的效力"。如梁慧星教授所言:"推定的证据效力"的意思是先推定现有的物权登记情况为真,如果有异议的人能够举出相反的证据,证明不动产的产权状况和登记的情况不一致,司法裁判机关就应采纳反证,物权登记的记载就被推翻了,反之,司法裁判机关应按照物权登记的记载来判定不动产的权利归属,[②]而《物权法》第19条第1款也明确赋予了权利人申请更正登记的权利。

物权登记人与真实权利人之间的关系应按照实事求是的原则处理,[③]无论其登记为双方所有或一方所有,还是登记为共同共有或各占50%份额,如果真实权利人的举证足以证明房屋的产权状况和登记情况不一致,就应按照真实的产权状况来认定产权归属。因此,不能以"登记分割说"作为恋爱关系解除后登记共有房屋的分割依据。

(二)"约定分割说"未能探求当事人之真意

当事人在恋爱期间对共有房屋权属所作约定,能否作为恋爱关系解除后共有房屋的分割依据,涉及如何解释当事人在约定中的意思表示,应赋予其何种法律效力。当事人关于房屋权属的约定可以划分为两种,一种为有对价的非赠与合意,如合作投资、借名购房等,另一种为无对价的赠与合意,如通过婚前协议、个人承诺等约定房屋权属份额的无偿转移。前者属于一般的债权债务约定,与当事人之间是否存在恋爱关系并无关联,应适用《合同法》等予以调整。有疑问是后者是否也应适用《合同法》的规定予以调整。

对于无对价的赠与合意的解释和法律效力,学界主要有以下三种观点:(1)适用《合同法》有关普通赠与的规定,该观点以最高人民法院《关于适用〈中

---

① 参见谢在全:《民法物权论》(上册),中国政法大学出版社2011年版,第87页。

② 参见梁慧星:《中国民事立法评说:民法典、物权法、侵权责任法》,法律出版社2010年版,第133页。

③ 崔建远:《物权:规范与学说"以中国物权法的解释论为中心》,清华大学出版社2011年版,第177页。

华人民共和国婚姻法〉若干问题的解释(三)》第6条为依据;[①](2)适用《婚姻法》关于夫妻财产约定的规定;[②](3)夫妻约定财产制与夫妻赠与“二分说”。[③]

笔者认为,第一种观点适用《合同法》的赠与规定,将恋爱期间当事人作出的意思表示解释为普通的无偿的、不附任何条件的赠与,严重违反当事人的真意,通常情况下,夫妻间的赠与大多建立在当事人对现有或未来婚姻关系的考虑之上,只不过由于婚姻的伦理性和情感性,当事人很少将财产赠与和婚姻关系联系在一起,[④]当前,房产净值已成为家庭财富最重要的组成部分,[⑤]与之对应的,购置房产也成为了个人及其家庭最大的财务支出,不少家庭几乎是举家之力为当事人购置房产,在此情势下,第一种观点强行将当事人意思解释为无偿地、不附任何条件的赠与,严重违背常理,将使赠与方当事人面临巨大的经济损失,显然有失公允,这一点也在相关的司法判决中得到充分体现。第二种观点、第三种观点,对当事人之间的约定提出了不同的解释路径,第二种观点将当事人关于房屋权属的约定解释为夫妻财产约定,由于当事人双方最终并未形成法定的夫妻关系,因此当事人之间的约定不生效力,第三种观点认为此类约定属于“以婚姻为基础的特殊赠与”,应适用情势变更原则予以变更和撤销,[⑥]相比第一种观点而言,后两种观点都更合乎公平。考虑到在当前我国的立法体制下,第三种观点缺乏直接的法律依据,故笔者赞同采用第二种观点,将当事人在恋爱关系解除前关于房屋权属的约定解释为夫妻财产约定,除非当事人明确表示财产移转与身份无关,此时方可视为普通的赠与行为,[⑦]从而适用《合同法》中的赠与条款。

---

① 最高人民法院《关于适用〈中华人民共和国婚姻法〉若干问题的解释(三)》第6条:婚前或者婚姻关系存续期间,当事人约定将一方所有的房产赠与另一方,赠与方在赠与房产变更登记之前撤销赠与,另一方请求判令继续履行的,人民法院可以按照合同法第一百八十六条的规定处理。

② 夫妻间赠与包括夫妻一方或即将登记结婚的一方将个人财产赠与对方的行为。参见田韶华:《夫妻间赠与的若干法律问题》,载《法学》2014年第2期。

③ 参见裴桦:《也谈夫妻间赠与的法律适用》,载《当代法学》2016年第30期。

④ 参见田韶华:《夫妻间赠与的若干法律问题》,载《法学》2014年第2期。

⑤ 在全国家庭的人均财富中,房产净值的占比为65.99%,在城镇和农村家庭的人均财富中,房产净值的比重分别为68.68%和55.08%。参见经济日报:《中国家庭财富调查报告(2017)》,载新华网:http://news.xinhuanet.com/house/2017-05-24/c_1121023518.htm,最后访问日期:2017年12月23日。

⑥ 参见田韶华:《夫妻间赠与的若干法律问题》,载《法学》2014年第2期。

⑦ 参见许莉:《夫妻房产约定的法律适用——基于我国约定夫妻财产制的考察》,载《浙江工商大学学报》2015年第1期。

(三)"混合分割说"对恋爱关系的性质认定有误

"混合分割说"的请求权基础,即《上海市高级人民法院关于审理分家析产案件若干问题的意见》第5条和《深圳市中级人民法院关于婚姻家庭纠纷案件的裁判指引》第19条,是从最高人民法院《关于贯彻执行〈中华人民共和国民法通则〉若干问题的意见(试行)》(以下简称《民通意见》)第90条发展而来。但《民通意见》第90条明确规定"在共同共有关系终止时",即该条规定所针对的对象是共同共有关系。由此可见,"意见"和"指引"均将恋爱关系认定为共同共有关系,继而采用或类推适用共同共有关系的财产分割原则处理恋爱关系解除后登记共有房屋的分割。

笔者认为恋爱关系不属于共同共有关系。共有区别为按份共有和共同共有的基本法理,在于后者以共同关系为基础,前者不以共同关系为基础。① 根据《物权法》第103条,共同共有包括家庭关系等,问题是"等"指代的是哪些关系,该如何认定?按照通说,共同共有以共同关系的成立为前提,②即是否属于共同共有,取决于当事人之间是否成立共同关系。共同关系则被定义为二人以上因共同目的结合成立的,依法律或习惯足以成为共同共有基础的法律关系,③要言之,共同关系的判断又取决于当事人是否具有"共同目的",诚如有学者所言,此"共同目的"过于抽象和宽泛,须特定化其内涵,夫妻关系本质上是以永久共同生活为目的而结合的生活共同体,故为共同关系,言下之意,其他的共同关系也应是与之类似的共同体。此外,共同共有以共同关系为前提,隐含着"共有财产"对共同关系中共同目的的达成,为不可或缺的经济手段。④ 结合上述共同目的特定化标准判断恋爱关系,"恋爱"在定义上是"男女互相爱慕的行动表现",⑤恋爱的目的在于表达爱慕之意,并不必然以永久共同生活为目的,恋爱关系与婚姻关系、其他家庭关系存在本质区别,不属于这一层面的共同关系。另外,就共有财产对于当事人达成其共有目的的意义而言,保有登记共有的房屋并非维持恋爱关系的不

---

① 戴永盛:《共有释论》,载《法学》2013年第12期。

② 史尚宽:《物权法论》,中国政法大学出版社2000年版,第176页。

③ 参见谢在全:《民法物权论》(上册),中国政法大学出版社2011年版,第394页。

④ 参见戴永盛:《共有释论》,载《法学》2013年第12期。

⑤ 中国社会科学院语言研究所词典室:《现代汉语词典》,商务印书馆2012年版,第808页。

可或缺的物质基础，因此，恋爱关系不属于共同关系，不能以“混合分割说”作为恋爱关系解除后登记共有房屋的分割依据。

二、登记共有房屋应采用“出资分割说”按出资额分割

对于恋爱期间购置并登记在双方名下的房屋，笔者认为，在恋爱关系解除后应当采用“出资分割说”，认定为按份共有，按照出资额分割。

（一）采用“出资分割说”是对恋爱关系中当事人双方利益的公平衡量

公平原则是民法的基本原则，这意味着民事法律行为内容的确定应遵循公平原则，[①]就其内涵而言，民法上的公平原则意指在民事生活领域，应使“各人得其应得”的观念求取最大程度的实现，[②]要言之，各人所得利益应与其所负担之义务相适应。婚姻关系、同居关系、恋爱关系中当事人所负担之义务截然不同，根据公平原则，法律应予保护的利益应有所区别，当事人共有财产的认定和分割直接决定双方所得利益，自当有所区别。

婚姻家庭是个生活共同体，人们一旦因结婚而组成家庭就同时承担了亲属扶养和照顾等责任，需要家庭成员具有利他精神。[③] 在现阶段，对家庭成员的扶养照顾和对家庭事务的管理更多的是由女性承担，《婚姻法》第 17 条、第 18 条等规定将法定夫妻财产制明确为“限定的婚后所得共同制”，[④]第 39 条第 1 款规定离婚财产分割中“保护子女和女方利益”，是与当事人在婚姻家庭中所负担之义务相适应的。在同居关系中，当事人并不负担亲属扶养和照顾等法定义务，只是基于共同生活的状况，不可避免地存在照顾对方生活和管理同居事务的事实，在此情形下，有学者根据《关于人民法院审理未办结婚登记而以夫妻名义同居生活

① 梁慧星：《民法总论》，法律出版社 2001 年版，第 43 页。
② 易军：《民法公平原则新诠》，载《法学家》2012 年第 1 期。
③ 何俊萍：《论公平原则在我国离婚财产分割中的适用》，载《法商研究》2005 年第 1 期。
④ 参见许莉：《婚姻家族继承法学》，北京大学出版社 2012 年版，第 84 页。

案件的若干意见》第10条、第11条,[①]认为同居期间共同劳动所得的收入和购置的财产,为一般共同财产,按照共同共有处理,其他财产归各自所有,[②]是基于当事人在同居关系中所负担义务的合理考量。在恋爱关系中,当事人彼此之间并不负担任何法定义务,通常情况下也鲜有照顾对方生活和管理生活事务的行为,这意味着,恋爱关系当事人所负担之义务远不及婚姻关系、同居关系当事人,其应得利益自不应与婚姻关系、同居关系当事人的应得利益相当。如果将购置的房屋认定为共同共有,则一方当事人即使出资较少,甚至未履行出资义务,都可能分割到较多的财产份额,这与其在恋爱关系中所负担的义务是完全不平衡的,违背了民法中的公平原则。

(二)采用"出资分割说"符合恋爱关系中当事人之间实际的财产状况

财产状况是指当事人双方的财产是否存在混同的情况。婚姻关系中的夫妻双方因结婚而形成法定的人身财产关系,基于其共同生活的状态和传统的家庭生活模式,在财务上更多的是选择共同支配财产、共同承担债务,因此,《婚姻法》将法定夫妻财产制明确为"限定的婚后所得共同制",在一般意义上是与夫妻双方之间的实际财产状况符合的。同居关系中的当事人双方并未形成法定的人身财产关系,但是由于存在共同生活的事实,在财务上也存在共同支配财产的可能,只不过与婚姻关系相比,整体来讲,同居双方共同支配财产的必要性、可能性更低,因此,将同居期间共同劳动所得的收入和购置的财产认定为一般共同财产,按照共同共有处理,其他财产归各自所有,这在一般意义上也是与同居当事人之间的实际财产状况符合的。而恋爱关系中的当事人,并无法定的人身财产关系和共同生活的事实,双方之间的行为更多地属于以建立、维持或者增进与他人的相互关切、爱护的感情为目的,不具有法律拘束意思的情谊行为,[③]在财务上

① 《关于人民法院审理未办结婚登记而以夫妻名义同居生活案件的若干意见》第10条:解除非法同居关系时,同居生活期间双方共同所得的收入和购置的财产,按一般共有财产处理,同居生活前,一方自愿赠送给对方的财物可比照赠与关系处理;一方向另一方索取的财物,可参照最高人民法院(84)法办字第112号《关于贯彻执行民事政策法律若干问题的意见》第18条规定的精神处理。第11条:解除非示同居关系时,同居期间为共同生产、生活而形成的债权、债务,可按共同债权、债务处理。

② 参见陈爱武:《最高人民法院婚姻法司法解释精释精解》,中国法制出版社2016年版,第9页;李唯一:《同居关系析产纠纷法律问题研究》,载《晋中学院学报》2012年第29期;陈雪:《我国离婚夫妻财产分割实务研究》,载《华南师范大学学报》(社会科学版)2008年第6期。

③ 徐静莉、王坤:《婚姻法前沿问题研究》,知识产权出版社2016年版,第57页。

更多的是彼此相互独立、各自负责，将登记共有的房屋认定为按份共有，在一般意义上更符合恋爱关系双方的实际财产状况。

采用“出资分割说”，将登记共有房屋认定为按份共有并按出资额分割，并未免除当事人双方的举证责任，根据《物权法》第104条，主张出资份额的当事人应就自己实际的出资进行举证，如果恋爱关系存续期间当事人双方在财务上存在混同，那么主张出资份额的当事人一方必然难以就个人实际出资进行举证，在此情况下，依据《物权法》第104条，按照等额享有的原则分割房产，亦合乎恋爱关系中当事人之间实际的财产状况。

（三）采用“出资分割说”是维系当前婚姻家庭制度的必然要求

婚姻家庭制度对社会秩序的维系和经济的发展是不可或缺的，迄今为止的文明社会，婚姻都负载着繁衍生命、养老育幼、维系伦理亲情的功能，①在我国现今社会保障水平较低的状况下，婚姻家庭对于许多人，尤其是低收入群体来说，仍是维系基本生活的重要保障。② 正因如此，个人在婚姻家庭中普遍承担着大量的家庭义务和社会责任，如夫妻双方的扶养义务、忠实义务、计划生育义务、对子女抚养教育的义务等，正是由于个人在婚姻家庭中承担了大量的家庭社会义务，我国《婚姻法》制定了一系列制度规定对婚姻关系中当事人双方的人身、财产关系进行调整，以最大限度地保护和平衡婚姻家庭的个体利益、共同利益和社会利益，确保婚姻家庭关系的和谐稳定。与此同时，婚姻法使夫妻双方财产关系的调整规范与同居关系相区别，使同居双方财产关系的调整规范与一般的物权调整规范相区别，这从侧面体现了立法对于维系当前婚姻家庭制度的价值考量。如果不将恋爱双方财产关系的调整规范与夫妻双方、同居双方财产关系的调整规范相区别，将使恋爱关系在一定程度上具备了替代同居制度，甚至婚姻制度的可能，不可避免地对当前婚姻家庭制度产生巨大冲击，间接促使人们放弃对婚姻家庭的价值追求，这是对当前婚姻家庭立法价值取向的严重偏离。

---

① 夏吟兰：《对离婚率上升的社会成本分析》，载《甘肃社会科学》2008年第1期。

② 参见雷春红：《当代中国婚姻家庭法价值取向的审视与建构》，杭州大学出版社2016年版，第43页。

三、登记共有房屋分割之诉中的缔约过失责任

采用“出资分割说”,否定物权登记和当事人约定的效力,将登记共有房屋认定为按份共有,按出资比例分割,在一定程度上杜绝了以恋爱为手段谋取房屋权属份额等大额不当得利的可能性,是对当前社会婚恋价值观的合理引导。但是,既然当事人在恋爱期间对共有房屋权属所作约定应解释为夫妻财产约定,那么对于当事人在夫妻财产约定缔结过程中的信赖利益,应通过类推适用缔约过失责任进行保护,这样才能使当事人的利益得到公平的保护。

(一)类推适用缔约过失责任的必要性分析

夫妻财产约定是婚姻身份的从契约,是附随身份行为的契约。[①] 虽然夫妻财产约定与一般的债权契约性质不同,但是适用于合同法领域的缔约过失责任,对于夫妻财产约定仍有适用余地。其理由如下:

1. 当事人缔结夫妻财产约定会导致信赖利益产生

当事人缔结夫妻财产约定存在与订立合同类似的应予保护的信赖利益。信赖利益是指当事人相信法律行为有效成立,而因某种事实之发生,该法律行为不成立或无效而生之损失。[②] 信赖利益的产生,是由于当事人因缔结契约,由一般普通关系进入特殊联系关系,彼此建立了特殊的信赖关系,虽然不是以给付义务为内容,但根据诚实信用原则,仍然产生了照顾、保护、忠实等附随义务。[③] 这种信赖关系的建立不应仅仅局限于订立债权契约,当事人在恋爱期间对房屋权属作出的约定为夫妻财产约定,该约定使当事人双方之间的法律关系由一般普通关系转变为广义上的契约关系,这样的契约关系与狭义的债权契约关系一样,同样会使当事人双方建立起相互信赖的特殊关系,进而产生信赖利益,因此,同样有适用缔约过失责任加以保护的必要。我国台湾地区学者梅仲协、郑玉波也倾向于认为缔约过失为一般法律原则,得适用于其他类似情形。[④] 从实践的角度

---

① 参见史尚宽:《亲属法论》,中国政法大学出版社2000年版,第339页。

② 王泽鉴:《民法学说与判例研究》,北京大学出版社2016年版,第1328页。

③ 同上书,第439~440页。

④ 参见王泽鉴:《民法学说与判例研究》,北京大学出版社2010年版,第438页。

看,《上海市高级人民法院关于审理分家析产案件若干问题的意见》第5条规定"适当照顾共有人生产、生活的实际需要等情况,合理确定未出资方的份额",《深圳市中级人民法院关于婚姻家庭纠纷案件的裁判指引》第19条规定"按照照顾妇女、儿童权益的原则、考虑有关房屋的产权登记情况以及双方实际出资情况",这在一定程度上也体现了对当事人信赖利益的保护。

2. 促使当事人遵循诚实信用原则的必然要求

《民法总则》第7条规定"民事主体从事民事活动,应遵循诚信原则,秉持诚实,恪守承诺"。当事人缔结夫妻财产关系属于民事活动的范畴,自然应遵循诚信原则,缔约过失责任是诚实信用原则的具体体现,故当事人缔结夫妻财产关系也应适用缔约过失责任,以使诚信原则在个案中得以实现。适用缔约过失责任,可以对在缔结夫妻财产关系中不诚信的当事人形成有效约束,充分彰显健康、理性的婚恋价值导向,有效引导人们形成正确的婚恋价值观。从比较法的角度看,婚姻法上财产赠与已经纳入英美法"允诺禁反言"之保护范围内,《美国合同法第二次重述》第90条明确规定将婚姻财产协议赠与纳入"允诺禁反言"范畴,充分彰显了民法下的诚实信用原则。①

(二)类推适用缔约过失责任的可行性分析

缔约过失责任的构成要件包括:(1)契约未成立;(2)当事人非因过失而信赖契约能成立;(3)订立契约过程中存在下列情形:一方当事人就订约有重要关系的事项,向对方当事人询问,对方当事人恶意隐匿或作不实说明;一方当事人知悉或持有对方当事人明示应予保密的秘密,因故意或者重大过失泄露;其他显然违反诚实信用原则的情形;(4)当事人受有损害。② 这说明,在夫妻财产约定不生效的情况下,一方当事人并非必然要承担缔约过失责任,只有在满足上述四项要件时,才成立缔约过失责任。将缔约过失责任类推适用夫妻财产约定,在构成要件上有以下几点需要特别说明:

1. 须契约未成立

缔约过失责任发生在契约未成立时,学界通说认为,所谓"契约未成立",应

---

① Burton S. J., Eisenberg M. A., *Contract Law: Selected Source Materials* 89, West Publishing Company Press, 2003.

② 参见郑玉波:《民法债编总论》,台北,三民书局2002年版,第403页以下。

解释为一方当事人违反诚实信用原则的情事发生在契约成立前(订约准备商议阶段)。[①] 在恋爱关系解除后登记共有房屋分割之诉中,当事人双方的夫妻财产约定一般情况下已经成立,只是由于双方未形成夫妻关系,夫妻财产约定尚未生效,对于此类已经订立尚未生效的契约是否能适用缔约过失责任,笔者认为应持肯定意见。这是由于缔约过失责任强调的是缔约过失发生在契约未成立时,而非缔约过失责任发生在契约未成立时,判断当事人是否应承担缔约过失责任,应以当事人是否故意或者过失违反先合同义务为标准,而与合同是否成立及其效力情况无关。[②] 王泽鉴教授明确指出:缔约过失责任适用于契约不成立、契约无效(嗣后无效)的情形。[③] 也就是说,这里的"契约未成立"所指的是缔约过失的发生时间,而非缔约过失责任的发生时间,只要一方当事人在夫妻财产约定缔约过程中存在缔约过失,即使夫妻财产约定已经订立,也应承担缔约过失责任。

2. 违背诚实信用原则的行为

根据《合同法》第42条和第43条,违背诚实信用原则的行为包括恶意磋商、隐瞒事实、泄露或不正当地使用秘密和其他行为。就夫妻财产约定而言,不存在恶意磋商使对方丧失商业机会,也谈不上泄露或不正当地使用秘密,因此,应当考虑类推适用《合同法》第42条第2项"故意隐瞒与订立合同有关的重要事实或者提供虚假情况"和第3项"有其他违背诚实信用原则的行为"。对于《合同法》第42条第2项,具体到夫妻财产约定,就应解释为故意隐瞒与订立夫妻财产约定有关的重要事实或者提供虚假情况,夫妻财产约定以当事人双方形成夫妻关系为生效条件,当事人双方能否形成夫妻关系直接影响夫妻财产约定的订立,因此,当事人故意隐瞒影响双方形成夫妻关系的重要事实或者提供虚假情况应类推适用《合同法》第42条第2项,对于何者构成影响双方形成夫妻关系的重要事实,笔者认为应依据导致婚姻无效的情形和可能严重影响夫妻关系存续的情形确定,根据《婚姻法》第10条、第32条,该重要事实应包括:(1)已婚;(2)有禁止结婚的亲属关系的;(3)患有医学上认为不应结婚的疾病,订约时尚未治愈的;(4)有实施家庭暴力或虐待、遗弃家庭成员行为的;(5)有赌博、吸毒等恶习屡教不改的等。对于《合同法》第42条第3项,具体到夫妻财产约定,宜将其作为兜

---

① 参见王泽鉴:《债法原理》,北京大学出版社2013年版,第240页。

② 吴一平:《论缔约过失责任之构成要件》,载《中南大学学报》2012年第18期。

③ 参见王泽鉴:《民法学说与判例研究》,北京大学出版社2016年版,第441页。

底条款,除上述所列举导致婚姻无效的情形和可能严重影响夫妻关系存续的情形外,当事人一方在恋爱关系存续期间有其他违反诚实信用原则的行为,造成对方当事人信赖利益损失的,法院经过利益衡量,可以适用第42条第3项要求违反义务的当事人承担缔约过失责任。

3. 须致他方当事人受有损害

对于当事人受有利益损失,究为信赖利益,抑或是履行利益,颇有争论,前者指是指缔约人信赖合同有效成立,但因法定事由发生,致使合同不成立、无效、不被追认或被撤销等而造成的损失,①后者指在债务人依据合同规定履行时,债权人从中所得到的利益。② 通说认为若无加害行为时,应以信赖利益为原则。③ 笔者认为这一观点实值赞同。就本文中的案例而言,如将机会损失(履行利益)纳入恋爱关系解除后当事人所受损害的赔偿范围,存在诸多问题。首先,恋爱关系不同于合同关系,其履行利益是无法进行客观衡量的。其次,将履行利益纳入赔偿范围,可能会诱使人们婚恋观朝着物质化、功利化的方向倾斜,进而诱发严重的社会道德风险。此外,主张缔约过失责任的当事人应就自身所受损害、对方当事人过失与所受损害存在因果关系进行举证。④ 换言之,在恋爱关系解除后登记共有房屋按出资比例分割的情况下,只有在一方当事人遭受了信赖利益损失,且此种损失与对方当事人缔约过失行为有直接因果关系的情况下,才能基于缔约上过失而请求损害赔偿。⑤

综上所述,夫妻财产约定是广义的契约,当事人缔结夫妻财产约定会导致信赖利益产生,应通过类推适用缔约过失责任进行保护,其请求权基础为《合同法》第42条,当事人故意隐瞒影响双方形成夫妻关系的重要事实或者提供虚假情况应适用《合同法》第42条第2项,对于何者构成影响双方形成夫妻关系的重要事实,应依据导致婚姻无效的情形和可能严重影响夫妻关系存续的情形确定。

---

① 崔建远:《合同法》,法律出版社2015年版,第85页。
② 王利明:《民法疑难案例研究》,中国法制出版社2013年版,第273页。
③ 王泽鉴:《民法学说与判例研究》,北京大学出版社2016年版,第442页。
④ 王泽鉴:《债法原理》,北京大学出版社2013年版,第238页。
⑤ 参见王利明:《合同法研究》(第1卷),中国人民大学出版社2015年版,第344页。

四、结　　语

在我国,经济条件对婚姻的影响和制约在相当长的历史时期内存在,[①]时至今日,经济因素仍是影响婚恋关系的重要因素,住房作为当前个人最重要的财富资产之一,对人们婚恋状况的影响不可谓不大,早在2014年,《青年蓝皮书:中国青年发展报告(2014)No.2——流动时代下的安居》就已经表明住房已经成为男女性婚姻决策中的重要砝码。[②] 在此情势下,越来越多的人更倾向于在恋爱期间购置房屋以为结婚做准备,近年来随着房价的上涨,房屋的价值日益增大,一旦恋爱关系解除,如何分割登记共有的房屋对当事人双方的利害关系甚巨。

本文全面梳理了当前恋爱关系解除后对登记共有房屋分割之诉司法实践,并在此基础上进行了深入的反思与分析,对恋爱解除后登记共有房屋的分割依据进行重新审视和考量,认为物权登记名义人不得援用物权登记公信力对抗真实权利人,故不应以物权登记作为分割依据,当事人关于房屋权属的约定应解释为夫妻财产约定,因双方未形成法定的夫妻关系而不生效力,故也不应以当事人约定作为分割依据,恋爱关系与婚姻家庭关系存在本质区别,不属于共同共有关系,故也不应按照共同共有关系的分割原则对共有房屋进行分割。由于恋爱关系非属共同共有关系,因此,在恋爱关系解除后应当将当事人登记共有的房屋认定为按份共有,按照出资额分割,按照出资比例分割,公平地衡量了恋爱关系中当事人双方利益,与双方的实际财产状况相符,有利于维系当前我国的婚姻家庭制度。此外,鉴于当事人在恋爱期间对房屋权属所作约定属于夫妻财产约定,故应有缔约过失责任之适用,在符合缔约过失责任成立要件时,存在过失的当事人一方应承担缔约过失责任。

---

① 单长宗等主编:《中国现代法学论丛与审判案例要览1》,中国言实出版社2001年版,第743页。

② 参见腾讯网:《2014青年蓝皮书:住房已成影响婚姻决策重要砝码》,载腾讯网:http://suzhou.house.qq.com/a/20140504/000035_1.htm,最后访问日期:2018年10月2日。

患者自我决定权的现有阻碍及其完善方法

黄紫玉[*]

摘　要:患者自我决定权的行使受阻是近年来医患矛盾频发的重要原因之一。立法上,患者自我决定权的行使方式在不同规范中有着实质冲突。实践中,院方与患者家属对患者自我决定权的内涵与行权主体往往存在误读,院方本身的诊疗决定权、保护性医疗制度等都限制着患者自我决定权的实现,导致产生了诸多矛盾。本文结合榆林产妇坠楼案,从患者自我决定权的含义、立法、实践中的阻碍及完善方法等方面进行分析,希望对优化患者自我决定权的行使有所助益。

关键词:医患矛盾;患者自我决定权;知情同意权;榆林产妇坠楼案

Existing Obstacles and Improvement Methods of Patients' Self-determination

Huang Ziyu

Abstract: One of the important reasons for frequent doctor-patient conflicts in recent years is that the exercise of patients' self-determination right is blocked. In legislation, there are substantial conflicts in the way patients exercise their right of self-determination in different norms. In practice, the hospital and the patient's family often misread the connotation and exercise subject of the patient's self-determination right. The hospital's own medical decision right and protective medical system limit the realization of the patient's self-determination right and lead to many

* 对外经济贸易大学法学院法律硕士(法学)研究生。

contradictions. This article analyzes the meaning, legislation, obstacles in practice and improvement methods of the patient's self-determination in connection with Yulin's maternal fall, hoping to help optimize the exercise of the patient's self-determination.

Keywords: doctor-patient conflict; patients' self-determination; the right to informed consent; lying-in woman's suicide in Yulin

一、引　　言

据媒体报道,2017年8月31日,陕西榆林市第一医院妇产科一名孕妇马某从5楼分娩中心坠下,经抢救无效身亡,后查明为自杀。

第一医院表示:"医院在产检时发现产妇马某难产风险较大,故向产妇本人及其家属说明了情况并建议实施剖宫产,然而家属并未听从建议,坚持让马某顺产,并在《产妇住院知情同意书》上签字。事故当日,产妇因疼痛自己向医护人员提出了剖宫产的要求,其家属仍向院方表示拒绝。后产妇两次走出分娩中心乞求家人同意剖宫,但家属仍不同意。20时左右,该产妇从5楼分娩中心坠下,抢救无效身亡。"①随后家属立即声明:"产妇在疼痛难忍时,家属已经一致同意剖宫产。没有及时进行顺产进而导致孕妇坠楼的是榆林市第一医院。"②

悲剧背后是值得我们关注并反思的问题——引起悲剧的深层次原因及如何通过法律从根源上减少、杜绝此类悲剧。例如,医院出示提供并让家属、产妇都签字的《产妇住院知情同意书》的性质如何?依照我国法律产妇是否能够完全独立自主地决定、选择、更改生产的方式?或者说患者的自我决定与近亲属代为决定、院方决定之间的边界是否有法律规定?我国自主决定权的行使在实践中受到了哪些阻碍?针对这些阻碍又该如何改善?

---

① 《悲剧!产妇喊疼想剖腹产遭家属多次拒绝跳楼自杀身亡》,载新蓝网:http://n.cztv.com/news/12660280.html,最后访问日期:2018年8月12日。

② 《法律角度看待产孕妇跳楼事件:如何生孩子为何要家属同意?医院有充分证据就能全免责?》,载上观网:https://www.jfdaily.com/news/detail?id=64235,最后访问日期:2018年8月11日。

二、患者自我决定权与《手术同意书》

（一）患者自我决定权的概念与内涵

要探讨患者的自我决定权，就需要先明晰作为其基础的自我决定权的来源与内涵。自我决定权起源于美国的隐私权理论。美国法学家在19世纪第一次提出了隐私权的概念，20世纪时威廉·普若瑟又对隐私权相关判例进行了搜集整理，初步构建了隐私权理论。而后，日本法学家在其基础上进一步将隐私权划分为了两个部分，一是对私生活的自我决定，二是对个人信息的控制。[①] 其中对私生活的自我决定在日本宪法“追求幸福权”[②]的基础上衍生成了自我决定权理论。它是指由本人根据自己的思考，对各类事项进行评析并做出选择，完全不受他人的控制和支配的权利。学者杨立新把自我决定权总结为自然人享有的意志以发展人格为目的，对于生命、身体、健康、姓名等具体外在人格要素的控制与塑造的抽象人格权。[③] 学者车浩将自我决定权理解为“主要是指个人对自己的利益按自己意愿进行自由支配的权利。它意味着个人是自己命运的决定者和自己生活的作者。公民在自己的生活范围之内自立为王，不受国家、社会以及他人等外界因素的干涉”。[④]

患者的自我决定权，是指患者在医疗过程中享有的对医疗有关问题的自我决定的权利，是知情权与同意权的结合体。其内涵应当包括对于生命的自我决定以及对于身体的自我决定。[⑤] 对于生命的自我决定权是指民事主体对自己的生命安全利益的决定和安排，如安乐死的选择。对于身体的自我决定权，传统理论只狭隘地理解为对身体完整性的保护，[⑥]否认个体对于各自身体的自我决定，认为医疗行为只能具有治病祛病的积极效果，只要医生认为是对病人有利的行

---

① 参见雷梦觉：《自我决定权的法治保障——以强制引产为例》，载《法制博览》2015年第28期。

② 《日本国宪法》第13条规定：“所有国民，均作为个人而受尊重。国民对于生命、自由及追求幸福的权利，以不违反公共福祉为限，于立法及其他国政上，须受最大的尊重。”

③ 杨立新、刘召成：《论作为抽象人格权的自我决定权》，载《学海》2010年第5期。

④ 车浩：《自我决定权与刑法家长主义》，载《中国法学》2012年第1期。

⑤ 参见杨立新、刘召成：《论作为抽象人格权的自我决定权》，载《学海》2010年第5期。

⑥ 史尚宽：《债法总论》，中国政法大学出版社2000年版，第98页。

为,就可以直接为患者作决定,而不用考虑患者本人的意愿选择。① 然而,随着时代的发展、科技的进步,人们渐渐承认患者本人有权对自己的身体进行调整和选择,其中既包括在多种可行的医疗方案中选择某种医疗方案,也包括主动地选择某种医疗手段,包括抽脂、整容等。目前,身体的自我决定权中被赋予的内涵已经是对个人意志、人格追求的保护。各国法律的规定同样能反映出政府、社会对患者自我决定权的态度转变与确认。第二次世界大战以前,患者并没有知情同意权,之前的医生都是在遵循源自古希腊的《希波克拉底誓言》的教导:"不要把病人未来和现在的情况告诉他们。"②后来,1947年纽伦堡审判通过的《纽伦堡法典》明确规定"人体试验中受试者的自愿同意是绝对必要的"。该法典标志着知情同意作为一项医疗法律规则在医学试验领域被认定下来。1973年,美国医院协会发表的《病人权利宣言》加入了患者知情同意权的内容。随后美国13个州以法律形式颁布了《病人权利法案》,明确规定病人享有知情同意权。1979年,欧共体医院委员会通过了《患者宪章》。1981年,世界医学会公布了《里斯本患者权利宣言》。1990年,美国国会立法正式通过了《患者自我决定法》,从而在法律上彻底否定了医生单方面的医疗决定权。美国的立法极大地推动了世界各国制定确立患者知情同意权的典章。③

(二)我国目前对自我决定权的相关法律规定

我国2010年7月1日正式施行的《侵权责任法》第55条第1款明确规定:"医务人员在诊疗活动中应当向患者说明病情和医疗措施。需要实施手术、特殊检查、特殊治疗的,医务人员应当及时向患者说明医疗风险、替代医疗方案等情况,并取得其书面同意;不宜向患者说明的,应当向患者的近亲属说明,并取得其书面同意。"

在2017年3月15日颁布的《民法总则》中,法律又再一次地确认了完全民事行为能力人的自我决定权。《民法总则》第130条规定:"民事主体按照自己的

① 这就是所谓希波克拉底誓言:医生是为患者而存在的、仁慈的、权威的、以病人最大福利为己任的专家,其职业准则正是尽他最大的良知和能力去追求患者的最大利益,以维持一定的医疗品质。

② 崔晓萌:《对于〈医疗机构管理条例〉第33条的解读——结合"肖志军事件"的分析》,载《法制与社会》2009年第12期。

③ 参见曾日红:《反思医患关系治理中的法律父权主义——从知情同意权切入》,载《浙江社会科学》2012年第9期。

意愿依法行使民事权利，不受干涉。”这是我国首次用基本法的形式明确了各民事主体均享有自我决定权，它把自我决定权的含义进一步扩大，概括成民事主体对自己所享有的全部民事权利的行使都享有自我决定的权利，极大地拓宽了自我决定权的适用范围，使这一原本十分模糊、不够具象化的权利具有了更为重大的意义。①

其实，在我国《宪法》中也早就有涉及公民自我决定权基础的内容。《宪法》第38条规定了公民的人格尊严受法律保护。2004年人权入宪，第33条有了尊重和保障人权的内容。第51条还规定“中华人民共和国公民在行使自由和权利的时候，不得损害国家的、社会的、集体的利益和其他公民的合法的自由和权利”。将这三条宪法条文综合来看，公民的自我决定权显然可以完全纳入人权和人格尊严的范畴中。我国台湾地区宪制性规定对自我决定权没有明文规定。学界一般认为，该宪制性规定第22条可作为推导的依据。② 我国台湾地区宪制性规定明确规定，凡人民之其他自由及权利，不妨碍社会秩序公共利益者，均受宪法之保障③，这被一些台湾学者称为“补余权”或“概括式宪法基本权利”的规定。④ 榆林产妇跳楼自杀事件中，当事人作为中国公民，作为已成年的完全民事行为能力人，在生产过程中，无论是依据《宪法》《民法总则》，还是《侵权责任法》，都当然享有法定的自我决定权。

（三）手术同意书的性质及其与患者自主决定权的关系

如医疗纠纷案件中，经本人或亲属确认签署的《知情同意书》⑤往往是争议的焦点。在榆林产妇坠楼事件中，院方在次日便把同意书公布在了网络上，其中已进行过特别提示的“风险确认”条款让医院赢得了舆论的支持。但值得注意的是：院方、患者、患者家属甚至不少新闻媒体，似乎都将《知情同意书》当作了“授

---

① 杨立新：《榆林产妇自杀的三个法律问题》，载微口网：http://www.vccoo.com/v/379ztg，最后访问日期：2018年8月5日。

② 参见车浩：《自我决定权与刑法家长主义》，载《中国法学》2012年第1期。

③ 参见雷梦觉：《自我决定权的法治保障——以强制引产为例》，载《法制博览》2015年第28期。

④ 林灿都、付美惠：《按捺指纹措施之合宪性问题探讨》，载《法令月刊》2005年第10期。

⑤ 因2010年2月卫生部发布的《病历书写基本规范》第10条第2款将名称确定为同意书，为规范表达，故下文皆称“同意书”。

权书”、“免责书”乃至“生死状”。一方面认为患者及其家属签字确认后,院方即有权手术;另一方面认为只要确认签字,那其后发生任何同意书所含的意外,医院都将全面免责。要厘清这一问题,就需要分析现有法律对同意书性质和效力的规定。

《医疗机构管理条例》第33条规定:“医疗机构施行手术、特殊检查或者特殊治疗时,必须征得患者同意,并应当取得其家属或者关系人同意并签字;无法取得患者意见时,应当取得家属或者关系人同意并签字;无法取得患者意见又无家属或者关系人在场,或者遇到其他特殊情况时,经治医师应当提出医疗处置方案,在取得医疗机构负责人或者被授权负责人员的批准后实施。”这一规定首先是保障了患者及其亲属的在医疗过程中知情权,进而保障了患者本人及其家属的选择权、决定权,相对应的则是院方的告知义务。为达此法条之要求,各医院均为患者及其家属提供了同意书并要求签字。

因此,若根据《医疗机构管理条例》第33条之规定,同意书的效力应包含“授权”之意思。且授权主体须为患者及其家属。但是,此条并没有对医院的责任进行无限免责。根据《合同法》第53条之规定“造成对方人身伤害的”免责条款是无效的。比如上文的榆林产妇案中,同意书中的“严重时胎儿死亡……家属表示理解……谅解意外并签字”,就并不能当然地排除医院的责任。而且根据我国《侵权责任法》第54条之规定:“患者在诊疗活动中受到损害,医疗机构及其医务人员有过错的,由医疗机构承担赔偿责任。”也就是说,只要院方或其工作人员存在故意或过失且造成了一定的损害结果,仍是需要承担侵权责任的。

综上所述,同意书是一种保障患者及其亲属知情权、选择权的通知书,是患者及其亲属对医院的治疗行为进行的确认和授权书,但绝不是患者遭受损害后医院的免责书,医院不能因此免除侵权责任。因此,医院的通知书其实是一种使患者能顺利行使自主决定权的方式。医院通过通知书告知患者所患疾病的基本情况、治疗方案及方案的潜在风险,一方面尽到了院方的告知义务,另一方面也使患者享有了知情权。而患者签字与否,则属于自主决定权的核心内容,即同意权。

三、患者行使自我决定权的阻碍

目前,患者行使自我决定权时的阻碍主要表现为现有相关法律间的冲突、院方诊疗决定权的影响、保护性医疗制度、紧急特殊诊疗情况等。这些阻碍都或多或少地干扰着患者自我决定权的行使,使大多数患者在医疗过程中往往不能完全独立地依据个人意志和价值判断进行选择。

(一)《医疗机构管理条例》第33条对患者自我决定权行使的阻碍

虽如前文所述,《医疗机构管理条例》第33条初步赋予了患者及其家属对病情及治疗方案的知情权与决定权,但它同时也对患者自我决定权产生了一定的消极影响。根据该规定中的"并应当取得患者家属或关系人同意",患者应当是需要包括自己在内的至少两方的签字才能进行手术。如果患者及家属意见一致,如都同意某种医疗方案、承担某种医疗风险,或者反之同时否定某一方案,那么医院据此进行或不进行手术就完全合法合规。然而,这一早年的法条没有解决一个实践中至关重要的问题:当患者和患者家属都能提出意见且意见相左甚至完全冲突时,某一方的意见可以被医院优先采纳吗?换言之,如果出现了意见上的冲突,应当进行的手术是否就不得进行?正在进行中的手术是否必须中止或终止呢?这个问题是实践中不可回避也是十分重要紧迫的问题。这不仅关系到患者的生命安全,患者家属的知情权与决定权,更会影响医患关系进而冲击整个社会的和谐稳定。

由《侵权责任法》的规定可以看出,法律其实已经赋予了患者自主决定权,或者说"优先决定权"。医务人员在征询意见时,按照《侵权责任法》第55条,应取得患者"本人"的书面同意。只有在"不宜向患者说明"时,才应取得其近亲属书面同意。这里的"不宜向患者说明"的情况虽然表意较为模糊,但已经可以从法条中显示出书面同意的"非并列性"以及"独立性"。即院方无须同时取得患者及其家属的同意,非特殊情况下,取得患者本人的书面同意即得到合法授权。

因此,根据《医疗机构管理条例》得出的"在都能取得意见的情况下,必须取得患者和患者亲属一致意见方能手术"的结论,显然违背了其上位法《侵权责任法》的规定。比如此次的榆林院方,在得到作为完全民事行为能力人的产妇的同意下,其实无须取得其家属的同意即能进行剖宫产。综上所述,《医疗机构管理条例》第33条应当尽快进行修改、解释以符合宪法精神及上位法的规定,避免对实践产生更多不利影响。

(二)医院诊疗决定权对患者自我决定权的影响

根据我国2009年修订的《执业医师法》第21条规定,医师在执业活动过程中,有权在注册的执业范围内,进行医学诊查、病案调查、医学处置和出具相应的医学证明文件,选择合理的医疗、预防、保健方案。由此我们可以得出我国法律确认了医生的"诊疗决定权"的结论。然而实践中,医生的"诊疗决定权"却往往对患者自主决定权产生阻碍和干扰。如有些医生为了避免责任,会建议来诊患者进行绝非必要的多项身体检查,作为普通病患,对庞杂的医疗知识缺乏了解,无法通过专业知识对医生要求作出判断。在此类情形下,患者的自我决定权便形同虚设。

另一种情况是:即使医生对患者做出了较为有利的诊疗意见,但此诊疗意见却完全违背患者的价值判断及选择。比如在实践中,有的患者因地震、车祸等意外事件需要通过截肢才能保全性命。然而,很多患者会因不愿接受残疾的后果,自主放弃接受治疗。一旦我们确认了当事人的自主决定权,那么即使他本人做出了对自己生命健康极为不利的选择,无论是作为医生或是家属就都应尊重患者本人之意思,不得擅自更改违背其决定,否则可能涉及侵权。如在耶和华证人信徒拒绝输血案中,一名医生在未取得花子及其家属的同意下,为患上肝癌的花子进行了输血,而花子坚信"信徒不应输血",认为医生的决定是在未取得她同意下作出的,是完全的侵权行为,后来她将医生诉诸法庭。

(三)患者知情权的限制对患者自我决定权的影响

对患者知情权的限制主要表现两个方面。一方面体现在"保护性医疗制度"中。保护性医疗主要是指"在一些特殊情况下为了避免对患者产生不良条件反射的因子,而向患者隐瞒部分病情,其基本精神是使患者的身体和精神完全处于轻松愉快的自然修养环境中,从而提高医疗和康复的效果"。①

我国关于此制度的原则性法律规定非常多。1994年颁布的《医疗机构管理条例实施细则》第61条规定:"医疗机构在诊疗活动中,应当对患者实行保护性

---

① 参见张巍琴、冯泽永:《关于在保护性医疗制度下尊重患者知情同意权的思考》,载《医学与哲学》2009年第30期。

医疗措施,并取得患者家属和有关人员的配合。"第62条规定:"医疗机构应当尊重患者对自己的病情、诊断、治疗的知情权利。在实施手术、特殊检查、特殊治疗时,应当向患者作必要的解释。因实施保护性医疗措施不宜向患者说明情况的,应当将有关情况通知患者家属。"《执业医师法》第26条第1款规定:"医师应当如实向患者或其家属介绍病情,但应注意避免对患者产生不利后果。"还有前文所述的《侵权责任法》第55条之规定也对保护性医疗制度作了要求。

可以看出法律虽然对患者知情权的涵盖范围较广,包括了一般意义上的诊疗活动。但也存在"保护性措施"这类例外,如"不宜向患者说明"的这种情形。也就是说,患者在行使其自决权时,并不能始终处于知情权完全得到实现的状态。法律以传统的"父权主义"给予了此种例外正当性与合法性。此时患者本人的部分的知情权由院方决定并部分地被其亲属享有。但因相关的法律规范存在一定的模糊性。如究竟哪些情形属于"不宜说明",法律对此尚未作出细化。但可以明确的是:限制、剥夺患者一定的知情权或滥用保护性措施都将必定影响患者的决定。

对患者知情权的限制的另一方面表现为信息障碍。第一,如前述,信息障碍可以表现为患者专业知识的局限,这一局限使患者无法判断信息的真伪对错及适当性。第二,很多症状难以确诊。如有报道指出,在欧美国家,阑尾炎误诊存在两个20%:第一个是被切除的阑尾的患者中20%左右的人的阑尾其实是未发炎的;第二个20%指的是有大约20%的本患上阑尾炎的病人因被误诊为其他疾病而未能接受到第一时间的正确治疗。① 第三,医患之间的沟通问题。不但患者表述会影响医生的职业判断,医生表达能力的不足也会误导、干扰患者价值选择。

(四)紧急特殊诊疗情形对患者自我决定权的影响

《侵权责任法》第56条规定:"因抢救生命垂危的患者等紧急情况,不能取得患者或者其近亲属意见的,经医疗机构负责人或者授权的负责人批准,可以立即实施相应的医疗措施。"根据第60条第1款规定,因医务人员在抢救生命垂危的患者等紧急情况下已经尽到合理诊疗义务,即使患者有损害,医疗机构不承担赔

---

① 胡楚青:《三类人阑尾炎易误诊(常见病)》,载《生命时报》2009年8月28日版。

偿责任。《医疗机构管理条例》第33条最后一句:“无法取得患者意见又无家属或关系人在场,或者遇到其他特殊情况时,经治医师应当提出医疗处置方案,在取得医疗机构负责人或者被授权负责人员的批准后实施。”

也就是说,若同时符合“情况紧急”及“无法取得患者或其近亲属”两个要件时,法律会自动将患者的自决权让渡给医疗机构。这从法理上不难理解。“……法律假定,当患者不能够独立进行意思表示的时候,医疗机构天然地获得急症患者或者法定代理人的同意,因为在急症的状况下,各方对生命价值的判断是一致的。救死扶伤的医学伦理表明,医疗机构会从患者的角度将其利益最大化。这种推定有利于保证患者的利益和建立和谐的医患关系。”①

即使这或许是对患者而言最优的选择,但这也无法回避此种情形下患者自我决定权几乎完全缺位的事实。还有一种情况也需要法律尽快加以确认。那就是在某些紧急情形中,即使能够取得患者或其家属的意见,如患者虽然突发意外但没有失去意识、患者突发意外亲属虽在场但情绪几近崩溃等,那么此类“紧迫条件”下的决定是否仍符合自我决定权的内涵?在紧急情况下,人们很难仔细阅读同意书,更不可能和院方有深入的沟通,由此,无论是患者本人还是其亲属的签字都可能沦为一种形式主义,无法做到实质上的自由选择。

四、完善患者自主决定权行使的路径

(一)对《医疗管理条例》第33条进行修改或解释

《医疗管理条例》第33条赋予了院方在特殊情况下的代为决定权,这是值得肯定的。我们应当明确:患者自我决定权并非绝对的,一方面,人的自主性不能本质上破坏其尊严和独立;另一方面,人作为社会共同体的一部分,其自主性还要受到外部因素的制约。在自主性不完全的情形下,如因生理原因丧失意识能力,或因被剥夺人身自由②,其自我决定权相应受到限制。③

但是,第33条应当尽快进行修改以符合上位法的精神和内容。第一,通过

---

① 参见杨立新:《医疗侵权法律与适用》,法律出版社2008年版,第30页。

② 此处指如被国家判处有期徒刑、无期徒刑等刑事处罚的情况。

③ 韩大元、于文豪:《论人体器官移植中的自我决定权与国家义务》,载《中国检察官》2011年第13期。

法律解释的方法对于第33条中的"特殊情况"加以说明和确定,从而增加该条款的可操作性。还可以考虑补充相应的免责条款,一方面使院方在"紧急情况"和"其他特殊情况"下,能更为积极地抢救患者,免除后顾之忧,另一方面也同时限制住了病患近亲属的"代为决定权",防止他们对同意权的滥用。具体来说,对于"特殊情况""紧急情况"的解释可以采取不完全列举加兜底条款的方式,在法条中列举出一些常见情况,并以原则性规定来兜底,如"其他必要情况"。第二,对于"关系人"的概念加以阐释和界定。为了防止类似肖志军案[①]般的悲剧发生,第33条应当对"关系人"的内涵做出明确界定,包括是否包括恋人、同学、师生、同居者等。院方只有确认是否属于关系人,才能确定是否采纳此人对于手术或者其他治疗的决策。[②]

(二)加强和完善院方的告知体系

要保障患者的自主决定权,亟须规范医院的告知义务。如上文所述,知情权是自主决定权的基础。而医院的告知义务的履行方式和履行程度就决定了患者知情权的内容、范围和实质。想要更好的完善告知体系,就需要建立一个可量化的"告知标准"。在学理上存在两种告知标准,即"医生标准"与"患者标准"。医生标准指的是医生只需要将在相同或类似情况下通常会告知患者的信息或者符合医疗行业惯例的信息告知患者即尽到了告知义务。患者标准则是医生应当把一切会影响患者行使决定权的有关信息告知患者。[③] 当下实践中,医院一般采取的应当是第一种标准即医生标准。要想进一步规范告知义务,就应合理扩大告知范围,将医生标准和患者标准折中采纳。不能将同意书认作院方与患者间的"格式合同",应当增加具体情况具体分析的内容,将通常情况以外但仍会影响决定权行使的内容一并告知。如在榆林产妇案中,院方若能在日常通知中为产妇

---

① 2008年11月21日下午,怀孕9个月的孕妇李丽云因为呼吸困难,被其同居者肖志军送到北京朝阳医院京西分院。在肖某陪同下检查,当时做出孕妇腹部感染的诊断,马上住院治疗。因肖身无分文,医院决定为其妻免费治疗,但肖拒绝签字同意医院立即进行剖官产手术。在长达3小时的僵持过程中,尽管众多医生苦苦劝告,该医院院长、警察也赶到现场,但肖置之不理。当晚7时20分,李丽云终因重症肺炎导致心肺衰竭而死。

② 参见崔晓萌:《对于〈医疗机构管理条例〉第33条的解读——结合"肖志军事件"的分析》,载《法制与社会》2009年第12期。

③ 参见李亚欣:《患者知情同意权的分析限制与完善》,华东政法大学2016年硕士学位论文,第7页。

及其家属提供更多的关于剖宫产知识、普及更多顺产的相关风险,可能会减少之后紧迫情形下磋商的时间,从而避免悲剧。

在告知的方式上,也不宜局限于通知书一种形式,使通知书有了生死状的外观。同时,患者的情况及客观医疗条件不可能一成不变,院方也应有相对动态的告知行为。在通知书的模式上,各地有关部门也可以结合不同的医疗机构的医疗配置情况,制定分层次的不同版本的知情同意书范本。各医疗机构应当规范表达,在权衡下采用温和的措辞。避免频频出现如“全部责任自负”“愿承担一切后果”“允许任何意外”等不符合合同法精神的条款。

(三)确认保护性医疗制度的范围

保护性医疗制度,即上文阐释过的在某些特殊情况下,为了患者本人利益,对其隐瞒一定治疗相关信息,将不宜告知患者的内容告知其亲属并取得同意的一种制度。保护性医疗与患者自我决定权有着天然的内容和逻辑的冲突,如何分配取舍至关重要。

目前法律规范对采取保护性医疗的前置条件规定表意还比较模糊。因此首要的任务便是通过法律法规或解释确认保护性医疗适用的较为具体的范围。也可确定一定的行业适用标准,以避免不同地区甚至同一地区不同医疗机构的适用范围千差万别。另外,由于个体差异,保护性医疗很难有固定的参照标准,法律应当允许医疗机构针对不同情况,结合实践经验,对特殊和例外的情形特别对待。如患者的心理接受能力远远高于普通人,则可适当放宽范围,尊重其自主决定权,不必让渡其知情权给亲属。

(四)设立类似预先医疗指令书的相关制度

“预先医疗指令书”最先在美国被提出,目前英国、加拿大、澳大利亚等国家都有关于预先医疗指令的法律规定。预先医疗指令书是患者权利的一种延伸,目的是允许患者在失去自主决定的能力后,依旧能够保有拒绝或要求治疗的控制力。① 它一般分为“生存意愿书”和“预指医疗代理”。生存意愿书是由某人做出的一份声明,内容是当其将来没有能力同意或拒绝某项医疗手段时,应或不应

---

① See SHAW D, *A Direct Advance on Advance Directives*, Bioethics, 2012, 26(5), pp. 267 – 274.

采用哪些医学手段。预指医疗代理是指患者预先可以指定一个人作为其医疗健康决定的代理人,当患者失去做决定的能力之后,这个人代表患者同医生进行沟通并做出医疗决定。如果患者已经拥有生存意愿书,那么代理人的任务就是保证医生按照患者的意愿去做,并在遇到特殊情况的时候对患者意图进行解释,而不能替代生存意愿书。[①] 预先医疗指令书制度若能被广泛确立,那在上文提及的"耶和华证人信徒案"中的花子在有"生存意愿书"的情况下,只要于其中规范书写了自己拒绝输血的要求,那就不会出现之后的侵权纠纷了。

此外,生存意愿书的适用条件必须事前由法律明确。按照他国经验,生存意愿书一般会分成"适用于所有医疗关系"和"仅限于临终患者"两种模式。结合中国实际经验,个人比较倾向于将这两种模式加以结合,以普遍适用为原则,以部分排除为例外——这样既能照顾到绝大多数患者在紧急情况下的自决权,也能对实践生活中的随时会出现的特殊情况进行特殊处理。此外,若要进一步地彻底落实预先医疗指令制度,生存意愿书的订立方式、生效条件,不同生存意愿书的优先等级,这些都应该纳入考量并尽快确立。中国的传统文化理念、社会民众对未知事物及死亡的恐惧心理和文化程度都必然和此种制度产生摩擦,这还需要做好相应的法治宣传和普及。总之,设立预先医疗指令制度,能够很大程度上保障公民个人的自我决定权,尤其是解决针对紧急情况下自决权缺位的问题。

(五)加强对于侵害患者行使自我决定权行为的救济

赔偿损失。对于侵害患者自我决定权的行为,我国《侵权责任法》有笼统的规定,即第55条第2款"医务人员未尽到前款义务,造成患者损害的,医疗机构应当承担赔偿责任"。但该法条并未具体规范赔偿责任的范围究竟是仅限于人身损害还是可以包括人身损害及精神损害?甚至可以包括"知情同意权"损害本身呢?对于患者而言显然是包括精神损害赔偿会更为有利,但对于医院来讲,若赔偿责任过重,可能就会使医师在行使医疗决定权时瞻前顾后、过分担心索赔风险,进而影响专业判断。因此,按照目前司法实践,一般情况下可以按照人身损害侵权的标准适度拓宽的赔偿范围来进行赔偿,在个案中判断精神损害赔偿问题。

---

① 李京儒、雎素利:《关于预先医疗指令书的相关问题探讨》,载《中国医学伦理学》2015年第3期。

赔礼道歉。院方的赔礼道歉一方面可以进一步缓和在个案中的医患矛盾，另一方面也促进院方在以后的实践操作中保持更为审慎的态度,从而更加照顾患者的心理和情感。媒体对此类赔礼道歉行为的公开报道,法院主动对此类案件的宣传,也具有对社会大众的教育和指导意义。

(六)增强医患沟通,提高医生和患者的法律素养和道德水平

应当鼓励医生和患者间的提前交流、充分沟通。调整医疗机构的“父权思维”,消除“医疗父权主义”,①强调以患者为先的服务意识。同时在职业测评和考核中,还应当加大对医生的法律素养的考核,使其具有区别于普通民众的法律意识。良好的职业道德能够使医生秉持“病人第一”的基本原则,为患者提供真实、准确的信息,从而避免过度医疗损害患者健康、增加患者经济负担。② 日常生活中,医疗机构、卫生部门、政府宣传部门等也可以通过各大门户网站、普法活动等,向公众介绍医疗活动的基本法律常识,提高个人对公民权利的意识,以便于人们更好地行使权利。

五、结　　语

不仅是榆林产妇坠楼案,近几年涉及医患矛盾的社会热点新闻频出,凸显出医患关系越发紧张的现实。基于患者的自我决定权而引起的医患纠纷更是层出不穷。本文从最常见也最易令人误解的“手术同意书”出发,介绍了自我决定权的概念、起源和现有法律规定,总结了阻碍自我决定权行使的主要因素并提出了相应的解决方案。但要真正保障患者的自我决定权离不开法律与生命伦理、医疗伦理的相互连携与补充。③ 此外,本文的讨论中并没有深入涉及较为敏感、领域精细且各国做法各异的遗体捐献、人体器官移植、安乐死等问题,这些问题需要更为针对性的深入研讨。希望对患者自我决定权现有阻碍的分析及提出的完善方法能对患者人权的保护、医患关系的优化有所助益。

---

① 指医生像父亲那样行为,替病人做决定。

② 参见刘雪丽:《论患者的自主决定权》,山东大学2012年硕士学位论文,第8页。

③ 参见刘建利:《晚期患者自我决定权的刑法边界——以安乐死、尊严死问题为中心》,载《中国社会科学院研究生院学报》2018年第3期。

• 贸大法学院学生法律沙龙综述

第11期沙龙综述

王晓雯*

2018年1月12日,在位于北京朝阳区东坝乡的"首开龙湖天璞"小区,用以分割商品房和自住房的隔离墙"寿终正寝",自住房业主收房入住,他们合力推倒了这道两米高的铁栅栏。然而短短一天后,铁栅栏在1月13日上午又重新屹立,并有钢条加固。这意味着龙湖地产北京"首开龙湖天璞"小区的商品房和自住房又重新隔离。从围墙再次恢复开始,开发商龙湖地产在铁门两侧增加了数十名安保人员驻守,严阵以待。购置价值悬殊的高档商品房和配建保障房之间,究竟如何解决产品区隔、平衡两类业主利益等问题,既是棘手的社会问题,也是极富挑战的房地产开发和管理技术问题。这是自2013年年底以来,北京市政府在供地时要求商品房地块原地配建保障房后意想不到的"后遗症",引起了房地产行业、消费者乃至整个市场的关注和讨论。

2018年3月29日,对外经济贸易大学法学院和《贸大法律评论》编辑部组织了"贸大法学院学生法律沙龙"之"北京龙湖自住房分割事件的法律解读"主题研习活动。本次活动的发言人有范婷婷、杨伊婷。

法学院2017级硕士研究生范婷婷认为北京自住房隔离墙拆除事件源于制度缺陷,从立法角度提出改善建议,对现行住房保障法律法规进行了梳理和评价。其认为保障性住房制度缺陷的成因是:缺乏资金保障;缺乏法律保障;缺乏晚上配备设置;缺乏相应的执行、监管、制裁制度。政府对保障房的开发建设予以大力支持的目的是保障弱势群体的基本住房需求,但是对于中央或地方政府的政策或措施没有一个相应的执行机构来执行,从而致使政府对保障房政策贯

* 对外经济贸易大学法学院2017级法律硕士研究生。

彻不力。范婷婷同学认为,完善保障性住房制度应统一立法,尽快出台《住房保障法》;建立全面、动态的监管、落实、准入、退出机制;加大监管惩罚力度;拓宽融资渠道,建立多元化分层次的保障房供应模式;并明确政府在保障性住房建设中的责任。

法学院2016级本科生杨伊婷从《物权法》的角度探讨"隔离墙事件"背后的法律问题。其认为自住房业主对自住房的概括性所有权是与政府按份额共同享有的,是一种共有产权模式。从所有权具体权能来看,自住房业主可进行以自住为目的的占有和使用,但同时对于自住房处分及收益权能受到政府规定的限制。认定双方业主共有权的问题,应当根据开发商在投标与对购房者的承诺个案分析;在龙湖"隔离墙事件"中,开发商因在招标中承诺容积率和绿化率,因此不应设立隔离墙,自住房和商品房业主统一享有整体区域的共有权,但双方应统一物业管理与物业费。针对于物上非物质利益的保护,其认为应当将其解释为可转化的财产利益并适用《侵权责任法》,以此对非物质性利益进行保护。

第12期沙龙综述

姜雪如*

员工凑钱搭伙做饭，被当地的市场监管局认定为无证从事食品经营，处以15多万元的罚款。2017年5月，河南一家建筑公司的多名员工被公司派到南京筹备一个项目，为了节约开支，大家决定采取AA制的方式凑钱搭伙，在出租房里做饭。同事们把钱交给张师傅，由张师傅负责买菜、做饭。但在2017年11月，建邺区的市场监管局上门进行检查，要求张先生等人不得在出租房内做饭，并在12月21日开出了一份《行政处罚听证告知书》。告知书上给出的处罚依据是《食品安全法》第35条，但这一条法规并没有对个人行为和公司行为的区别作出界定。对于到底是员工的个人搭伙还是公司开办员工食堂存在很大争议。《食品安全法》及《食品安全法实施条例》等并没有对员工之间搭伙做饭给出明确的法律界定。

2018年4月26日，对外经济贸易大学法学院和《贸大法律评论》编辑部组织了"贸大法学院学生法律沙龙"之"'搭伙做饭'还是'私办食堂'——法律监管的边界之争"主题研习活动。本次活动的发言人有郭彦利、张仪如方。

法学院2017级硕士研究生郭彦利同学以小见大，通过这一热点事件思考其背后更深层次的以及更普遍存在的法律问题，分析我国食品安全监督管理中存在的问题并提出对策。她认为食品安全监督管理具有重要意义，但我国食品安全监督管理存在体系与体制上的不足，立法目的与执法行为出现错位，急需问题分析与对策解决。我国食品安全监督管理中主要存在以下问题：食品安全法律体系不完善、政府监管理念存在误区、立法目的与执法行为的错位以及执法队伍

* 对外经济贸易大学法学院2018级法律硕士研究生。

整体业务能力不足。她建议进一步完善食品监管法律体系,修改和废止那些存在不足的旧的法律法规,整合部分条款内容,减少和避免立法和执法上的相互冲突,保持法制的统一性和完整性;在《食品安全法》框架下完善食品安全监管体制;加强立法与执法的联动,立法过程中应有基层一线执法监管人员参与,增强立法过程的全程互动,及时修订细则或出具有效的业务指导;建立健全执法队伍的选任和培训机制。

法学院2015级本科生张仪如方同学主要从《食品安全法》的法条规定中分析单位食堂的具体含义。她认为《食品安全法》所调整的单位食堂具有以下几个特点:第一,单位食堂是一个可以以营利为目的或不以营利为目的的餐饮服务提供者;第二,单位食堂的组织主体是组织机构而非自然人个体,单位食堂的餐饮服务行为是组织机构意志实现下的结果;第三,单位食堂的服务对象具有人员数量多、面向群体具有公共性、与提供服务者联系程度不紧密的特点。她认为本案中,由最多15名工友组成的搭伙吃饭行为,不足以构成为了保障公众身体健康安全而需要通过法律来调整行为的单位食堂,不应判定为单位食堂进行处罚,市场监督管理局的处罚适用法律不当。

图书在版编目(CIP)数据

贸大法学. 第3卷, 2018 / 石静霞主编. -- 北京 :
法律出版社, 2018
ISBN 978-7-5197-3003-1

Ⅰ. ①贸… Ⅱ. ①石… Ⅲ. ①法律-文集 Ⅳ.
①D9-53

中国版本图书馆CIP数据核字(2018)第291477号

贸大法学(第3卷·2018)
MAODA FAXUE (DI 3 JUAN·2018)

石静霞 主编

策划编辑 沈小英 马丽娟
责任编辑 马丽娟
装帧设计 李 瞻

出版 法律出版社
总发行 中国法律图书有限公司
经销 新华书店
印刷 北京虎彩文化传播有限公司
责任校对 杨锦华
责任印制 吕亚莉
编辑统筹 法治与经济出版分社
开本 720毫米×960毫米 1/16
印张 19
字数 306千
版本 2018年12月第1版
印次 2018年12月第1次印刷

法律出版社/北京市丰台区莲花池西里7号(100073)
网址/www.lawpress.com.cn
投稿邮箱/info@lawpress.com.cn
举报维权邮箱/jbwq@lawpress.com.cn
销售热线/010-83938336
咨询电话/010-83938038

中国法律图书有限公司/北京市丰台区莲花池西里7号(100073)
全国各地中法图分、子公司销售电话:
统一销售客服/400-660-6393
第一法律书店/010-83938334/8335 西安分公司/029-85330678 重庆分公司/023-67453036
上海分公司/021-62071639/1636 深圳分公司/0755-83072995

书号:ISBN 978-7-5197-3003-1 **定价**:88.00元
(如有缺页或倒装,中国法律图书有限公司负责退换)